主题单元教学

小学数学课例研究

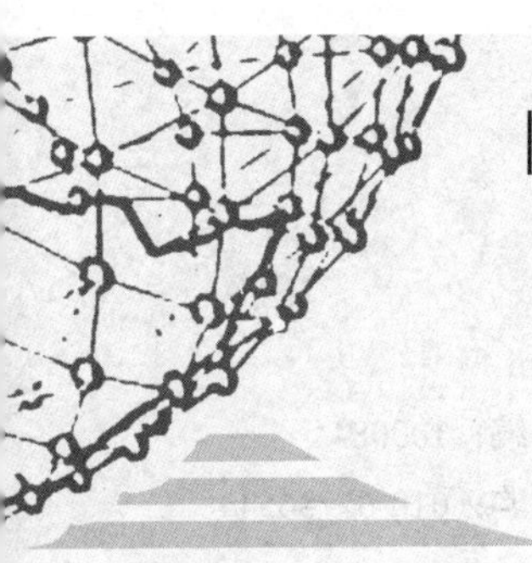

| 刘晓婷　刘琳娜⊙主编

清華大學出版社
北京

图书在版编目（CIP）数据

主题单元教学：小学数学课例研究 / 刘晓婷，刘琳娜主编 . —北京：清华大学出版社，2023.9

（清华汇智文库）

ISBN 978-7-302-63362-4

Ⅰ . ①主…　Ⅱ . ①刘… ②刘…　Ⅲ . ①小学数学课－教案（教育）－教学研究　Ⅳ . ① G623.502

中国国家版本馆 CIP 数据核字 (2023) 第 082805 号

责任编辑：梁云慈
封面设计：汉风唐韵
版式设计：方加青
责任校对：王荣静
责任印制：杨　艳

出版发行：清华大学出版社
网　　址：http：//www.tup.com.cn，http：//www.wqbook.com
地　　址：北京清华大学学研大厦 A 座　　邮　　编：100084
社 总 机：010-83470000　　邮　　购：010-62786544
投稿与读者服务：010-62776969，c-service@tup.tsinghua.edu.cn
质 量 反 馈：010-62772015，zhiliang@tup.tsinghua.edu.cn
印 装 者：三河市天利华印刷装订有限公司
经　　销：全国新华书店
开　　本：170mm×230mm　　印　　张：18.25　　字　　数：275 千字
版　　次：2023 年 9 月第 1 版　　印　　次：2023 年 9 月第 1 次印刷
定　　价：98.00 元

产品编号：083118-01

前　言

依托主题课例研究，提升教师课程能力

单元教学成为近些年被关注的热点话题。钟启泉教授认为:“核心素养—课程标准（学科素养 / 跨学科素养）—单元设计—课时计划”这一环环相扣的教师教育活动的基本链环中，单元设计处于关键的地位，是撬动课堂转型的重要支点。[①] 这里的“单元”，不仅是教师所熟悉的教材“单元”，更是基于一定的主题、目标、方法等构成的知识与经验的模块。“‘单元’可以理解为介于课程标准与课时内容之间，对外相对独立，对内关联性强、共同特征多、相对完整的‘教学单位’。”下面对主题单元教学的产生背景、主要特征和实践价值进行分析。

一、主题单元教学的产生背景

主题单元教学并不是一个全新的概念，单元教学设计的思想可以追溯至 19 世纪的欧洲新教育运动。当时比利时教育家德可乐利针对传统分科教学的问题，强调“以儿童的兴趣出发实现对事物的整体认识”，这可以看作单元教学思想的萌芽。20 世纪初，伴随美国新教育运动，克伯屈等人也提出强调以儿童的兴趣和需要作为教学活动的基本出发点，让学生在自己设计、自己负责实践的单元活动中获得有关知识和训练解决实际问题的能力。这些理念侧重的是聚焦兴趣的活动课程单元设计。在 20 世纪六七十年代，美国回到基础运动中，布鲁姆等人提出根据课程内容设计一系列相互关联的学习单元，通过有序地推进单元学习，最

① 钟启泉 . 单元设计：撬动课堂转型的一个支点 [J]. 教育发展研究，2015，35(24)：1-5.

终掌握所有内容，被称为掌握教学模式。该教学理念强调以教材内容的特点与联系构建单元，是聚焦内容主题的学科课程单元设计。20 世纪 80 年代，中国教育界对单元设计开展了广泛的讨论和实践，如山东省的单元达标教学八年实验、江苏省“四结合”大单元教学等。

在实践中，学科课程单元设计常常以知识为线索进行组织，过于关注知识目标的达成，表现出僵化与死板的特征，活动课程的单元设计过度强调兴趣与体验的过程，过度开放而目标清晰度不够。如何结合数学知识、思想（思维）主题与学生的学习规律，以主题单元为依托，设计能够激发学生学习兴趣，又能促进学生全面成长的学习活动，是数学教育研究者和一线教师面临的重要课题。

二、主题单元教学的主要特征

主题单元教学是为了解决当前就课论课、欠缺整体性、目标局限、难以发展素养、学科课程和活动课程分裂、融合不足、收放不自如等问题。它是在整体思维指导下，从提升学生数学核心素养（关键能力）的角度出发，通过团队的合作，对相关教材内容进行统筹重组，以突出教学内容的主线及关联性。据此，其特征如下。

第一，整体性。这里的整体性不仅是内容的整合优化，也指教学目标的全面、周到。不仅关注知识性目标，更强调能力、素养导向的目标。

第二，层序性。主题单元教学下的活动是彼此关联的，不仅体现为一课时中各活动之间层次清晰，更体现为同一主题下活动设计原则的一致性及渐进性。

第三，生本性。主题单元教学以提升学生的核心素养（关键能力）为出发点，目标及活动设计都充分考虑学生的认知规律和发展规律。

第四，创造性。由于不同研究者、不同研究团队面对的学生有差异，对主题的理解有区别，在课时规划上有弹性，在教学方式选择上也很灵活。

三、主题单元教学的实践价值

以“主题单元”为单位的教学对于准确把握教学目标、合理把握教学活动、优化教学效果、落实学科核心素养具有更为深远的意义。本书所指的主题单元均为小学数学中非常典型的内容或思想（思维）主题，如“自然数”（第一章）、“分数”（第二章）、“乘法”（第三章）、“面积”（第四章）以及“代数思维”（第五章）、“模型思想”（第六章）等。围绕这些主题，教师剖析教学内容的本质，分析学生的学习困难、思维路径、认知水平，并结合经典课例进行教学研究，推动数学教学突破课时主义的束缚，实现学生的“真实性学习”，提升学生的“真实性学力”，最终实现学生的全面发展，也促进教师课程实施、课程评价等能力的提升。

本书是北京教育学院2017年度重点关注课题“小学数学教师课程能力诊断性测评研究——以协同创新项目为例”（课题批准号：ZDGZ2017-02）的研究成果之一。虽然此课题2017年立项，但研究团队聚焦主题单元课例研究，促进教师课程能力提升的关注实际上始于2010年。在我院刘加霞教授的引领下，我们带领各个培训项目团队的老师聚焦小学数学的典型内容、数学思想主题开展课例研究，促进教师课程开发能力、课程实施能力、课程评价能力的提升。

本书由该课题负责人刘晓婷老师和课题组主要成员刘琳娜老师设计书稿框架，精选的课例是近年来两位老师亲自参与研究并指导的成果。在每章中都一一标注了执笔的一线教师和指导教师，在此向各位老师致以诚挚的谢意。

本书共六章，均为小学数学典型的教学主题单元，具体如下：前四章聚焦小学数学的四个内容主题“自然数”“分数”“乘法”“面积”，后两章跳出具体内容领域，从“代数思维”“模型思想”视角串联相关内容，特别是“模型思想”串联了分散在不同年级的看似不相关的几个内容，如“找规律”“植树问题”和“鸡兔同笼问题”。在单元教学研究中，研究者注重从核心概念的视角对内容进行深度分析，同时也重视对学情的研究，通过设计并应用调研工具对学生开展扎实有效的调研，把握学生的认知水平、学习困难，基于此制定教学目标，设计学习任务，开展教学研究。

我们希望本书的出版对小学数学教学一线的广大教师能有一定的帮助，也希望小学数学教育研究的同行能对本书提出宝贵的意见，在共同探讨和交流中促进小学数学教学研究更好地落地，助力学生与教师的成长。

北京教育学院　刘晓婷

2022 年 7 月于北京

该书稿完成于 2020 年 7 月，如今即将与大家见面。三年来我们经历了很多困难，也迎来了很多变化，特别是《义务教育课程标准（2022 年版）》的发布。面对书稿，我们内心还是有些忐忑。但在对清样审读的过程中，面对这些早年的研究，当记忆伴着文字涌上心头，内心又充满感动与骄傲，那时那刻我们从主题切入思考教学，眼光不乏前瞻性。我们相信这一成果能经得起检验。

刘晓婷

2023 年 4 月于北京

目 录

第一章

小学生自然数概念学习的单元教学研究①

【本章导读】

本研究选取小学数学中的重要概念——“自然数”展开研究。研究从学生错例出发，围绕学生学习困难及其产生原因、学习数概念的直观工具、如何设计有价值的学习活动等几个方面提出要研究的问题，借助单元课例研究深入探讨了如何借助直观工具，突破学生数概念学习难点。研究结论如下。

（1）“数数”是小学生重要的学习活动，学习自然数概念，需要重视在“数数”活动中体会“数单位”的过程，进而渗透数概念的单位化思想。

（2）自然数学习中，“计数单位”“十进制”和“位值”这些概念对学生来说十分抽象，教材中提供了多种类别和层次的直观模型，恰当、适时地用好直观模型能够帮助学生深入理解数概念，引导学生在“数”与“形”之间建立联系，丰富学生对直观模型的表象，进而理解这些抽象的概念。

（3）教学中要重视学习者分析，借助学情真正分析了解学生的学习难点、思考方式与学习路径，找到“真问题”，有针对性地设计突破学生学习困难的学习活动。

（4）数学史内容的融入有助于拓展学生视野，激发学生学习兴趣和对数学的好奇心与求知欲，用好数学史料能够拓展学生视野，让学生更加喜爱数学。

自然数是小学生接触的第一类数概念，对后续学习小数和分数概念都有重要的奠基作用，在实际情境中理解数概念的“现实意义”，借助计数单位理解数概念的“数学意义”都是十分必要且重要的。

---

① 本研究由李燕、邓晶、刘文静、王欢、李莉、崔晓航执笔。指导教师：刘琳娜。使用时有改动。

第一节 问题提出

一、选题的缘由

在小学数学教学中，学生首先接触的是数学概念，而在数学概念中，数概念的教学可谓是基础中的基础，数概念确定了知识体系结构，奠定了数学认知的基础。在实际教学过程中，即使是有过十几年教学经验的老教师，在教这部分知识时，学生也会出现不同方面的问题。在一个测试后，老师们对关于数概念的几个问题进行了分析（图 1-1 ～图 1-3）。

2	4	6	8	10	14	15	16	17
2	4	6	8	10	14	15	16	18

图 1-1　关于数概念的问题 1

18 前面一个数是（19），15 后面第 3 个数是（12）
18 前面一个数是（16），15 后面第 3 个数是（19）

图 1-2　关于数概念的问题 2

14 里面有（ 1 ）个一和（ 4 ）个十
14 里面有（ 5 ）个一和（ 1 ）个十

图 1-3　关于数概念的问题 3

分析原因，图 1-1 中学生发现这组数是有规律的，“继续往下数”上出现了错误。错误大部分出现在“拐弯数”上，拐弯数时学生就忘记了前面数字的规律，没有按照之前的规律填数。图 1-2 中这道题学生主要是没有理解“前面”“后面”和“第几”这几个词的含义，主要是对数序的认识出现了错误。在教学中老师要更好地借助直观模型，帮助学生理解数序（如实物、点子、木块、数轴、直尺模型等）。图 1-3 中这道题主要是在“位值”“不同数位计数单位的个数”上出现了问题，调换了个位和十位的顺序后，学生产生了困难，可能是没有认真审题，也可能是对个位和十位认识不清，在调研时可以对这样的学生进行访谈。

综上所述，学生主要是在“数数”“数序的认识”“位值”“计数单位”等数概念的核心问题理解上出现了困难。思考问题如下。

（1）学生在学习自然数概念时会出现怎样的困难？为什么会出现这样的

困难？

（2）学生学习抽象的数概念时可以借助哪些直观工具？这些直观工具各自的价值是什么？教材中是如何呈现的？

（3）怎样设计有价值的学习活动帮助学生突破数概念学习难点？

二、研究意义

本研究的意义重点在实践意义，具体阐述如下。

（1）在"数概念"的课例研究过程中，通过调查、分析找到学生可能遇到的困难和问题，分析出现困难的原因。设计有价值的学习活动，并对这类课的研究提供研究基础，积累经验。

（2）梳理和积累有价值的教育经验，并固化为可交流可共享的成果，如教学设计、教学实录、案例反思、课例研究报告等。

（3）通过做课例研究，学会做"研究"，提升教师研究的兴趣、意识和能力，促进教师专业发展。

第二节　文献述评

一、已有研究概述

（一）"数概念"的相关研究

研究学生数概念学习的困难，首先要研究什么是"数概念"，从以往研究中可以发现，研究数概念的维度主要有如下几个方面。

1. 自然数概念是如何产生的

人教版教材在四年级上册第 16 页安排了教学内容"数的产生"（图 1-4），第 17 页"你知道吗？"介绍了"阿拉伯数字的由来"（图 1-5）。

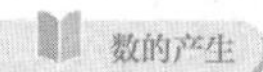

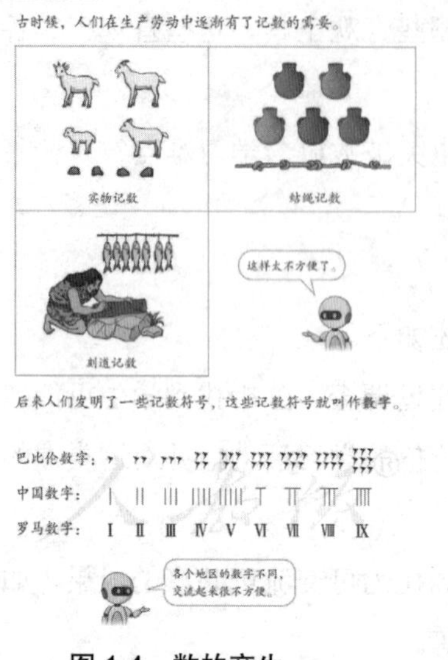

图 1-4 数的产生

图 1-5 阿拉伯数字的由来

人们在蒙昧时代就已经具备判别实物多寡的能力，原始人如何确定事物的“多少”？古罗马荷马史诗记载：波吕斐摩斯被俄底修斯刺瞎后，以放羊为生，他每天坐在山洞口照料羊群，早晨羊出山洞吃草，出来一只，他就捡一颗石子，晚上羊返回山洞，进去一只，他就扔掉一颗石子，当早晨捡到的石子全部扔完时，他就放心了，因为他知道他的羊全部平安地返回了山洞。这就是古人用来确认事物“多”或“少”的“匹配”方法。经过长期实践，人们逐渐认识到“匹配”对象有各种各样，它们在量上具有某种共同特征，这种共同特征的抽象性质就是数。

记数是伴随着计数发展而来的，最早可能是手指记数，一只手上的五个手指头可以被现成地用来表示五以内的数，两只手上的指头合在一起就有办法表示十以内的数。当指头不够时就出现了石子记数，以便表示更多的数，但记数的石子堆很难长久保存记数的信息，于是又有结绳记数和刻痕记数。又经历了数万年的发展，直到距今大约 5 000 年前，人类进入记数发展过程中的第二阶段——数码记数阶段，出现了书写记数以及相应的记数系统。图 1-6 是几种古老文明的早期记数系统。

图 1-6　几种古老文明的早期记数系统

现在国际上通用的阿拉伯数码“1，2，3，4，5，6，7，8，9，0”实际上最早是由印度人发明的，是印度人对数学乃至整个人类文化发展的重要贡献。公元 8 世纪，印度数码和记数法传入阿拉伯，但并未引起人们的广泛关注，后来当时著名的数学家花拉子米（约 783—850）的著作《印度计算法》系统介绍了印度数码和十进制记数法，以及相应的计算方法，这本书使它们在阿拉伯世界流行起来，它后来也被译成拉丁文在欧洲传播。公元 1202 年，意大利著名数学家斐波那契（1170—1250）将他学到的阿拉伯数学知识著成一部数学著作《算盘书》，在这本书中一开始就介绍了这种数码。14 世纪，中国的印刷术传到欧洲，加速了这套数码在欧洲的传播，后来又陆续传播到世界各国，成为全世界通用的数码，由于当时欧洲人只知道它是由阿拉伯传过去的，所以他们称这套数码为阿拉伯数码。

通过回顾自然数的产生过程，我们不难看出，人们对于数的产生源于生活中的“数”，而且运用了一一对应的思想，从实物记数逐渐发展为符号记数又发展为数码记数阶段。随着数量的增多，在记数时，逐渐从零散的无结构的方式转变成具有位值制和十进制的有结构的记数。

小学阶段对数概念的认识在本质上应从数的扩充角度来理解。分数的扩充一般有两种需要：一是分东西的过程中，需要对一个物体进行切割与分配时，整体中的“部分”无法用自然数来表示，就需要有刻画“部分”的方式方法；二是计算过程中，对 2÷3 无法用自然数表示计算的结果时，就需要有刻画这类除法运算结果的方式方法。

2. 数概念的单位化思想

单位化思想是将不同类事物中共有的一些生成性特性，抽出其本质的最小元素，加以整理归纳，形成一个系统。这里的单位不仅指计量事物的标准问题，还融合了“单位”的第二层含义，把相关的存在的共性知识看作一个集合形成一个更大的知识系统。如整数的基本计数单位是“1”，这个“1”可以理解成一个整体的“1”，即单位“1”，整数是单位“1”的积累，而不够单位“1”的时候，又出现了分数单位。分数单位源自对单位“1”的分解也就是说整数和分数有着共同的本质：都产生于计量的需要，都是计数单位度量的结果，从而打通整数和分数的关系，形成小学阶段的较为完整的数系。

在计数离散量的个数时，“1”是最小、最基础的计数单位，可以“几个几个”地数，这时计数单位就是“几”。如果是“10 个 10 个地数”就产生新的计数单位——十，如此继续“10 个 10 个”地聚集下去，就产生更多的计数单位——百、千……因此，自然数有最小的计数单位 1，而没有最大的计数单位。不同的计数单位依次从右向左各自占据一个位置就产生了“数位”，由此形成“数位顺序表”。同一数字放在不同数位上，其所代表的意义不同，这就是“位值制”思想。

3. 数概念的多重含义

荷兰数学家弗赖登塔尔指出：“以方法论、发生论和教学论的观点看，数在内容和形式上都存在许多不同方面的概念。例如，从内容上看，数就有自然数、整数、实数和复数，这几类数通过嵌入关系而相互联系。因此片面地谈论‘数的概念’就会产生误解。”弗赖登塔尔对数的概念的客观形成途径从数学角度做了介绍，他从数的概念的形成角度粗略地把数分成以下几种：“计数的数”“数量的数”“度量的数”和“计算的数”。对于自然数而言，弗赖登塔尔尤其强调作为“计数的数”的教育价值，虽然他也承认数量的数的产生也许要早于计数的数。

然而瑞士心理学家皮亚杰则更强调数量的数，认为数数技能只是一种后天习得的语言能力，对儿童数学能力没任何影响。他们的观点对小学数学教育以及研究者都产生了影响。

4. 数概念的多模式表示

数概念可以有实物、图像、文字、符号等多种表示方式，在认识数的过程中能用多种方法表示数，即数的多模式表示并建立联系，有助于发展学生的数感。心理学认为，学生学习过程主要有如下表征（同时也是不同的水平）：动作表征、形象（表象）表征、语义表征、数学符号表征。数学学习过程，是这几种表征方式的有机转换与整合。

麦金托什等人认为，数感主要在三个领域起作用：数知识和数的简便性（数的顺序感，多样化的数的呈现形式，数的绝对和相对数量大小的判断，思考数的基准参考体系）；运算知识和运算的简便性（理解运算结果，意识到所应用的规则、运算之间的关系）；把数、运算的知识及其简便性应用到需要用数进行推理的问题中（理解问题情境和合适的解题策略之间的关系，意识到存在多样化的数之呈现方式，应用有效的数的表征形式（或方法）的倾向，检验数据和结果的倾向）。

数概念的建立与数感的培养过程也是这样。孩子“数概念”的建立是一个循序渐进的过程，即从实际体验“数”的活动发展到讨论这些“数体验”的活动，从最初的用非正式语言对其进行讨论发展到后来的用更多的正式语言进行讨论，之后才开始学习使用数学符号。数学符号体现了数学理性讨论的简洁性和精确性特征。即经历“具体经验—抽象或心算方法—符号化关系”的过程。

朱莉娅•安吉莱瑞进一步指出，日常生活中常见的“视觉图形”在抽象数概念过程中的重要作用，为形成心理表象奠定直观基础。将“数”的符号与视觉材料相联系，建立心理表象最重要，而与采用什么样的视觉材料无关。事实上，只要所使用的直观材料具有齐性、结构化即可，不管用小珠子、小豆子、小木棒还是第纳斯小木块。齐性是指每个学具的物理属性相同；结构化是指学具不是一个一个独立物体，而是有“逻辑结构”的。

因此，数感是人对数与运算的一般理解，它是一种主动地、自觉地或自动化地理解数和运用数的态度和意识。

（二）学生数概念学习的相关研究

1. 学生学习理论的相关研究

1）皮亚杰认知发展阶段论

皮亚杰在《发生认识原理》《结构主义》和《数的发展心理学》中充分地论述了他的数学认识论和数学学习心理学的观点。

儿童天生可以有认知的能力，而概念是后天才出现的。在儿童认知发展早期即前运算阶段，由动作智力发展到了概念智力，客体永久性的形式概念才可以外显出来。其中，儿童的数学概念起初是从客体本身得出的或者是从应用于客体的活动格局得出来的操作性动作概念，是身体内化了的动作。

儿童对数的认识并不是单纯依靠数目的积累和概念的灌输堆叠完成的，其对于数的认知最初是来自一一对应的动作图式。当然，在儿童形式运算阶段，对于两种不同的客体，当儿童建立起一一对应的动作关联时，守恒的客体数量一致，儿童才具备建立起数目概念的基础。当儿童产生客体存在守恒性的认知后，一一对应的动作出现才能成为儿童掌握数目概念的必要条件。例如，学生在一年级学习 10 以内数字，主要依靠点手指的动作，通过与数目一一对应关系的排序操作来进行其对数目概念的认知，这里数目来自“点”手指的动作模型。也正如皮亚杰所论证的，数的概念必须是儿童在拥有数的守恒性和一一对应两个基本认知的出现后才掌握的。两类不同的事物一旦建立了一一对应关系，数目必然是始终相同的，故一一对应关系的图式建立是儿童数目概念的重要基础。

皮亚杰认为，儿童是否具有数的守恒性的认知能力是儿童形成数目概念的标志。[①] 正如皮亚杰所说，思维就是操作。让儿童在实际操作物体的过程中通过动作图式的熟练从而发展数学概念，靠述说来教是不行的，应注重引导和帮助儿童养成主动动手做中掌握扎实的数目概念。

2）布鲁纳－莱什多元表征理论

20 世纪 80 年代心理学家布鲁纳的认知发展结构理论有以下论述：学生思维

① 鱼洋 . 皮亚杰发生认识论对儿童数学教育的启示 [J]. 延边教育学院学报，2017，31(6)：71-72，75.

活动的水平主要取决于外在刺激的程度，对此可区分出动作的（enactive）、图像的（iconic）和符号的（symbolic）这样三个不同的水平：在动作表征的水平中，学生的思维必须借助实物或具体物的实际操作活动来完成；图像表征是指具体物消失时学生能依据实物的影像在头脑中制作心像来进行内在的思维活动；符号表征则是指学生已能直接对数学符号进行思维操作，从而也就标志着主体的思维已经达到了较高的抽象水平。①

随着研究的进一步开展，这一理论在数学概念心理表征的多元性上有了进一步的发展。例如，美国学者莱什等就曾借助如下的图形（图 1-7）来说明数学概念的发展过程："实物操作只是数学概念发展的一个方面，其他的表述方式——如图像、书面语言、符号语言、现实情景等——同样也发挥了十分重要的作用。"可见，数概念的建立除了实物操作以外，还可以尝试运用图像、语言描述、搭建情境等途径搭配混合使用，丰富学生的学习途径。

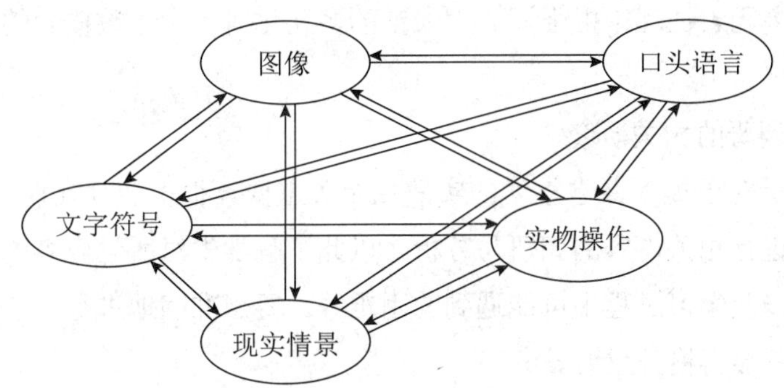

图 1-7　数学概念的发展过程

将多元表征渗透到数学课堂教学中，一方面可以调动学生多感官的认知因素，促进知识的理解，培养学生的数学思维以及促进学生数学智慧的生长；另一方面通过对问题进行多元化的表征，为学生解决数学问题提供了新的平台，从而有助于提高学生对问题多角度的解释能力和创新能力。②

① 郑毓信 . 多元表征理论与概念教学 [J]. 小学数学教育，2011(10)：3-7.

② 吕程，周莹，唐剑岚 . 多元表征：探寻数学智慧课堂的一把密钥 [J]. 教育与教学研究，2012，26(6)：107-110，114.

3）杜宾斯基的 APOS 理论

APOS 理论的提出建立在一个假设的基础上：数学知识是个体在解决所感知的数学问题的过程中获得的，在这个过程中个体经历了 action（操作）、process（程序）、object（对象）并最终建立了 schema（图示）。这种理论认为，在数学学习中，如果引导个体经过思维的操作、过程和对象等几个阶段后，个体一般就能在建构、反思的基础上把它们组成图式从而理清问题情景、顺利解决问题。[①] 操作是指个体对于感知到的对象进行转换，这个对象实质上是一种外部刺激。当“活动”多次出现被个体熟悉后就转变成“程序”，在此阶段，学生不通过活动仍然可以在头脑中执行程序，当个体把程序作为整体进行操作时，这个程序就变成一种心理“对象”，最后在头脑中形成一种认知框架就是“图示”。

APOS 理论的起点是活动，这也就是强调学生学习数概念应该从多多接触外部刺激开始，有了丰富的外部感知才能逐步熟悉认识对象进而形成程序、对象和图示，这与多元表征理论中强调心理表征的多元化对于学生数概念的学习有异曲同工之处。

2. 学生调研的相关研究

学情分析对于提高课堂教学的实效性至关重要。很多教师在课堂教学之前，都要对学生进行相关内容的调研与分析，以此了解学生对所学内容的知识基础和生活经验，以及学习过程中可能遇到的困难等。要想准确地进行学情分析，调研题目的编制就显得格外重要。

笔者对前人关于调研工具如何编制的文献进行了查阅和梳理。

刘琳娜和李惠玲指出，有效的“调研工具”需要具备以下几个特征。

第一，要有明确具体的研究问题。

第二，根据研究的问题，明确问卷要从哪几个维度呈现调研内容，每个维度之下要呈现哪种类型的题目。

第三，调研题目之间要有合理的逻辑关系。

第四，调研题目意图明确，以便形成分析框架。

刘加霞等人以自然数、小数和分数为例，具体阐释了如何运用有效的测评工

① 乔连全 .APOS：一种建构主义的数学学习理论 [J]. 全球教育展望，2001(3)：16-18.

具对学生数概念理解的现状进行检测。她们认为，数守恒能力、数数能力、理解数的意义、估数能力和数感是测评学生对数概念理解的关键指标，并将这些指标确定为具体的测评维度。

闫云梅依据基本知识的四种理解水平——事实性水平、概念性水平、方法性水平、主体性水平——构建调研分析的理论框架，结合具体的教学内容，对学生达到不同水平理解的行为表现进行描述，设计了相应的调研题目。

对比调研维度的构架，刘琳娜和李惠玲主要从具体教学内容本身出发，闫云梅是根据学生知识理解的水平来构设调研维度并结合具体内容设计调研题目。尽管两者构建学生调研维度的切入点不同，但调研时都需要结合具体教学内容，即在把握具体教学内容本质与结构的前提下构建调研框架。

由于同一问题情境常常可以用多种方式解释，从现有的测验和研究中收集足够多的测验任务，然后分析哪些问题情境只能被某种含义所解释，而哪些问题情境可以被多种含义所解释，最后通过儿童在多个测题上的整体回答模式来推断儿童实际掌握了哪些分数概念的含义。

尽管严谨、科学的调研工具编制有很大的困难，但也有很多学者和一线教师从实际课堂教学出发，对学生相关数概念的学习和掌握情况进行了调研。笔者结合本研究涉及的主要内容，对已有的学生调研结果进行了整理。

刘加霞等人用自行开发的调研工具分别对自然数概念、小数的意义和分数的意义进行了学生调研，无论调研的工具还是调研过程的推进，以及调研的结果，都对本研究具有重要参考价值。

胡光娣为了了解学生对百以内数的认识情况，在课前对 12 名一年级的学生进行了访谈。发现学生对百以内的数并不是一无所知，绝大多数学生已经掌握了读法和写法。但在数比 20 大的数时，学生没有体会到以“十”作为单位来数比较简便，对百以内数的实际大小缺乏具体的感受。

刘加霞在对“大数的认识”情况进行调研时发现，学生没有把 10 个一万当作 1 个十万，学生没有把“十万”看作一个整体、一个计数单位。这一研究结果与胡光娣“百以内数”的研究结果是一致的，说明计数单位应作为课堂教学的重点内容。

高丽杰调研发现，学生见到100以内的数都能够正确地读，在填百数表空格中的数时，都能够正确填数。但是如果说出67让他们写，写出607的不少。同时，一年级学生在计数过程中表现出来的计数水平是不同层次的。学生计数在一一点数的基础上有了按群计数的意识，但以10为单位进行计数的学生只占5%。这些都表明学生对数本身意义的理解并不深刻，缺乏对数位及计数单位概念的认识。

刘晓婷通过调查、访谈、课堂观察等，发现在数数活动中，学生经常会出现眼、手、口不协调的现象。她认为，儿童正是在数数活动中不断完善数概念的学习的。同时，她还对数数的具体方法进行了梳理，并为低年级数概念的学习提出了一些很好的建议。

二、对已有研究的述评

通过对数概念文献进行梳理，我们发现，数概念的产生、计数单位、数概念的多重含义和多模式表示是认识数概念最为重要和关键的四个方面，透过这四个方面，我们可以构建一个分析框架，据此来分析教材、调研学生并设计有数学味儿的学习活动。

（1）数概念的产生和发展属于数学史方面的内容，不同版本教材提供了哪些史料和素材帮助学生了解数概念的产生，这些都是在分析教材时值得关注的重要方面。如何用好史料设计有意思的活动或课后实践作业都是值得思考和研究的。

（2）通过对已有学生调研的梳理，可以看出，一份好的调研工具会使调研工作的开展更加顺利，能够更好地测查到学生对相关概念的认知情况。数概念的多模式表示是学生学习数概念的重要途径和方式，既可以作为调研学生学习困难的主要维度，也可以作为设计有价值学习活动的重要路径。

（3）计数单位和数概念的多重含义贯穿于小学数概念学习的始终，是在不同学段确定教学重点与难点的重要依据。

（4）直观模型是学生学习数概念的主要工具，其中不同的直观模型在学习数概念时具有不同的价值和作用，我们可以对教材中提供的直观模型进行梳理，分析各自的价值并灵活选择恰当直观模型设计学习活动。

第三节　研究方案设计

一、研究目标、研究内容和拟解决的关键问题

（一）研究目标

（1）基于数概念的本质搭建分析教材和调研学生的框架与结构。

（2）围绕具体内容分析教材、调研学生并提出教学建议。

（3）设计并实施有价值的学习活动，提升课堂教学水平。

（二）研究内容

本研究选择一年级《百以内数的认识》和二年级《千以内数的认识》两个自然数学习的典型单元进行研究，研究内容有如下几个方面。

（1）分析优秀课例的特点与教学重点。

（2）通过设计调研工具寻找学生学习的困难点。

（3）梳理教材中提供的直观工具，对其进行分类并分析各自对于数概念学习的价值。

（4）进行课例研究，总结小学数概念学习中一些典型课例的教学策略。

（三）拟解决的关键问题

（1）学生学习自然数的困难点是什么？

（2）教材中提供了哪些直观模型？这些直观模型各自的作用与价值如何？

（3）如何借助直观工具设计有价值的学习活动帮助学生学习自然数？

以上问题将在后文中予以回应。

二、采取的研究方法

1. 问卷法

这种调研方式主要的优点是可以全面了解学生对于教学内容的已有储备，便于帮助老师找准教学的起点，为教学设计提供依据。问卷调研需要教师精心设计问卷，问卷设计得是否合理直接关系到获取信息的广度、深度和准确性。

2. 访谈法

在日常教学实践中，很难做到每节课之前都对学生进行问卷调研，而个别访谈的形式就比较灵活，容易突出重点，简便、易于操作，更适合常态教学使用。个别访谈时需注意：第一，要在非正式场合下进行，便于了解到真实信息；第二，要针对学习重点、难点设计问题，问题不宜过多；第三，要尽量关注不同层次的学生。

3. 课堂观察法

在课堂现场通过观察得到的学生信息会更加鲜活、自然，也更加准确。在课堂观察过程中，教师在发现问题之后，可以直接介入，了解问题产生的原因，比如利用小组讨论的时机和学生交换意见；也可以结合课后访谈进行进一步学情分析。这些观察和分析得到的信息也可以为今后更好地解决教学中的重难点提供参考。

研究思路如图 1-8 所示。

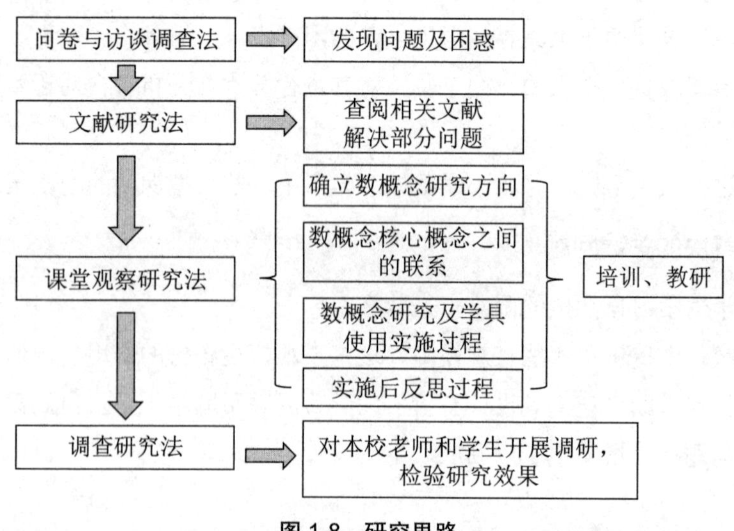

图 1-8 研究思路

第四节　课例研究过程

我们分别以百以内数的认识、千以内数的认识为例进行了单元教学研究和实践。本节梳理了教材，并分别进行了学生调研和课例改进与反思。

一、教材中关于直观模型的整体分析（以人教版为例）

人教版教材直观模型如表 1-1 所示。

表 1-1　人教版教材直观模型

类　型	直观模型和学具	说　明
10 以内数的认识	实物（零散） 生活模型 缩记符号	学生经历从实物到抽象（数字）的过程，初步建立一一对应的思想
20 以内数的认识	小棒 计数器 实物（有结构）	由原来的 10 个一组成 1 个十，学生开始形成十进制的想法。 小棒和本单元设计的实物模型都是齐性的结构化学具，能很好地体现计数单位的直观形象及计数单位之间的关系。 计数器是非常抽象的学具，它综合体现了位值制和十进制
100 以内数的认识	实物（从零散到有结构） 小棒 小正方块 计数器	教材采用小棒、小正方块和计数器记数，更值得关注的是，对于零散的实物模型，学生自发地在数数时 10 个一组地摆一摆、数一数，较 20 以内的数，对于计数单位“十”有更强烈的需求。 在学习运算时，教材也比较多地采用小棒和计数器与有序排列的小正方块来帮助学生理解算理，以及进一步理解十进制和位值制。 但是，本阶段，教材并没有呈现用小正方块表示 100 这个模型

续表

类　型	直观模型和学具	说　明
万以内数的认识	第纳斯木块 点子图 计数器 算盘 数位顺序表	本单元教材直接采用1小块、1条、1面、1个立方体分别表示1、10、100、1 000，在此直观模型的支撑下，读写中用计数器和数位顺序表帮助学生理解十进制和位值制。 点子图的使用引导学生感受相邻计数单位间的十进制关系，以及在数量多时，采用更大计数单位的价值
大数的认识	第纳斯木块 计数器 数位顺序表	数位顺序表逐渐完整

计数单位对低年级儿童来说较为抽象，教材引入新计数单位时都使用直观学具帮助学生建立计数单位的直观形象。例如，用1个第纳斯木块表示计数单位“一”，10个木块拼成一条表示计数单位“十”，10个“十”组成1个面表示计数单位“百”，以此类推，1 000个小第纳斯木块组成大立方体表示计数单位“千”等。直观学具除了使抽象的计数单位变得具象、可视化，还很直观地表示出不同计数单位之间的关系，如相邻计数单位的十进关系。教材在不同的“计数单位”、理解“计数单位之间的十进关系”、理解“位值制”时都是借助直观模型学具完成的。所以，在教学中借助直观模型帮助学生建立数概念是十分必要的。

二、“百以内数的认识”课例研究

（一）优秀课例分析

高丽杰《100以内数的认识》一课在数的多重意义和多元表征方面做出了尝试，课堂上通过不同层次的数数活动、不同学具来表征100，让学生在不同任务的数数活动中逐步认识100。

这节课中，老师运用了多种数学模型。例如，这节课的开始，数出10个小插片（或10根小棒），并把10个小插片堆成一堆，记住10个有多少。再数出10个小插片，把两堆堆在一起，记住20个有多少。把学具盆里的小插片都倒在桌子上，组成一大堆。不断强化计数单位“十”的作用，同时也通过操作学具，进一步让学生体验 100 里有 5 个 20、2 个 50 等，从多个角度理解 100。

该课的另一亮点是恰到好处地运用了半直观半抽象的“数尺”、数轴、百数表，即换一个角度、换一种方式来认识“数”，体验到自然数个数的无限性。在数轴上给数“找家”的游戏，将“数”和“形”紧密结合起来，从“形”的角度来进一步感知数，多个角度多种表征方式认识数，逐步培养学生的数感。

另外，我们也参考了一些其他教师关于《100 以内数的认识》的资料，发现教师在设计时都关注到了以下几点。

第一，清晰地呈现数（三声）的过程。通过不同的数数形式，丰富对数（四声）的含义的理解。如一一点数、按群计数、拐弯数、有结构的数、无结构的数等。学生获得的数概念，是从反复数数的经验中产生的。

第二，调动多元表征，建立数概念，培养学生的数感。本节课经历了“具体经验—抽象或心算方法—符号化关系”的过程。

（二）教材横向对比分析

我们对比了人教版、北师版、苏教版三个版本的教材。

1. 相同点

（1）人教版和北师版在引入教学内容时都创设了情境（数羊、数花生），在情境中数数，有利于学生体会数数的作用和价值，以及数学在生活中的工具性的作用。

（2）人教版和北师版教材呈现了多层次“数数”活动，强化“计数的数”的价值。例如，人教版教材让孩子们经历一个一个数、往前数等。北师版呈现数的方法更多样。一个一个数，两个两个数，五个五个数，十个十个数。

（3）三个版本教材都选取了小棒模型。小棒模型更能凸显数的层次性，凸显“计数的数”的价值。更容易帮助学生借助直观模型看到“十进”，即“10 个一是 1 个十”“10 个十是 1 个百”。

2. 不同点

苏教版教材呈现数的方法较少，突出十个十个数的方法。北师版是两个课时，人教版是一个课时，人教版和北师版还提供了第纳斯木块，木块也凸显“十进”，其结构与木棒相同。所以，在设计本课时，合理地使用小棒或者第纳斯木块帮助学生建立计数单位，以及沟通计数单位之间的联系是非常重要的。

3. 我们的思考

从教材采用的模型看，在认识“百”中，教材对于借助计数器理解“满十进一”并未做出具体的要求。相比较小棒和第纳斯木块而言，计数器除了数位的名称不同，每一个数位上的珠子都是完全一样的，如果只看珠子的数量是不能看出数的大小和结构的，因而计数器相对抽象一些，学生不能抽象地理解也是正常的。计数器除了体现“十进制”，还能更好地体现“位值”，这个半抽象的数学模型是非常有助于学生理解数概念的。在教学中，我们是否可以让学生从具体形象的小棒和第纳斯木块逐渐过渡到计数器来理解数的本质意义，并对两种模型进行有效的沟通呢？是否可以用好直观学具，有层次地帮助学生突破教学难点？比如，可以运用小棒、第纳斯木块帮助学生突破两次“满十进一”的困难点；可以在半抽象的计数器上通过计数单位“满十进一”进一步理解“位值”。

（三）学生调研

维度一：数概念的多重含义

第一题

数一数有（　　）个 ☺　——加访谈

【调研目的】了解学生是否能够有结构地进行数数。

第二题

数一数有（　　）个小正方块

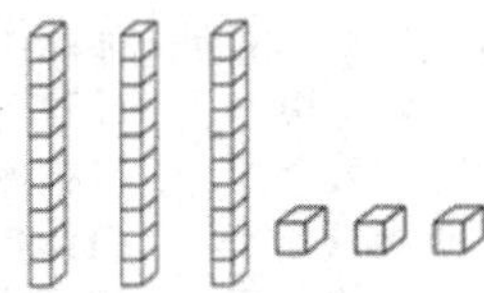

【调研目的】学生对于计数单位的理解。

维度二：数概念的多模式表示

1. 请你表示 38（用自己喜欢的方式）

【调研目的】学生会不会用多种模式表示 38 这个数。

2. 请你用计数器先拨出 99，再加一个拨到 100

【调研目的】学生是怎样理解位值制和十进制的。

维度一的学生水平划分如图 1-9 所示。

水平层级	水平 0	水平 1	水平 2	水平 3
水平描述	没有按相同计数单位计数，并且出现错误。	一个一个地点数，数正确。	按群计数，数正确。	10 个 10 个地数，知道一列是 10 个。头脑中已经有数的结构，数的正确。

图 1-9　学生水平划分（维度一：数概念的多重含义）

【调研分析】通过调研我们发现 63% 甚至更多的学生还没有建立起“十进制”。大部分学生还是一个一个数。学生在计数过程中表现出来的计数水平是不同层次的。学生计数在一一点数的基础上有了按群计数的意识。但以 10 为单位进行计数的学生还是很少的。虽然在学习 20 以内的数时，学生已经积累了一些摆数、画数（理解十进的方面）的经验。但是从根本上还是没有十进的概念。学生对 10 在计数中的作用感受不是很深，而对计数单位认识的深度，将直接影响学生对数的意义的理解，影响学生对十进制计数系统的认识深度。孩子建立十进的思想还需要一个长期的过程。这节课借助模型，帮助孩子们建立“十”“百”计数单位，以及计数单位之间的十进关系是非常重要的。

从维度二（数概念的多模式表示）对学生水平划分如图 1-10 所示。

水平层级	水平 0	水平 1	水平 2	水平 3
水平描述	用一个小圆圈代表 1 个一，画图错误	能用一个小圆圈（或者 1 根小棒）代表"1"，能正确表示 38，但是整体无结构	能够选用小棒、计数器、小圆片等中的一种模型，有结构地表示 38 这个数。画图正确	能够运用多种模型（小棒、计数器、小圆片等）或者从数的意义角度表示 38，画图正确

图 1-10　学生水平划分（维度二：数概念的多模式表示）

【调研分析】通过调研发现水平 2 和水平 3 的学生占全体学生的 41%，仅有不到一半的学生，会用多种模式表示一个数。另外，水平 1 和水平 2 的学生还处于 1 个 1 个表示的状态。对于数的认识是无结构的，对于数的表示形式比较单一。所以如何在这节课里丰富数的表示模式，并且建立起数的结构是很重要的。通过教材分析，第纳斯木块是最具有结构性的数学模型，对于今后数概念的建立有很重要的作用，但是调研发现没有学生选择用第纳斯木块来表示数，访谈发现学生对第纳斯木块不熟悉，所以，在教学时，恰当地引入第纳斯木块，并且沟通它与其他模型之间的关系，帮助学生建立数的模型是很有必要的环节。

从维度二（数的十进制和位值制的理解）对学生水平划分如图 1-11 所示。

水平层级	水平 0	水平 1	水平 2
水平描述	在哪一位添 1 有误： ①直接在十位添 1 个十，退回 99，进 1 个百 ②先在百位上添 1 个百，然后退回 99 ③先在十位添 1，退 10 个十，再在个位添 1，退 10 个一，最后拨 1 个百	只进行一次满十进一： 在计数器个位上添 1 个一，继而正确地拨出一次满十进一后，只呈现到 10 个十	完全正确的两次满十进一
百分比	50%	37.5%	12.5%

图 1-11　学生水平划分（维度二：数的十进制和位值制的理解）

【调研分析】大部分学生出现的错误都是只进行了一次"满十进一"，即要么在个位满十后能够向十位进一，十位满十却不知道再向百位进；要么直接在十位或百位上拨 1 个珠子，把剩下的珠子退回去（实际上这时拨的并不是 1 个一，而是 1 个十或 1 个百，但学生已经都知道 100 是在百位上拨 1 颗珠子，其他数位上没有珠子，因此把剩下的珠子全部退回去），在这一过程中，有的学生在百位拨 1 颗珠子后，只退回了十位的 9 颗珠子，把个位的 9 颗珠子“落在”了个位上，原本想拨的 100 变成了 109。

思考如下：

第一，明明学生能够脱口而出“满十进一”，为什么在拨计数器时就对不上号了呢？

第二，学生学习“认识十”后，为什么不能将“满十进一”的道理迁移到“认识百”？学生学习的困难点在哪儿？

第三，教学中如何恰当使用直观模型帮助学生进一步理解数概念呢？

（四）活动设计

基于对人教版和北师版两套版本教材的分析，我们将《100 以内数的认识》这一内容划分为两个课时，第一课时侧重在数数中对学生“数感”的培养，第二课时侧重让学生深入理解两次“满十进一”的含义。

1.《100 以内数的认识》第一课时活动设计

活动一：现实情境引入，估计 100 颗珠子有多少，根据自己的感觉抓出大约 100 颗珠子。这时学生的感觉是朦胧的，凭借经验的。

活动二：把几个几个数出并按堆摆放的 100 颗珠子聚在一起，再次观察 100 颗珠子有多少，进一步感知 100。

【要求学生先观察自己摆放的珠子，再把所有的珠子拢在一起来观察并体会 100 颗珠子有多少，让学生不仅建立 20 个五或 10 个十的表象，还有真正的对 100 的感知。】

活动三：从自己估计的珠子中数出 100 颗，借助“剩下”或者“缺少”的珠子，在对比中感知 100 颗珠子有多少，初步形成对 100 的感觉。

【借助多的和少的，在比较中让学生对“100”到底是多少有感觉。】

【教学片段 1】

师：100 颗珠子到底有多少？你是怎么摆的？

（学生呈现 1 个 1 个、2 个 2 个、5 个 5 个、10 个 10 个摆的方法以后，教师做了小结。）

师：这些方法都能让我们清楚地数出 100。但是 100 到底有多少呢？可能你看得还不是很清晰，下面把你面前的 100 颗珠子合在一起看一看，再闭上眼睛想象一下。

（学生把自己面前的 100 颗珠子合一起，仔细观察后闭上眼睛想象。）

师：这时，再看看你小盒子里剩下的珠子，你有什么想说的？

生：我原来认为 100 颗珠子有很多，所以我抓了好多，现在我的小盒子还剩下很多，我感觉 100 也没有那么多。

生：我感觉 100 颗珠子很少，我抓得太少了，还不到 100 颗珠子。我又补充了一些珠子，现在知道 100 颗珠子有多少了。

……

活动四：观察数珠器，发现数珠器中蕴含的十进结构。

为了让学生发现数珠器背后隐藏的“十进”结构，教学中我们设计了让学生观察数珠器的环节：

【教学片段 2】

（老师借助小工具操作，只用了 30 秒就数出了 100 颗珠子。学生觉得很神奇，顿时对这个小工具产生了兴趣，想要看一看。）

师：请你仔细观察这个小工具，看看你能不能发现这个小工具的秘密。

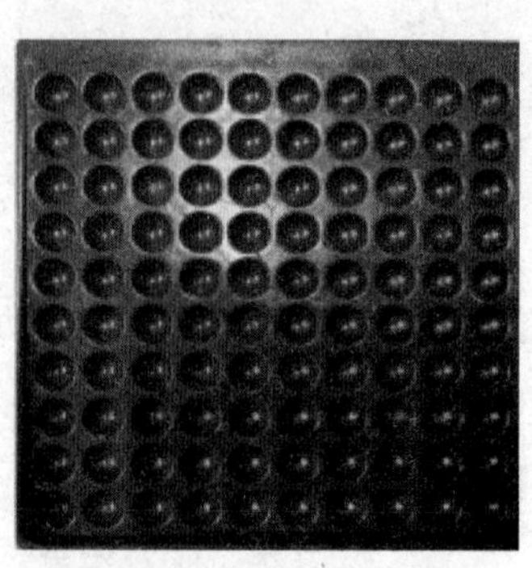

（学生观察后发言）

生：老师我发现了，这一行是10。（学生带领大家数一数，老师及时出示小木块学具1个十，贴在黑板上。）

生：我还发现了有这样的10行，10个十就是100。

（在学生讨论发现，把小工具与第纳斯木块之间建立联系之后，老师又把10个十组成的100贴在黑板上。）

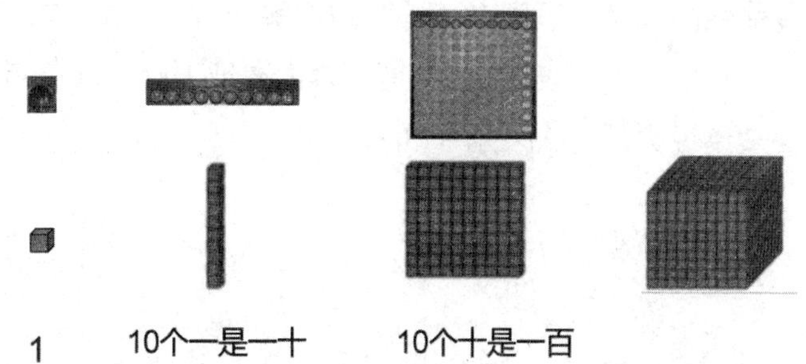

活动五：借助数珠器快速解决“一把珠子有多少颗”的问题，活动中学习数的组成，建立数与数之间的关系。

随机抓一把小珠子。每组派一名同学抓一把珠子，每组同学抓到的数量都是不同的，借助数珠器的结构，让学生认识几十几，建立100以内数与数之间的关系，这个环节突出了从无结构数到有结构数的过程，数珠器中隐含的“十进”结构在学生的数数活动中被发掘出来。

这次教学活动调整之后，学生的课上兴趣高涨，既体验了用工具数珠子的有趣活动，也在观察数珠器和数数的过程中对“十进”结构有了更加深入的认识。一堂课简简单单的数珠子活动，有机地融合了数的意义、数的表示、数的关系、

数的估算，甚至还有简单的数的问题解决等多个数感的构成要素，数数活动是显性的，“数感”的渗透则是隐性的。

2.《100以内数的认识》第二课时活动设计

课前谈话：

上节课，我们数过了100。在1～100中，你最喜欢哪个数？说说你的理由。

老师最喜欢的数和你们有关系，咱们有37名同学，老师最喜欢的数就是37。

环节一：多种数的表达，巩固对“十”的理解

提问：你能用不同的方法表示出37吗？请你在纸上画一画、写一写。

汇报——谁来说说你是怎么表示37的？

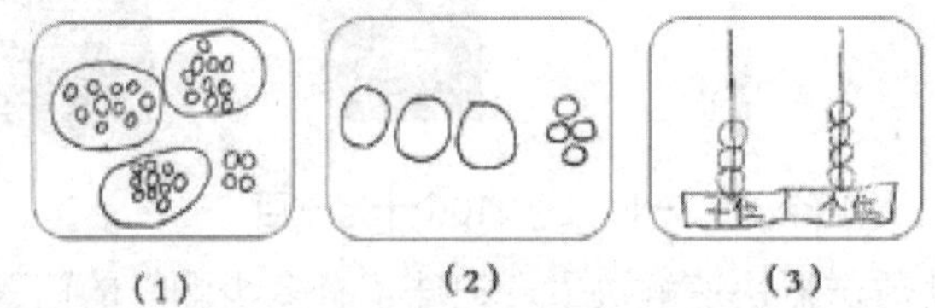

(1)　　(2)　　(3)

提问：就这么几个圆，就能表示37？

小结：有的用大小不同的图形区分1个十和1个一，有的用计数器上不同的数位区分。

提问：这么多种方法都能表示37，有没有共同的地方？

预设：都是先表示3个十，再表示7个一。

追问：干吗要10个10个地表示呀？

小结：10个10个数能让别人容易看出来结果。

环节二：数一数，理解10个十是100

第一次数：理解两位数的组成。

老师要数学具，每组都要发100个，快帮我数数这些够不够？

活动要求：

①想一想，怎样数更快更准确。

②数一数，一边数一边放在托盘里。

③摆一摆，让别人容易看出来数的结果。

汇报：谁来说说，你们组几个几个数的，数出几个几，大家猜猜你们组有多少个。

87　90　93

提问：你们的数法有没有共同的地方？10 个 10 个数有什么好处？

第二次数：理解 10 个十是 100

提问：都不是 100，怎么办呢？

活动要求：

①从刚才的结果接着数，一个一个数到 100。

②组长记录数了多少个就到 100。

③组长取学具，边摆边数，再数到 100。

汇报：你们原来有多少个，带着大家一起数到 100。

① 87

谁再说说怎么数到 100 的？

原来明明有 8 个十，这 1 个十是怎么来的？

自己和同桌再说说，再指名说。

小结：够 10 个一就是 1 个十，10 个十就是 1 个百。

② 93 用小棒数

③ 90

提问：除了 1 个 1 个数，又数 10 个一，你们还有别的数法吗？

小结：原来 9 个十，再添 1 个十，就是 1 个百。

提问：有的组一个一个数，还有的组直接加 1 个十，无论怎么数，都数到了 100。接着数的过程中，有什么共同的地方？

小结：（贴板书）一个一个数，够 10 个一，就是 1 个十；10 个 10 个数，够 10 个十，就是 1 个百。

环节三：对比多种方式表达百，认识计数单位“百”

提问：用一大捆、一大片表示 1 个百，还能用什么表示 1 个百？

——画更大的圆圈、计数器

提问：在百位上的一个珠子表示多少？十位？个位？

小结：1 个珠子在个位表示 1 个一，在十位表示 1 个十，在百位表示 1 个百。

新的计数单位："百"。

环节四：理解满十进一，找一、十、百的联系

提问：用计数器能表示 99 吗？99 后面一个数是多少？

指名数：怎么数？到前面拨一拨。

自己一边拨一边说一说：在个位上加 1 个一，个位满十，向十位进一；十位满 10 个十，向百位进一。

课件演示：用小棒从 99 数到 100，是什么样子的？小方块呢？

提问：都从 99 数到了 100，有什么相同的地方吗？

提问：两次满十进一，意思一样吗？

提问：先添 1 个一，够了 10 个一，就换成 1 个十；10 个十就换成 1 个百。一、十、百之间的关系是什么？

小结：10 个一是 1 个十，10 个十是 1 个百，100 个一是 1 个百。

〖板书：10 100〗

环节五：生活中的一百——猜数游戏，巩固复习数的组成

生活中你在哪儿见过 100？学生举例，课件展示。

三、"千以内数的认识"课例研究

（一）优秀课例分析

江萍老师《1 000 以内数的认识》课上通过不同的操作活动引领学生认识数，为学生提供不同学具让学生多角度认识 1 000，课上培养学生的估数能力。

课上江老师通过介绍自己所在的学校有 625 人，25 个班让学生先感受数，接着通过原来学习的 100，让学生介绍。接着出示卡片 0、1、4 引导学生摆比 100 大的数进而教学读数、写数、数的组成。在课上设计了形式多样的数数环节，通过学生再熟悉不过的数数活动，逐一落实教学目标。例如，江老师设计了三次借助计数器边拨边数的活动，看似相同，实则依次突破学生数数的难点。第一次：在计数器上拨出 126，介绍 126 的组成，一个一个往后数，数 5 个，这一次数数，突破满十进一。第二次：在计数器上拨出 304，介绍 304 的组成，一个一个往前数，数 5 个，这一次数数，突破连续退位的倒数这一易错点。第三次：在计数器上拨出 949，介绍 949 的组成，10 个 10 个往后数，数 5 个，这次数，数出了最大的三位数 999，再添 1，就是最小的四位数 1 000，自然引出计数单位千。

江老师充分正迁移孩子们百以内的数数经验，突破难点，实现新知与经验的无痕对接。例如，学生数出：126，127，128，129，130，江老师及时追问：你怎么知道 129 的后面是 130？学生答道：29 完了是 30，所以 129 完了是 130，可以先不看百位上的数。当有些学生说 300 前面是 399，还有人立刻说是 299，江老师没有过多地评价，而是追问：谁能证明 299 是对的？学生说道：299 ＋ 1 就是 300。

江老师还为学生提供不同直观模型让学生多角度认识 1 000，多元表征的参与，发展学生的数感。后面的教学中，江老师设计了估计 1 000 张纸有多厚，学生先比画，而后江老师出示 500 张的一叠纸，让学生估一估 1 000 张纸有多厚，用长度单位如何描述，如果是 1 000 根牛奶管、牙签或是珍珠奶茶的吸管呢，引导学生建立 1 000 这个数与现实中相应数量之间的关系。这个环节将数学与生活中的实物相联系，不仅丰富了学生对数的认识，而且教会学生一种估计的方法。

其他教师在课上也选用小棒、第纳斯木块等学具让学生在充分的数的基础上认识 1 000。课上选用纸、大豆等实物帮助学生建立数感，多角度感受 1 000。

（二）教材分析

1. 不同版本教材直观模型对比

通过人教版、北师版、苏教版三个版本教材我们可以看到，三个版本教材在《1 000 以内数的认识》起始课都采用了第纳斯木块和计数器这两种“结构化”直观模型。

通过对比人教版和北师版，我们又看到了一些区别。

（1）直观模型呈现顺序不同。人教版以第纳斯木块作为第一个活动，而北师版教材在第纳斯木块前安排了拨计数器的活动，重在体会相邻计数单位之间十进制的关系。

（2）使用计数器的思维含量不同。人教版在使用计数器拨数时，明确了计数单位，如“从一百起，一个一个地数到一百二十”，而北师版安排了“怎样从887 数到 1 000？”没有规定学生拨计数器的方法，这样可以体现学生数数时，使用多种计数单位的不同数法，通过不同数法的对比，学生能够直观感知按群计数的优势，学习不同计数单位的价值。

2. 教材中数概念的多重含义分析（以人教版教材《1 000 以内数的认识》为例）

教材在认识千的第一课时使用了较大篇幅引导学生利用第纳斯木块经历 10 个一是 1 个十，10 个十是 1 个百，10 个百是 1 个千，渗透了相邻计数单位之间十进制的关系，这里的数数活动侧重的是“计数的数”；通过数数，学生明确 1 个、1 条、1 面、1 个立方体分别表示计数单位“一、十、百、千”，这个活动侧重的是“数量的数”。

紧接着教材安排了计数器边拨边数的活动。3 个做一做小题暗含了不同的能力指向。

（1）100 → 120：拨珠子的过程对于学生并不陌生，只是个位满 10 向十位进 1。

（2）198 → 203：连续两次满 10 进 1，体现了每两个相邻计数单位之间都是十进制关系。

（3）220 → 310：可以 10 个 10 个数，数数的多种方法，体现了学习更大的计数单位的价值。

这个活动侧重的是“计数的数”。

对于第二课时《有多少个圆点？》和后续练习中估一估数一数有多少只蜜蜂等问题，侧重于“计数的数”，同时还涉及“数量的数”以及“计算的数”。无论是借助计数器边拨边数，还是数圆点，都更加关注了“计数的数”的作用，都是在数的过程中，使学生感受“一、十、百、千”不同计数单位的价值，以及相邻计数单位十进制的关系。这也符合弗赖登塔尔所说的：对于自然数而言，尤其强调作为“计数的数”的教育价值。

教材中还呈现了数轴的雏形，从 0 开始 1 个百 1 个百数到 1 000，这样的设计可以提升学生的数感。

（三）学生调研

1. 调研对象

对 50 名二年级学生分两次进行问卷调查，其中 25 人从数概念的多重含义角度进行调查，另 25 人从数概念的多重表征角度进行调查，在数概念的多重含义的 25 人中选择了 10 名学生进行了访谈。

之所以分开进行调查，是不想前后题目之间的关系给学生以暗示，以便更准确地看学生的元认知。

2. 调研题目

维度一：数概念的多重含义

（1）说一说：你认识计数器上表示的数吗?

请你借助计数器从 94 开始一个一个接着数。

【调研意图】了解学生对 100 之后的数的数数情况。

（2）借助计算器，你能想办法从 125 快一些地数到 400 吗?

【调研目的】考察学生对于多种计数单位的选择。

（3）按规律写一写：

596、597、（　　）、（　　）、（　　）、（　　）、（　　）。

995、996、（　　）、（　　）、（　　）、（　　）。

603、602、（　　）、（　　）、（　　）、（　　）。

260、270、（　　）、（　　）、（　　）、310、（　　）、（　　）。

【调研目的】了解学生拐弯数情况，以及正反数数和一十一十计数的情况。

（4）育才小学建校 130 年，现在共有 60 个班级，153 名教师，二年级有 809 名学生。

一百三十　写作：　　153　读作：　　809　读作：

【调研目的】了解学生对千以内数的读法和写法。

（5）比大小 95 ○ 103　　304 ○ 398　　401 ○ 399

【调研目的】了解学生的数感及对数大小判断。

（6）请你用▲标出 150 和 235 大概的位置

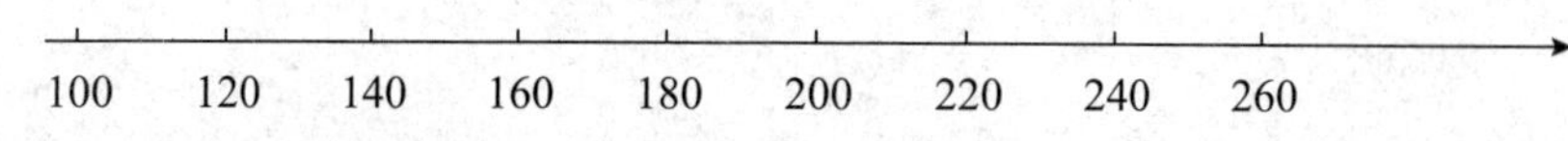

【调研目的】了解学生的数感。

维度二：数概念的多重表征

（1）连一连：1个□代表1，下面每个数中的“2”能用哪幅图表示？

【调研目的】了解学生对不同数位的数代表的含义的理解，直观学具第纳斯木块所表示的计数单位学生是否看得懂。

（2）圈一圈。

在这幅点子图中有235个点，请你圈出235中“2”所表示的数量（你是怎么数的，可以在图中圈一圈，保留你的思考过程）。

【调研目的】学生不同的数数水平。

（3）用你喜欢的方式表示125。（至少两种）

【调研目的】学生能否理解数的意义，是否能借助自己学过的、见过的、创造出的图示准确表示计数单位及计数单位的个数。

3. 调研结果及典型错例

维度一：数概念的多重含义的调研结果

（1）借助计数器数数（表1-2）。

表 1-2　学生水平划分 1

水平 0	认识计数器上表示的数，但边拨边数时，从 99 到 100，直接表示为十位 9 颗珠子，个位 10 颗珠子，没有满十进一的过程，无法继续边拨边数下去	10%
水平 1	认识计数器上表示的数，边拨边数时，知道用百位 1 颗珠子表示 1 个百，从 99 到 100，直接退回个位和十位的珠子，之后用百位一颗珠子表示 100，可以接着边拨边数 100 以后的数	57.14%
水平 2	认识计数器上表示的数，从 99 到 100 边拨边数时，准确表示个位满十向十位进一，同时十位满十向百位进一，可以接着边拨边数 100 以后的数	32.86%

（2）想办法从 125 快一些地数到 400（表 1-3）。

表 1-3　学生水平划分 2

水平 0	无结构无目的地数：一会儿一个一个，一会儿十个十个，一会儿又 5 个 5 个，直接数到 653，超过了 600	14.28%
水平 1	能够借助计数单位一和十，进行准确数数。 先从 125 一个一个数到了 130（或 140）， 再十个十个数到 400	71.43%
水平 2	能够借助计数单位一、十、百，进行准确数数。 先从 125 数到了 130， 再十个十个数到 200， 再一百一百数到 400	14.29%

（3）按规律写一写（表 1-4）。

表 1-4　学生调研结果

题　目	典型错例展示	正 确 率
①	①596、597、(598)、(599)、(200)、(201)、(202)。 ①596、597、(598)、(599)、(601)、(602)、(603)。	83.8%
②	②995、996、(997)、(998)、(999)、(　　)。	78.4%

续表

题　目	典型错例展示	正 确 率
③	③603、602、（601）、（599）、（598）、（597） ③603、602、（601）、（600）、（509）、（508）	62.2%
④	④260、270、（280）、（290）、（　）、310、（312）、（313）	83.8%

（4）读数写数（表 1-5）。

表 1-5　学生调研结果

题　　目	学生错例展示	正 确 率
一百三十　写作：	一百三十　写作：1030	86.5%
153　读作：	153　读作：一五三　153　读作：一百五三	78.4%
809　读作：	809　读作：八零九	86.5%

（5）三道题目全做对的占 83.8%，学生作品略。

（6）请你用▲标出 150 和 235 大概的位置（表 1-6）。

表 1-6　学生水平

水平 0	没有看懂题目要求，或两个均画错 （2）请你用▲标出 150 和 235 大概的位置　没看懂 （2）请你用▲标出 150 和 235 大概的位置	14%
水平 1	（2）请你用▲标出 150 和 235 大概的位置 能够准确找到 150 的位置，但 235 的位置和 230 的位置分不清	67%
水平 2	能够准确找到 150 和 235 的位置 （2）请你用▲标出 150 和 235 大概的位置	19%

维度二：数概念多重表征的调研结果

从数概念的多重表征方面调研学生（表 1-7）。

表 1-7　学生调研结果

题　　号	正确率	学生的方法或典型错例
（1）连一连	28.59%	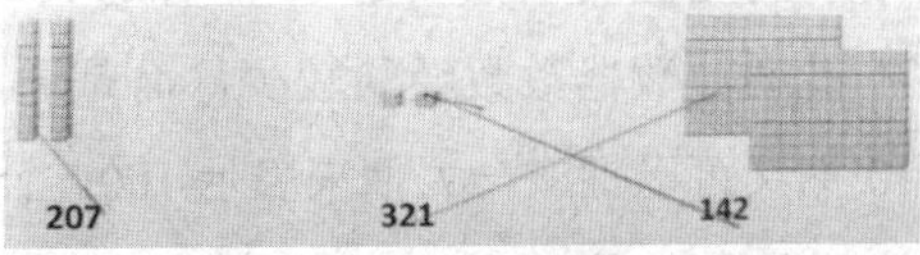 其中 32% 的学生在调查问卷上写“没看明白”
（2）圈一圈	62.2%	（1）20 个十 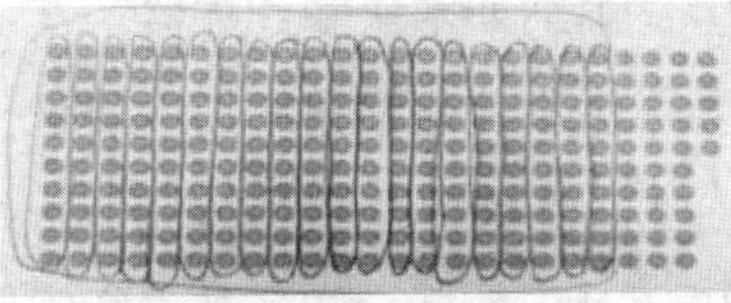 （2）2 个百 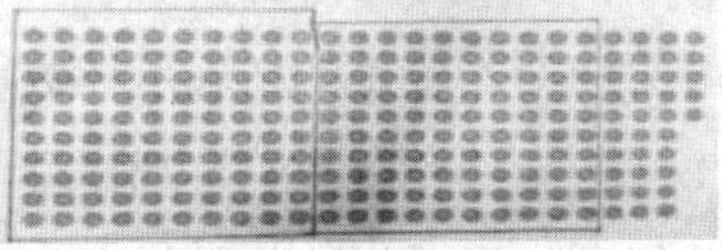 （3）展现出个、十、百之间的关系 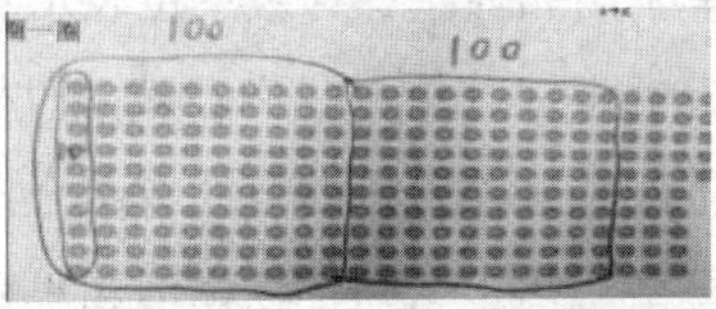 （4）错例 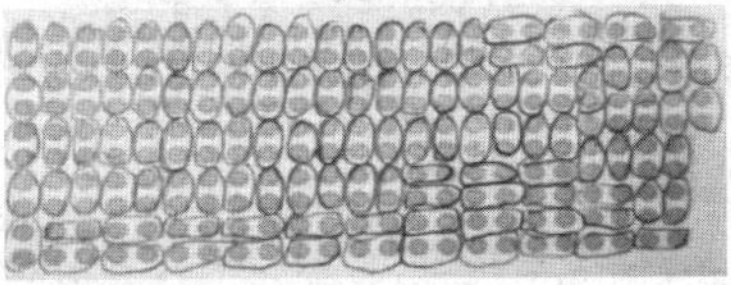
（3）画一画	78%	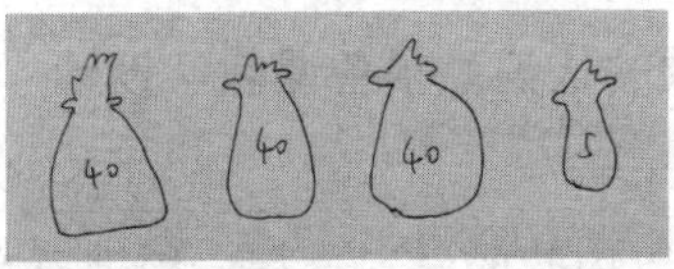 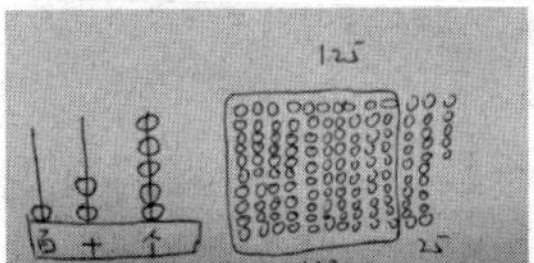 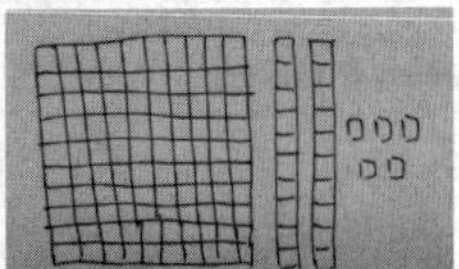

调研结论：

（1）认识百以内计数单位，但对计数单位之间的关系不够清晰。

从维度一的第 1 题（1）可以看出：学生借助以前数数经验可以准确数出超过 100 的数，也可以在计数器上准确表示百以内的数，但用计数器表示拐弯数的过程仍然不够清晰，而是通过记忆知道 99 以后是 100。回顾一年级人教版教材发现，一年级学生借助计数器数数经验较少，而是通过小棒的方法，10 根一捆来表示 1 个十，10 捆又可以捆成一大捆来表示 100。计数器多用来表示数，让学生读数。小棒较计数器更直观，而二年级教材中没有再出现小棒，选择了更具有结构性的模型：第纳斯木块和计数器。

（2）多数学生不能看懂第纳斯木块这一直观模型，没有关注到直观模型的逻辑结构。

维度二中，对于数概念的多重表征的调研，学生表现出了很多问题。一是不少学生不理解第纳斯木块是如何表示计数单位的，只接受用过的直观模型，没有发现第纳斯木块、小棒、圆片等直观模型内在相同的逻辑结构；二是学生对于都有哪些计数单位，如何选择计数单位表示数还有待加强。

结合以上的学情分析，我们在教学时做了如下尝试。在 1 000 的认识之前安排了一节预备课，这样安排的目的有两个：①通过复习百以内数的学习过程，梳理已有直观模型，初步感知实物模型和小棒模型的特点。②感受第纳斯木块这一具有齐性特点的直观学具为表示计数单位带来的便捷性。初步感知千以内的数相邻计数单位间的十进制关系。

（四）教学活动设计

1.《1 000 以内数的认识》预备课教学设计

教学目标：

（1）通过复习百以内数的学习过程，梳理已有直观模型，初步感知实物模型和小棒模型的特点。

（2）感受第纳斯木块这一具有齐性特点的直观学具为表示计数单位带来的便捷性。初步感知千以内的数相邻计数单位间的十进制关系。

教学重点：梳理直观模型，借助第纳斯木块，初步理解计数单位之间的关系。

教学过程：

1）情境导入

出示教材中体育馆图片，请你估计一下：这里大概可以容纳多少人？

预设：初级水平：学生能够感知这个体育馆容纳的人数比 100 多多了！

高级水平：学生能够介绍自己的思考方法：一行大概是 10 把椅子，这样 10 行就是 100 把椅子，一堆儿就比 100 多了，这里有好多堆呢！

【设计意图】首先，引出学习比百以内的数更大数的必要性；其次，让水平较高的学生给水平较低的学生介绍有结构地估数的方法。

2）回顾百以内数的学习历程

师：刚刚这名同学不仅说出了比 100 多，还介绍了他是怎么想的，其中说道：10 个十就是 1 个百！你还记得吗？我们在一年级都认识了哪些数？

预设：10 以内数的认识、20 以内数的认识、100 以内数的认识。

【设计意图】回顾学过的有关数的认识的内容。

师：在学习这些数时，我们又用到了哪些学具朋友呢？

出示教材图片，帮学生回顾。

10 以内数的认识：实物、圆片、一根根的小棒等等（散的）

20 以内数的认识：我们把 10 根小棒捆成一捆，便于表示十几（打捆）

用计数器表示数

100 以内数的认识：我们又把 10 捆小棒捆成一大捆（打大捆）

也用了计数器表示数

【设计意图】回顾学生已有直观模型。

师：随着数量的增多，从**零散**的实物、圆片，再到后来我们更喜欢用**打捆**的小棒、计数器来表示数，你有什么感觉呢？

预设：当数量少的时候，我们用的都是零散的，1 个 1 个地数；当数量越来越多，为了便于计数，我们除了 1 个 1 个地数，还可以 10 个 10 个地数，小棒能更准确快速地数数。

【设计意图】初步感知不同直观模型的特点。

师：今天我们体育馆座位更多了，百以内的数又不够了，我们继续往更大的数学习。

师：我们继续来数小棒，打捆，你觉得怎么样？

生：这得数多少捆啊？而且每捆都必须是10根，这事有点困难。

【设计意图】通过前测可以看出，超过半数的学生对于第纳斯木块这一学具的使用存在困难，不能发现这一学具的特点，此环节是为了更好地帮助学生从熟悉的小棒直接过渡到有结构的第纳斯木块，感知不同直观模型的特点，将自然数的认识一体化。

3）巧用有结构的直观模型

师：你们这些想法，很多人都想到了，所以，今天要给大家介绍一种新的直观模型，一起来看PPT动态演示。

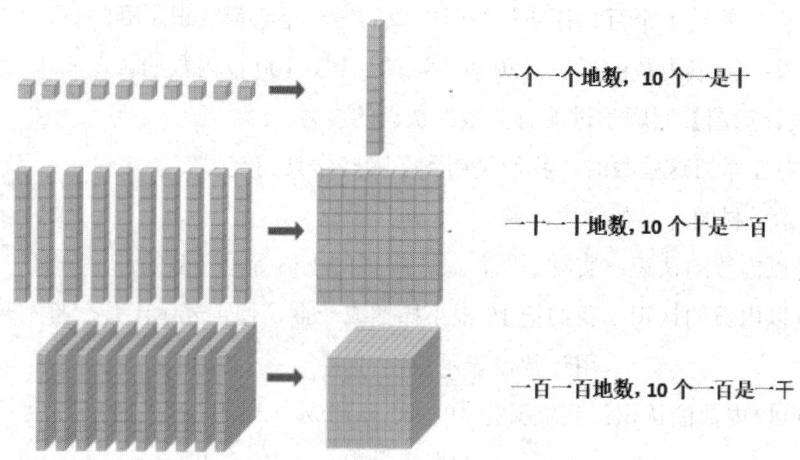

【设计意图】感知第纳斯木块的结构性

师：我们一起用手势表示这个过程吧，我们用不同的手势形象地比画出“一小块”“一长条”“一大面”“一个正方体”，并动态演示出计数单位间十进制的关系。

【设计意图】多种感官参与，表示计数单位的大小。

师：其实表示数的方式多种多样，没有最好只有更好，但计数单位之间十进制的关系不能改。请你试着画一画，你能试着用你喜欢的方法表示236这个数吗？进行全班展示、生生互评。

【设计意图】多感官的参与可以更有效地理解、掌握。通过介绍第纳斯木块的结构，学生初步感知千以内的数相邻两计数单位间的十进制关系，用图和动作直观表示一、十、百、千计数单位的大小。

2.《1 000 以内数的认识》第一课时教学设计

教学目标：

（1）通过数数活动，会数 1 000 以内的数，会读、写千以内的数，理解数的组成。知道相邻计数单位间的进率是“十”。

（2）经历在计数器上拨珠数数的过程，体验 1 000 的产生，发展学生的数感。

（3）通过观察、想象、验证、操作等活动，进一步体验数学与人类生活的密切联系，培养学习数学的兴趣。

教学重点：正确地数出 1 000 以内的数，知道相邻计数单位间的进率是“十”。

教学难点：接近整百整十的拐弯数；中间有 0 和末尾有 0 的数的写法。

教学过程：

活动一：数一数，建立十进制的概念

主要问题：10 个一还可说是？那 10 个十就是？那怎样数更大的数呢？

几个百是 1 000 ？ 1 000 中有几个百？

回顾一下，1 个千怎么来的，你有什么发现？

【设计意图】让学生亲身经历数数的过程，体会数（四声）源于数（三声），感受数的产生，选用小正方体。

活动二：数一数，认识数的组成及读写

（1）认识一般数（134）。

教学数的组成及数的读写。

（2）认识中间有 0 的数，知道个位满十向十位进一。

在计数器上拨出 505。教学数的组成及读写。

问：中间的 0 不写行吗？

这两个 5 的意思一样吗？

边拨边数，从 505 起，一个一个地数到 512。

预设 1：505 个位拨 10 个，同学们我们看 510 可以这样吗？

预设 2：学生能够知道直接个位满十向十位进一，问学生，怎么到 10 就拨十位上一颗珠子了呢？

（3）认识末尾有 0 的数，知道十位满十向百位进一。

计数器上拨 860。继续教学组成和读写，末尾的 0 不写可以吗？

从 860 起，一十一十地数到 930。

（4）对比 505、860，找异同。

观察这两个数，你有什么发现？

小结：0 在中间时要读“零”，在末尾时不读。读数、写数还要从高位起。

【设计意图】通过计数器教学数的组成及读写，利用 505 和 860 的对比强化中间有 0 和末尾有 0 的读写法。利用一个一个地数及十个十个地数解决个位满十向十位进一、十位满十向百位进一。

活动三：认识计数单位“千”，体会位值制

（1）认识计数单位“千”。

接下来，老师拨计数器，你们认 930，…，990，990，…，999。

999 再添上 1 是多少？在计数器上怎么表示呢？（演示 999 到 1 000 的过程）

就出现了新的计数单位：千（撕下计数器贴纸，出现千）

这就是我们今天学习的千以内数的认识。（板书课题：1 000 以内数的认识）

（2）读数练习，培养数感。

计数器读数（出示课件）800、980、998，谁离 1 000 更近呢？

这三个数谁离 1 000 更近呢？

这三个数分别加多少是 1 000 ？

【设计意图】利用计数器感受 1 000 的形成过程，产生新的计数单位的需求。通过计数器读写数对前面进行复习并培养学生的数感。

活动四：多角度认识 1 000

（1）出示 1 根小棒，想象 1 000 根小棒。

（2）把小棒换成吸管呢？想象一下。

（3）这是一张纸，想象一下 1 000 张纸有多厚呢？

（4）多少张 100 元人民币是 1 000 元呢？多少个 1 元是 1 000 元呢？

这 1 000 个一元硬币就像 1 000 个小点子，我们把小点子整理一下，一起数一数。

【设计意图】让学生通过对 1 000 个小正方体到 1 000 根小棒的认识再到由 1 000 根小棒想象 1 000 根吸管体会不同物体表示 1 000 的大小是不一样的。再让学生估计生活中其他物品的大小，发展学生的数感。

第五节　研究结论与反思

一、研究结论

（1）在以往的优秀课例中，教师都特别重视“数数”活动，在“数数”活动中体会“数单位”的过程，渗透数概念的单位化思想。

（2）学生学习数概念的困难点在于对抽象的“计数单位”“十进制”和“位值”的理解，借助多种直观模型有助于学生理解这些抽象的概念。

（3）学生能够用熟悉的小棒、圆片等直观模型来帮助理解数概念，对于没有见过的第纳斯木块，部分学生不能够跟“数”之间建立起联系，在数概念的学习过程中，需要逐步丰富学生对直观模型的表象，引导学生在“数”与“形”之间建立联系，进一步理解“单位”，理解数的意义。

（4）教材中提供了多种类别和层次的直观模型，各自有着重要的价值，恰当、适时地用好直观模型能够帮助学生深入理解数概念。

（5）数学史内容的融入有助于拓展学生视野，激发学生学习兴趣和对数学的好奇心与求知欲，数学史内容也是重要的学习资源。

二、研究反思

“痛并快乐”，我想这是每一位真的喜欢做研究的老师都会有的感受。当我们真的投入一份研究里面的时候，我们常常会迷茫，也常常会觉得我们了解的知识太少了。所以在研究的过程中，有几个关键词我们感受深刻：学习、实践、反思。

1. 学习——什么是逆向教学设计？

“逆向教学设计”有三步，首先是确定学习成果，其次是决定评估学生的方法，最后是确定学生参加的学习活动。对于学生来说，更清楚“我要去哪里”“我现在在哪里”“我是学习的主人”。这对老师也提出了更高的要求。要求老师们一开始要对整个设计非常清楚，每一个学生的能力属于哪个层次，如何让每一个学生的水平都有所提升，该设计什么样的活动等问题都是我们应该进行思考的。教师和学生的活动都更加清晰，而不是走到哪里是哪里。所以，这次“课例研究”，学习是一个关键词，我们感受深刻，只有不断地学习、更新理念，我们的教学才会进步，最终受益的是学生。

2. 实践——真正进入课堂

这次课例研究的目的是通过学习把逆向教学设计真正运用到我们的课堂中。我们组是围绕“数概念”教学展开的研究。整个研究下来，虽然在设计课和教研部分运用了逆向教学设计理论，对学生进行了能力水平划分。但是在课堂实施部分还不是很凸显，不能清晰地看出学生能力有所提升。这也正是我们这次研究发现的问题，也需要后续再进行实践研究。所有的研究都是这样，不可能一蹴而就，肯定要经过一个漫长的阶段。要真正地去实践，发现问题后，再去实践。把理论与实践有机地结合起来。

3. 反思——课例研究的真正目的

刘加霞教授指出：“教学反思是为了实现有效的教育、教学活动以及这些活动背后的理论、假设，进行积极、持续、周密、深入、自我调节性的思考，而且在思考过程中，能够发现、清晰表征所遇到的教育、教学问题，并积极寻求多种方法来解决问题的过程。”这次的研究是为了让大家养成一个学习、思考的习惯，形成一种研究的常态。这次我们研究的是“数概念”方面，下次可能研究其他方面，但研究的过程和方法都是一样的。所以，我们应该跳出本次研究来看待这次研究，那些收获和思考才是有深度和宽度的。

【本章小结】

“小学生自然数概念学习的单元教学研究”团队成员已有多篇成果公开发表，用研究成果指导并改进教学实践，形成多个优秀教学案例，在分析不同版本教材特色的基础上根据学生学习困难重新架构与设计单元教学，将《100以内数的认识》分为两个课时，第一课时侧重在数数活动中培养数感，第二课时用多种直观模型突破学生两次“满十进一”的学习难点；根据教材中《1 000以内数的认识》涉及直观模型较多的实际情况，增加一节“准备课”，以帮助学生熟悉“第纳斯木块”这种结构化的直观模型，整个单元的设计都是基于前期的研究成果，用研究引领课堂教学改进。由于时间限制，课例只选择了《100以内数的认识》和《1 000以内数的认识》这两个教学单元，今后还可以将本研究的结论进一步渗透和落实于“自然数认识”的所有教学单元，甚至拓展到小数和分数单元，完整架构小学生数概念的学习脉络与体系，更加系统地结构化学生的思维路径。

本研究形成的论文《理解“数”概念本质，上好复习课》(李燕、刘琳娜)、《学生真的理解“满十进一”吗？》(刘文静，刘琳娜)、《巧用学具，让学生对“数”有“感觉”》(邓晶，刘琳娜)分别发表在《中小学数学》(小学版)2019年第6、9、10期上。相关内容可以供读者参考。

本章主要参考文献

[1] 高丽杰．在过程中实现对“数概念”本质的把握——“100以内数的认识”教学实录[J]. 小学教学（数学版），2009(9).
[2] 胡光娣．“生活中的数”单元备课研究[J]. 小学教学（数学版），2007(2).
[3] 牛献礼．学情调研，有效教学的“探雷器”——小学数学“学情调研”方法例谈[J]. 小学教学（数学版），2011(5).
[4] 刘加霞．小学数学有效学习评价[M]. 北京：北京师范大学出版社，2015.
[5] 刘琳娜，李惠玲．学生调研工具：编制过程与方法解析——以“五年级学生对分数概念的理解水平调研工具”编制为例[J]. 小学数学教师，2015(9).
[6] 刘晓婷．低年级学生数数活动的现状及其教育价值分析[J]. 小学教学（数学版），2010(11).

[7] 钱建兵 . 小数的概念建构与探索 [J]. 辽宁教育，2016(2).
[8] 闫云梅 . 构建研究框架，有效进行学情调研与分析——对四年级学生《小数的意义》理解水平的调研与分析 [J]. 小学教学研究，2016(4).
[9] 翟博塁 . 从课前调研入手，确立“以生为本”的教学目标 [J]. 小学教学（数学版），2011(4).
[10] 郑毓信 . 数学思维与复习课 [J]. 小学数学教师 .2014(1).
[11] 朱希萍 . 整合素材巧用数轴提升能力——“数的认识”总复习教学设计 [J]. 小学教学（数学版），2016(5).
[12] 鱼洋 . 皮亚杰发生认识论对儿童数学教育的启示 [J]. 延边教育学院学报，2017，31(6).
[13] 郑毓信 . 多元表征理论与概念教学 [J]. 小学数学教育，2011(10).
[14] 吕程，周莹，唐剑岚 . 多元表征：探寻数学智慧课堂的一把密钥 [J]. 教育与教学研究，2012，26(6).
[15] 乔连全 .APOS：一种建构主义的数学学习理论 [J]. 全球教育展望，2001(3).
[16] 弗赖登塔尔 . 作为教育任务的数学 [M]. 陈昌平，等编译. 上海：上海教育出版社，1995.
[17] 刘加霞 . 数的多重含义、多模式表示的教育价值分析——以高丽杰老师的“100 以内数的认识”为例 [J]. 小学教学（数学版），2009(9).
[18] 安吉莱瑞 . 如何培养学生的数感 [M]. 徐文彬，译 . 北京：北京师范大学出版社，2007.

第二章

小学生分数概念学习的单元教学研究[①]

【本章导读】

“分数”是小学数学中非常重要的一个内容主题，是儿童数概念学习的一次拓展。因其内涵丰富、维度多元，学生在学习分数概念和解决与分数有关的问题时会遇到很多的困惑。本研究聚焦学生分数比率维度理解的问题，通过研读文献和教材、调研教师和学生，在分数的“比率”维度，特别是分数部分与部分关系上做出了教学实践探索，得到了研究结论。

第一，六年级学生在运用分数乘除法解决问题的过程中出现的问题大多源于对分数比率维度，特别是“部分－部分”关系认识的不清晰，寻找标准量产生困难。

第二，各版本教材，特别是人教版教材对“分数－比率维度”中“部分－部分”关系的早期渗透不够，这一维度的认识出现了明显的“断层”。

第三，通过在三年级教学实验，用自编问卷进行前后测对比，发现超过80%的三年级学生可以初步理解“分数－比率维度”的部分与部分之间的关系。所有学生通过本内容的学习对分数“整体－部分”关系的理解水平提升。

第四，通过五年级的教学实验，用自编问卷进行前后测对比，发现五年级的学生能够借助“倍”的概念扩展对“分数－比率维度”的认识，并有部分学生能够理解假分数的含义。

本研究认为“分数－比率维度”中“部分－部分”关系可以在小学中进行早期渗透，对比率维度的正确理解，将有利于帮助学生完成对分数的基本性质、比的意义、分数乘除法解决问题、百分数解决问题等一系列知识的进一步学习。

---

① 本研究由韩巧玲、杨昕明、于硕、杜凤仙、王虹、王大伟、崔钰执笔。指导教师：刘晓婷、张丹等。使用时有改动。

第一节　问题提出

一、主题确定及问题提出

分数是小学数学中的一个核心概念。分数概念是一个庞大的系统，学生对分数概念的理解不是一蹴而就的，分数各个概念之间联系紧密，环环相扣，平均分、除法、小数、分数的意义、计数单位、分数所表示的部分与整体的关系、部分与部分之间的关系，甚至在此基础上继续学习的约分、通分、分数乘法、分数除法、比、百分数等共同构成了既严密又复杂的分数概念体系。学生从分数的初步认识到再认识一步步走向深入的同时，不但需要对各个概念有深入的理解，在原有认知基础上进入下一个知识的学习进程，与此同时还要综合利用分数的相关概念解决实际问题。

分数的学习是学生对“数的认识”的重大飞跃。在小学数学中，分数的认识一般经历两个显性阶段：一是三年级《分数的初步认识》，二是五年级《分数的意义和性质》，而对其分数意义的不断加深理解却伴随着三年级到六年级。

那么学生在分数学习的过程中，会遇到哪些困难？在我们与任教三年级、五年级老师的沟通和问卷调查中，发现困难集中在以下几个方面。

【困难 1】“分”的究竟是什么——对单位“1”的认识模糊

单位“1”又称为“整体量”或“单位量”。一个物体、一个图形、一个计量单位、一些物体都可以看作一个整体，我们称它为单位“1”。单位“1”不仅表示一个，也可以表示由多个事物组成的整体，它体现了数学高度抽象概括的特征。单位“1”是学生形成对分数概念理解差异的原因，也是发展成不同的分数子概念的基础。

下面是学生认识单位“1”的路径。

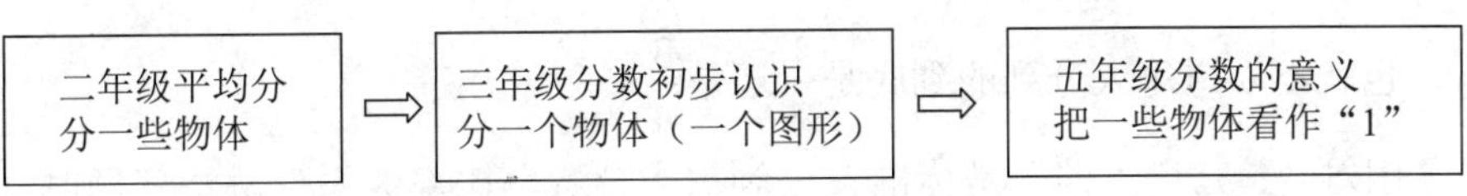

在这样的学习路径上，学生在“一些物体”——“一个物体”——“一些物体”之间转换着，经历着由量到率，再到量与率的相对应、相关联，随着这些经历，积累着对分数的逐步认识。这一复杂的认知过程，势必会给学生对分数中单位“1”的理解带来困难，而对于单位“1”的正确理解又是后续学习中非常关键、非常重要的知识基础。

【困难 2】分数是个“数”吗——对分数可以表示一个量不认可

三年级教材所呈现的分数，无论是依托面积模型还是集合模型，通常都是建立在“部分与整体的关系”这一维度上，表现出的往往是用分数表示率，那分数表示一个具体数值的数的资格与地位，又该以怎样的方式赋予？

在我们进行的学生调研中，有这样一个问题：你对分数有了哪些认识？有些三年级的孩子是这样回答的（图 2-1）。

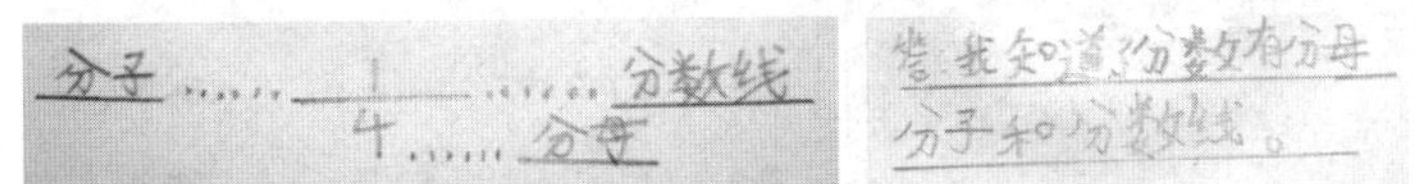

图 2-1　学生对分数的已有认识

从学生的回答可以看出，他们还不认为分数是一个数，而是把分数看成分子、分母两个独立的数，也说明学生对分数的认识还不完善。

【困难 3】分数是“数”出来的吗——对分数“度量意义”的理解不够深入

“单位”是度量的标准。所有度量的结果，都是以包含多少个这样的度量标准，即“单位”所决定的。在华应龙老师所上的《分数再认识》一课中对分数做了一个很好的诠释：分数是先分后数，平均分的份数决定了分数单位，即分母；数出的份数决定了分子。分数单位的认识对于学生理解分数的度量意义起着至关重要的作用。

如 3 块月饼分给 4 个人，每人分多少个？就是把 3 块月饼平均分成 4 份，每人分到的是 3 块月饼的 $\frac{1}{4}$，是 1 块月饼的 $\frac{3}{4}$。可由于有的学生找不准“单位量”，也就不知道每人分到的到底是 $\frac{1}{4}$ 还是 $\frac{3}{4}$。

【困难 4】究竟“谁”是标准——利用“分数－比率关系”解决问题时数量关系不清晰

根据老师们的教学经历，学生在学习与分数相关的一系列知识的过程中，问题最突出的是在六年级利用分数乘法、分数除法解决问题、比的应用、百分数解决问题等环节。其实学生在三年级分数的初步认识、五年级分数的意义、分数与除法的关系、利用分数的加减法解决问题等，都没有明显的困难，而且从学生的学习效果看，学生对概念理解得也比较清晰。但是，为什么到了六年级学习分数乘除法，特别是利用分数乘除法解决问题就出现了大量的问题呢？

案例：学生解决分数应用题中的错误（图 2-2）。

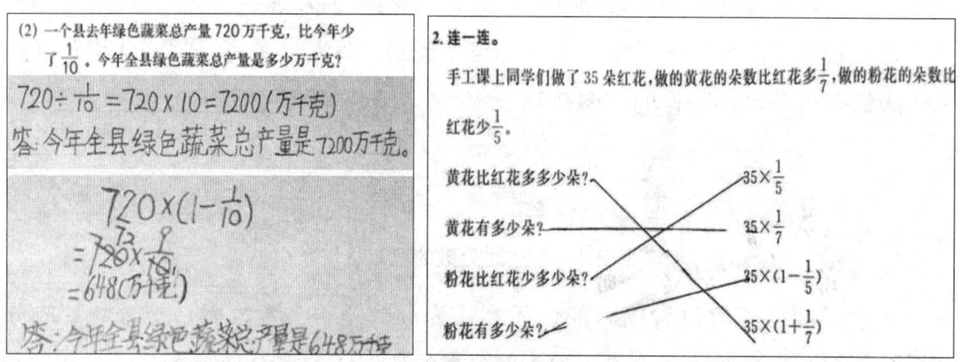

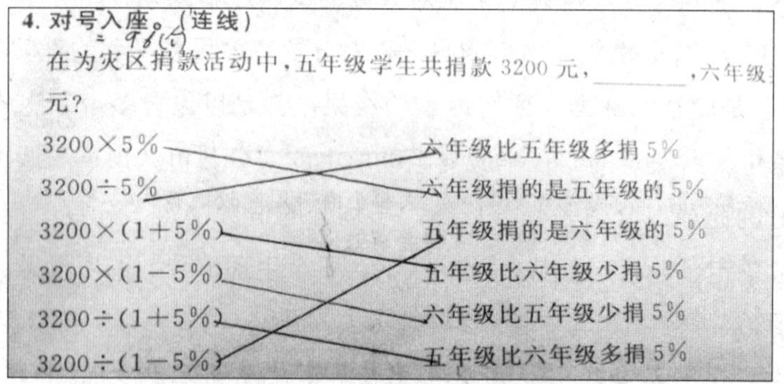

图 2-2　学生分数应用学习中的错误示例

案例分析：这些问题应该是最基本的简单比率关系问题上的延伸，如“小红家有鹅 4 只，是鸭子数量的$\frac{1}{3}$，问有几只鸭子？”在这种基本结构的问题中，把中间的数量关系“是鸭子数量的$\frac{1}{3}$”改成比较关系，变为“比……多（少）几分之几”，就成了上述问题结构。

其中原基本结构中的$\frac{1}{3}$说的是比率：1 只鹅对应 3 只鸭子，2 只鹅对应 6 只鸭子，如此类推，4 只鹅就对应 12 只鸭子。解决这个问题的关键是解释$\frac{1}{3}$的含义。这里的$\frac{1}{3}$是一个比率关系，而不是整体与部分关系。

孩子解决上述问题的困惑主要是：找不到谁在和谁比、谁是标准量、谁是比较量，即究竟“谁”是标准。

二、聚焦主题，确定研究问题

本研究的主题聚焦学生分数学习的最后一个困难：“学生六年级利用分数‘比率关系’解决问题频频出错。”这一现象背后的原因是什么呢？研究拟从分数学习的整体过程中探寻这一现象背后的原因。下面对该主题进行进一步说明。

（一）以“比”的形式出现的数是小学分数教学的重要内容

史宁中教授在谈到“分数的数学含义”时提出：“就整个中小学数学来说，分数主要有两个作用：一是作为有理数出现的一种数，它能和其他的数一样参加运算；另一个是以比的形式出现的数。而后者是小学分数教学的重点。”基于此，张丹教授提出：理解分数意义的两个基本维度，即“比的维度”和“数的维度”。在两条基本维度之下，可以从四个方面来完成对分数的丰富认识，即比率、度量、运作和商（图 2-3）。“比率”是指部分与整体的关系和部分与部分的关系。而对比率维度的理解，可以更有利于帮助学生完成对分数的基本性质、比的意义、分数乘除法解决问题、百分数解决问题等一系列知识的进一步学习。

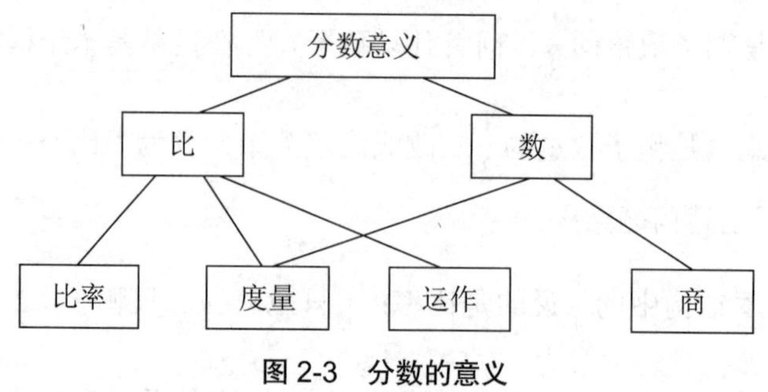

图 2-3　分数的意义

小学阶段分数意义的教学、教材一般“显性”地分为两个阶段：分数的初步认识和分数的意义。实际上，学生对分数意义的不断加深理解却伴随着三年级到六年级的学习。

张丹教授提出小学阶段分数意义教学的五个阶段，如图 2-4 所示。

第一阶段，要经历“平均分”的活动，为学生初步认识分数积累经验。

↓

第二阶段，在分数的初步认识教学中，帮助学生直观地认识部分与整体的关系，感受分数意义的丰富性。

↓

第三阶段，在分数意义和分数的基本性质的教学中，重点使学生发展对于分数理解的比率、度量的方面；分数与除法的关系的教学中，重点使学生发展对于分数理解的运作、商的方面。

↓

第四阶段，在分数的运算及解决问题的教学中，鼓励学生综合运用对于分数意义理解的多个维度。

↓

第五阶段，在比的学习中，沟通分数、除法和比的关系。

图 2-4　分数教学的五个阶段

在学生认识第三、四、五这三个阶段时，大量的问题解决都是建立在部分与部分之间的关系理解上。尽管“分数－比率维度”的理解很重要，但是通过前面的案例可以发现：学生在各个阶段的学习进程中，很难由最初整体与部分之间的关系上升到部分与部分之间关系的理解。

（二）研读教材的发现

1. 教材在“分数－比率维度”的内容安排出现“断层”

张丹教授指出：要站在整体把握小学数学课程的角度上解读教材，把握教学内容。与“分数－比率维度”中部分与部分关系相关联的内容，前面“倍”的认识中处理的是“量与量之间的关系”，后面“比”的认识仍然处理的是“量与量之间的关系”，其都是建立在“关系”这一核心概念基础之上。纵观分数概念的建立过程，恰恰在三年级认识分数的时候却缺失了“量与量之间的关系”，只有五年级涉及了“量与量之间的关系”（图 2-5）。

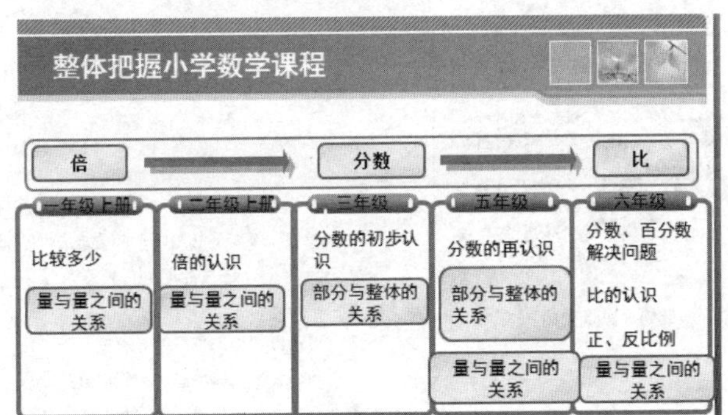

图 2-5　张丹老师讲座《整体把握小学数学课程》截图

各年级教材呈现路径如图 2-6 所示。

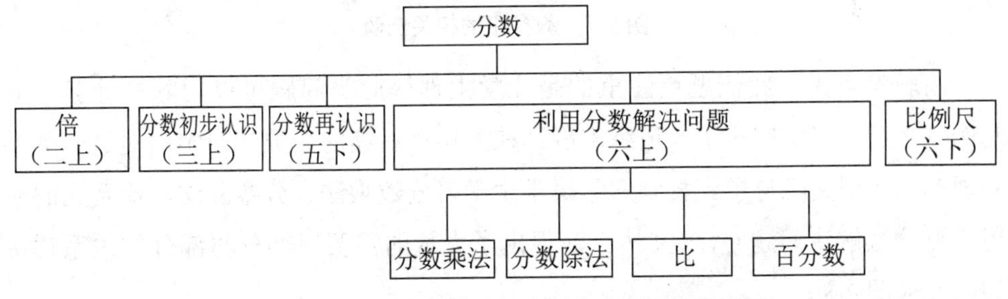

图 2-6　人教版教材中的“部分与部分关系”梳理

三年级学生认识分数的起点是初步认识分数，在情境中认识几分之一、几分之几、分母不超过 10 的比大小和简单的同分母加减法。这些内容都是建立在部分与整体之间的关系上来认识的。而到了五年级学生在学习“分数的意义”“分数加减法”两个单元时，起点仍然是建立在部分与整体的关系上来学习相关内容。只有在学习分数与除法的关系时，例题中“突然”出现了利用部分与部分的关系解决问题“求一个数是另一个数的几分之几”，而教参中更多的是让学生理解，这样的问题可以用除法解决。如图 2-7 所示。

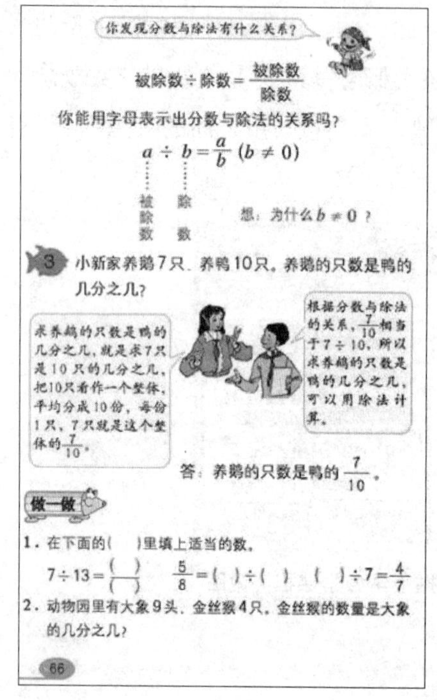

你发现分数与除法有什么关系？

$$被除数 \div 除数 = \frac{被除数}{除数}$$

你能用字母表示出分数与除法的关系吗？

$$a \div b = \frac{a}{b}\ (b \neq 0)$$

被除数　除数

想：为什么 $b \neq 0$？

3　小新家养鹅7只、养鸭10只。养鹅的只数是鸭的几分之几？

求养鹅的只数是鸭的几分之几，就是求7只是10只的几分之几，把10只看作一个整体，平均分成10份，每份1只，7只就是这个整体的$\frac{7}{10}$。

根据分数与除法的关系，$\frac{7}{10}$相当于$7 \div 10$，所以求养鹅的只数是鸭的几分之几，可以用除法计算。

答：养鹅的只数是鸭的$\frac{7}{10}$。

做一做

1．在下面的(　)里填上适当的数。

$7 \div 13 = \frac{(\quad)}{(\quad)}$　　$\frac{5}{8} = (\quad) \div (\quad)$　　$(\quad) \div 7 = \frac{4}{7}$

2．动物园里有大象9头、金丝猴4只。金丝猴的数量是大象的几分之几？

66

（3）求一个数是另一个数的几分之几。

教材在说明分数与除法的关系后，安排例 3 教学求一个数是另一个数的几分之几的问题，使学生了解到这类问题可以用除法解决。

教材以“养鹅的只数是鸭的几分之几”为例来教学，通过学生对话的方式给出解答思路：先由分数的意义说明，求养鹅的只数是鸭的几分之几，也就是求 7 只是 10 只的几分之几，把 10 只看作一个整体，1 只占它的$\frac{1}{10}$，7 只就是$\frac{7}{10}$。然后根据分数与除法的关系分析，$\frac{7}{10}$相当于 $7 \div 10$，所以求养鹅的只数是鸭的几分之几，可以用除法计算。

图 2-7　教参中的相关例题

由教参可见，此例题更注重的是让学生理解此类问题可以用除法计算。而此例题之后，仅仅安排了 5 道练习题。在五年级后续的分数学习中，对这一关系的理解与运用又隐身了。直到六年级学生学习分数乘法、分数除法、比及比的应用、百分数解决问题时，“突然”涌现出了大量的需要用部分与部分的关系解决的问题（图 2-8）。

查阅课改后的第一版教材时发现，这道仅有的体现“部分－部分”关系的例题还经历了 3 年的隐退，之后又“重出江湖”，见课改后的两版教材（人教）对比（图 2-9）。

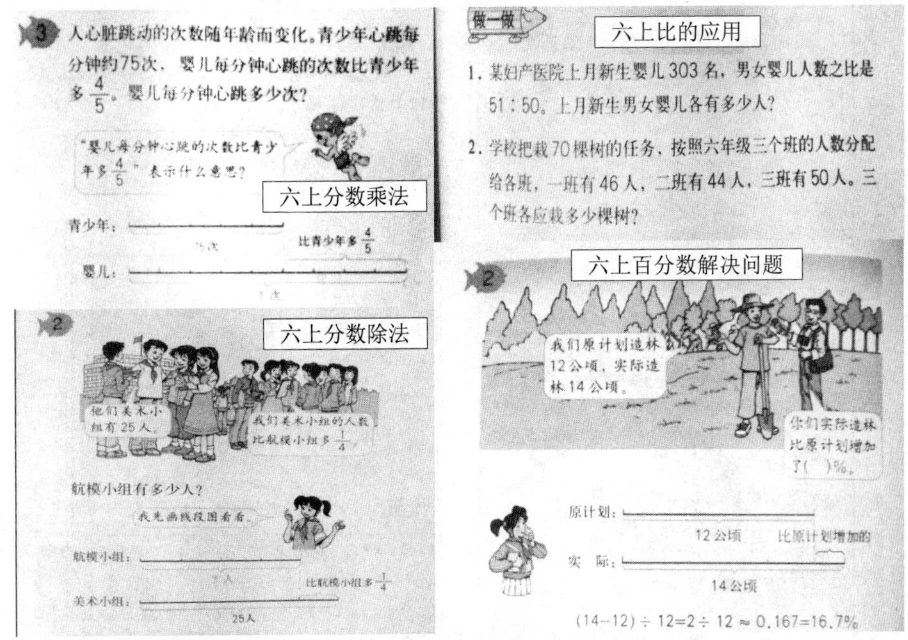

图 2-8　六年级涌现出的大量需要用部分与部分的关系解决的问题

2. 苏教版教材对“部分－部分”关系的重视

苏教版教材五年级下册中，在分数除法教学之前，安排了两道“部分－部分”关系的例题如图 2-10 所示。

教参写道：在“分数与除法的关系”教学之前，教材借助直观图帮助学生来认识“部分－部分”的关系。分数不仅能表示部分与整体的关系，还能表示两个同类数量之间的倍数关系。对分数的认识从部分和整体范畴，扩展到两个同类数量，概念有了发展与深入。教学例 4 不能满足于得出$\frac{1}{4}$，应该让学生注意到“黄彩带的长是红彩带的几分之几”的数量关系，明白这里把什么看作单位“1”，是什么和什么相比。教学例 5 要组织学生比较两个问题，分别说出作为单位“1”的数量，并对结果分别是真分数与假分数做出解释。

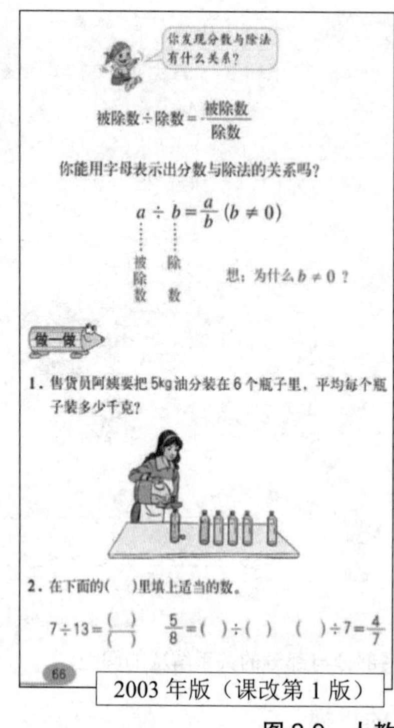

你发现分数与除法有什么关系？

$$被除数 \div 除数 = \frac{被除数}{除数}$$

你能用字母表示出分数与除法的关系吗？

$$a \div b = \frac{a}{b}\ (b \neq 0)$$

被除数　除数

想：为什么 $b \neq 0$？

做一做

1. 售货员阿姨要把5kg油分装在6个瓶子里，平均每个瓶子装多少千克？

2. 在下面的(　)里填上适当的数。

$7 \div 13 = \frac{(\ )}{(\ )}$　$\frac{5}{8} = (\ ) \div (\ )$　$(\ ) \div 7 = \frac{4}{7}$

66

2003年版（课改第1版）

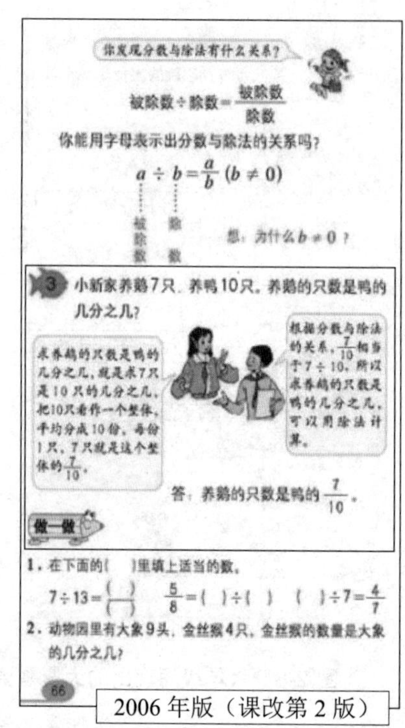

你发现分数与除法有什么关系？

$$被除数 \div 除数 = \frac{被除数}{除数}$$

你能用字母表示出分数与除法的关系吗？

$$a \div b = \frac{a}{b}\ (b \neq 0)$$

被除数　除数

想：为什么 $b \neq 0$？

3 小新家养鹅7只，养鸭10只。养鹅的只数是鸭的几分之几？

求养鹅的只数是鸭的几分之几，就是求7只是10只的几分之几。把10只看作一个整体，平均分成10份，每份1只，7只就是这个整体的 $\frac{7}{10}$。

根据分数与除法的关系，$\frac{7}{10}$ 相当于 $7 \div 10$。所以求养鹅的只数是鸭的几分之几，可以用除法计算。

答：养鹅的只数是鸭的 $\frac{7}{10}$。

做一做

1. 在下面的(　)里填上适当的数。

$7 \div 13 = \frac{(\ )}{(\ )}$　$\frac{5}{8} = (\ ) \div (\ )$　$(\ ) \div 7 = \frac{4}{7}$

2. 动物园里有大象9头，金丝猴4只，金丝猴的数量是大象的几分之几？

66

2006年版（课改第2版）

图 2-9　人教社两版教材对比

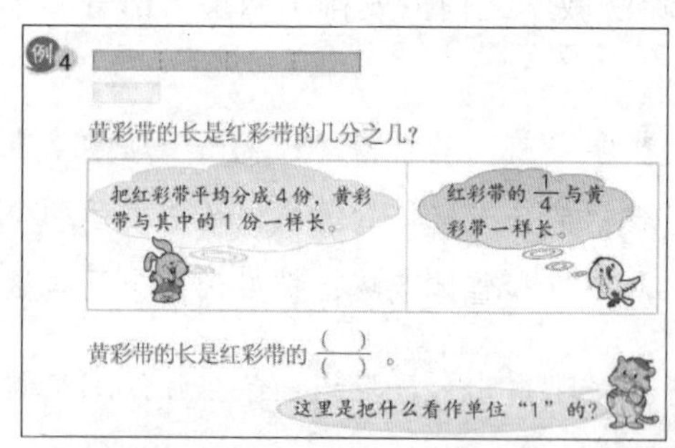

例4

黄彩带的长是红彩带的几分之几？

黄彩带的长是红彩带的 $\frac{(\ )}{(\ )}$。

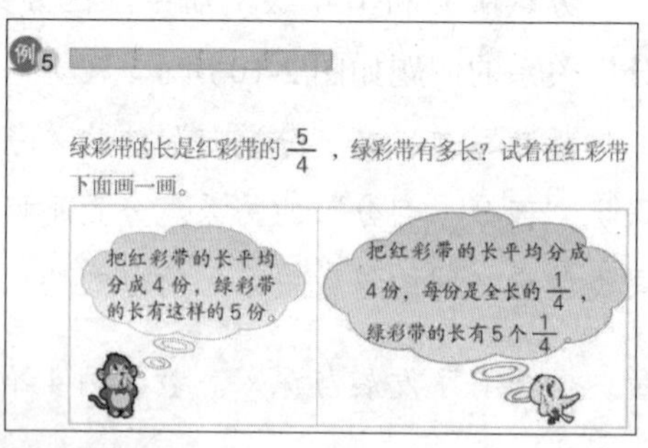

例5

绿彩带的长是红彩带的 $\frac{5}{4}$，绿彩带有多长？试着在红彩带下面画一画。

图 2-10　苏教版相关内容

综上，分数“比率”的维度中“部分－部分”关系的内容其实是分数的重要内涵之一，也是学生理解分数的困难角度之一。然而，人教版教材中对本部分的设计是不充分的。所以，在分数的前期学习中，渗透“分数－比率维度”中部分与部分的关系我们认为还是非常重要。

基于本主题，提出如下研究问题。

第一，“分数－比率维度”中“部分－部分”关系的认识可以放在什么位置进行渗透？

第二，学生能否接受“部分－部分”关系？能接受到什么程度？要用什么方法来检测学生的接受情况？

第三，“分数－比率维度”中“部分－部分”关系的渗透是否会对学生的后续学习有所帮助？

根据如上研究问题，研究路径如图 2-11 所示。

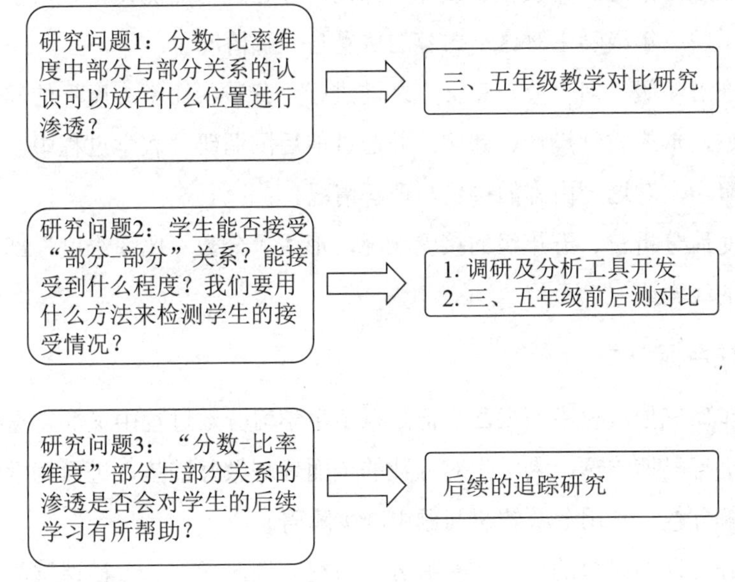

图 2-11　研究路径

由于分数认识分为两个阶段，本研究打算从三、五年级两个学段进行教学研究，具体研究问题为：

①应该怎样设计我们的教学，从而拓展三、五年级学生对分数－比率维度的理解？

②在教学设计中，三、五年级可以有哪些差异？

③学生理解“分数－比率维度”部分与部分关系的框架结构是怎样的？

④能否在小学阶段构建出“分数－比率维度”部分与部分关系的教学路径？

三、研究目标

通过以上分析可见，“分数 - 比率维度”的部分与部分关系是学生后期分数解决问题的核心知识，但是这一内容在学生早期分数学习中是缺失的，而分数意义这一单元内容安排得不充分，基于这一认识，研究目标如下。

（一）显性目标

（1）在充分研读教材的基础上，对三年级学生进行“分数 - 比率维度”的部分与部分关系的渗透，形成教学设计、课例，并通过前后测调研、教学过程中学生的表现了解三年级学生对这一内容的接受与理解情况。

（2）在五年级学习“分数意义”之前进行“分数 - 比率维度”的部分与部分关系的渗透，形成教学设计、课例，并通过前后测调研、教学过程中学生的表现了解五年级学生对这一内容的接受与理解情况。

（3）对比分析三、五年级的接受状况，形成“分数 - 比率维度”部分与部分关系教学的线索。

（二）隐性目标

（1）本研究把教材中不太凸显但是在学生学习分数过程中又非常重要的“比率维度”进行早期渗透，为学生对分数的全面理解做好铺垫，进而为学生在认识分数、理解分数、利用分数解决问题中减少障碍。

（2）经历课例研究的过程，掌握分析教材、调研学生、读懂课堂的方法，促进教师的专业成长，进而促进学生的发展。

四、研究方法

本研究理论和实践相结合，采用行动研究的范式，通过文献梳理、调查研究法、访谈法、观察法等展开研究。

（1）文献梳理法：通过对国内外相关文献的梳理和分析，对分数的基本维度、学生认识分数的学习阶段、学习分数的困惑与难点等方面进行梳理和研究。

（2）调查研究法：在前期的文献分析和理论学习的基础上，结合教师的教学经验和学生的认知规律，编制教师调查问卷、原始课、改进课和同类课的课前及课后调查问卷。在收集数据、整理数据、分析数据的过程中不断修正研究方案。

（3）访谈法：在问卷调查的过程中，结合调查分析和观察结果，有些内容可能从学生的书面答案中不能很好地作为研究依据时，要了解学生思考过程，对学生进行“追问式访谈”，了解学生的思考过程、知识来源、学习经验。

（4）观察法：在三节不同类型的实践课中，教师深入课堂，坐在学生的身边，随时观察学生的课堂表现，了解学生学习进程中的问题。

第二节　文献综述

一、关于“分数认识”的已有研究

（一）分数的多元多维内涵解析

从整数到分数是“数”概念的一次扩充，分数是小学数学教学中最重要的组成部分。在教学中老师们感到相对于整数、小数的学习，学生对分数理解起来更困难，究其原因是分数作为一个复杂的概念，其意义非常丰富。国内外许多学者都对分数的意义进行了深入细致的分类，关于分数的代表性观点如下（表 2-1）。

Kieren 的研究中指出分数对儿童的五种意义，即部分－整体关系、比率、商、测量和运算元。他指出这五种意义彼此互相关联，其中“部分－整体”是分数发展的基础。

Dickson 等人也认为分数对儿童有五种意义，但与 Kieren 的略有不同，即部分与整体比较；子集与集合间的比较；数线上的一点；除法运算的结果和两组集合或两个量的大小比较的结果。

张丹对分数从两个基本维度和四个具体方面进行了解释，两个维度一个是比，一个是数。四个具体方面是比率、度量、运作、商。

此外，还有人认为分数的定义一般有四种：定义 1（份数定义）：分数是把一个单位平均分成若干份之后其中的一份或几份。定义 2（商定义）：分数是两个数相除（除数不为 0）的商。定义 3（比定义）：分数是整数 q 与整数 p（$p \neq 0$）之比。定义 4（公理化定义）：有数的整数对（p，q），其中 $p \neq 0$。

表 2-1　关于分数的代表性观点

代表人物	对分数本质的认识						
Kieren	部分－整体关系	比率	商	测量	运算元		
Dickson	部分与整体比较	两组集合或两个量的大小比较的结果	除法运算的结果	数线上的一点		子集与集合间的比较	
张丹	比率		商	度量	运作		
张奠宙	份数定义	比定义	商定义				公理化定义

其中 Dickson 所说的“数线上的一点”是度量意义的数线表征方式，“子集与集合间的比较”是指“部分与整体”关系中整体不是一个物体而是一些物体的情况。

（二）对分数四个维度（比率、商、度量、运作）的理解与分析

1. 比：指部分与整体的关系和部分与部分的关系

1）部分与整体之间的关系

在小学数学中，一般将分数定义为：一个物体、一些物体，都可以看作一个整体，把这个整体平均分成若干份，这样的一份或几份可以用分数来表示；表示把单位“1”平均分成的份数 m 叫作分母，表示取了几份的数 n 叫作分子；分数写作 $\frac{n}{m}$，读作 m 分之 n；表示一份的分数 $\frac{1}{m}$ 叫作分数的单位。部分与整体的关系更多地体现在真分数的含义中。

这一定义的好处是直观形象、通俗易懂，特别强调“平均分”，并对“几分之几”做了清晰的解释。但是，这种形象化的定义也存在不少缺点。

第一，用“一份”或者“几份”这样的词语来描述分数，和自然数靠得很近，容易和自然数的一些性质和运算混淆起来。

第二，由于表示的份数往往比原来的单位“1”少，容易让学生产生误解，认为分数总是小于 1 的。

第三，容易产生“将总体看作单位‘1’”的思维定式，如面对“学校有学生 1 500 人，其中男生 800 人，问女生占男生的几分之几”这样的问题，容易将全校总人数看作单位“1”，得到$\frac{7}{15}$的错误答案。

2）部分与部分之间的关系

部分与部分之间的关系更多地表现为一种“记号”。例如小红有 5 个苹果，小丽有 3 个苹果，小红的苹果是小丽的$\frac{5}{3}$倍。对比率维度的理解，可以帮助学生完成对分数的基本性质以及通分、约分等相关知识的正确认识。

无论是“部分－整体”关系，还是“部分－部分”关系，又都可以从“数量比”和“份数比”两个角度来理解。如有 2 只花蝴蝶，有 6 只黄蝴蝶（表 2-2）。

表 2-2 “部－整关系”与“部－部关系”举例

部分与整体	数量比	花蝴蝶的只数是蝴蝶总数的$\frac{2}{8}$
	份数比	花蝴蝶的只数是蝴蝶总数的$\frac{1}{4}$
部分与部分	数量比	花蝴蝶的只数是黄蝴蝶的$\frac{2}{6}$
	份数比	花蝴蝶的只数是黄蝴蝶的$\frac{1}{3}$

“份数比”与“数量比”相比，学生理解“份数比”更困难，特别是在“部分－整体”关系中，当整体是一个物体时，这个分数既可以表示量，又可以表示率，而当整体是一些物体时，平均分后的率和量是不对应的，这给学生的理解带来了困难。

2. 商：分数是两个整数相除的结果

两个整数 b、a（$a \neq 0$）相除，当能除尽时（即 a 能整除 b 时），商是整数；当除不尽时，商是分数，记作$\frac{b}{a}$。所以，分数是“整数 b 除以整数 a（$a \neq 0$）所得的商”，代表一个量（被除数）与基准量（除数）之间相比较关系。它使学生对于分数的认识由“过程”凝聚到“对象”，即分数也是一个数，也可以和其他数一样进行运算。

3. 度量：指的是可以将分数理解为分数单位的累积

例如$\frac{3}{4}$里面有 3 个$\frac{1}{4}$，就是用分数$\frac{1}{4}$作为单位度量 3 次的结果。“数起源于数，量起源于量。”自然数主要用于数个数，即离散量的个数。当测量连续量（如物体的长度）时，先需要选定度量单位，数被测物体中包含多少个度量单位，不能数尽，为了得到更准确的值，把原来的度量单位分割为更小的度量单位（平均分为 10 等份，以其中一份作为新的度量单位），再以更小的度量单位来测量以得到更精确的结果，就可以用分数来表示测量的结果。

4. 运算（运作）：主要指的是将对分数的认识转化为一个运算的过程

例如，想知道 15 名学生中，女生占$\frac{2}{3}$，女生有多少人。学生理解为将整体 15 名学生的$\frac{2}{3}$，即将 15 名学生这个整体平均分成 3 份，取其中的 2 份，列出算式就是 $15 \div 3 \times 2$，也就是 $15 \times \frac{2}{3}$。

以上这四个方面没有先后之分、主次之别，它们对学生多角度认识分数都发挥着重要作用。它们相辅相成，共同承担着学生对于分数意义丰富性认识的建构。其中，“商”“度量”“运作”这三个方面的认识最终可以凝聚到对分数是一个数的认识。

（三）儿童学习分数概念的发展阶段

儿童的分数概念是随着其年龄的增长和知识的逐步掌握而产生和发展的。这就是说，儿童对分数概念的掌握有一个发生和发展的过程。儿童对分数概念的掌握又呈现出不同的层次。Stafylidou 和 Vosniadou 将儿童理解分数值的发展趋势划分为三个层次的解释框架。

第一个层次，儿童将分数表征为两个互相独立的自然数。在这一层次中，分数概念是错误的。

第二个层次，儿童将分数表征为“部分 - 整体”关系。“部分 - 整体”关系是分数概念的多重意义之一，但仅用“部分 - 整体”关系理解分数是不足的，它反映出儿童从错误分数概念到正确分数概念的过渡。目前教师在教授分数概念时通常从“部分 - 整体”概念引入，使用的表征方式也多采用离散物体的模型，如 10 个苹果中选 3 个代表$\frac{3}{10}$等，这种做法无形中强调了分数的“部分 - 整体”关系概念，但用这种方式说明假分数比较困难。

第三个层次，儿童将分数表征为两个相关的数，理解分数能够小于、等于、大于 1。这个层次包括分数概念多重含义中的商、运算、比以及度量概念。学生如能正确理解分数中分子与分母之间的关系，就能正确理解分数概念所蕴含的数的连续性知识。

二、关于“数学理解”的已有研究

（一）概念界定

1. 理解

关于理解的含义，不同学派的心理学家持有不同的观点（表 2-3）。

表 2-3　不同学派对“理解”含义的界定

学　派	对理解的释义
巴甫洛夫	人们是通过联想获得有关事物关系的知识，理解就是利用旧联想形成新联想，即联想的联想
格式塔学派	理解就是顿悟，是头脑中知觉完形的出现，理解就是对事物间的关系突然贯通与领悟
日内瓦学派	个体对新事物的理解，就是新刺激被个体已有的知识结构同化或顺应的过程

续表

学　派	对理解的释义
奥苏贝尔	理解就是将新信息纳入原有认知结构，新旧知识发生意义同化的过程
现代认知心理学	理解实质上是学习者以信息的传输、编码为基础，根据已有经验及认知结构，主动建构内部的心理表征，进而获得心理意义的过程
潘菽	个体运用已有知识、经验，认识事物的联系、关系直至其本质规律的思维活动
张庆林	理解是使新学的材料和大脑中已有的知识经验之间建立起一种内在联系的过程

2. 数学理解

数学学科有其自身的特点，如严密的逻辑性，高度的抽象性、系统性，知识的紧密连贯性，广泛地运用符号等。因此，数学理解的含义与一般理解的含义有所不同。数学理解涉及的意义和内涵都十分广泛，主要涉及对数学对象的理解和从数学的角度去理解现实（表 2-4）。

表 2-4　不同研究者对“数学理解”的界定

数学理解的界定	
詹姆斯·希伯特（James Hibert）和托马斯·P. 卡彭特（Thomas P. Carpenter）	一个数学的概念或方法或事实被理解了，那么它就会成为个人内部网络的一个部分
李士琦	学习一个数学概念、原理、法则，如果在心理上能组织起适当的有效的认知结构，并使之成为个人内部的知识网络的一部分，那么就说明是理解了
陈琼	数学理解是学习者先认识数学对象的外部表征，构建相应的心理表象，然后在建立新旧知识联系的动态过程中，打破原有的认识平衡，将数学对象的心理表象进行改造、整理、重组，重新达到新的平衡，以便抽取数学对象的本质特征及规律，从而达到对数学对象的理解
喻平	根据数学知识的特征，把数学知识分为结果性知识和过程性知识。结果性知识包括陈述性知识、智慧技能和认知策略。过程性知识是伴随数学活动过程的体验性知识，分为对知识产生、发展、结果和应用的体验这四个阶段，是一种内隐的、动态的知识

（二）数学理解的水平划分

研究表明，下列五种心智活动将有助于数学理解的产生：“构建关系；延伸和应用数学知识；反思经验；表达和交流；拥有数学知识。”应注意的是，这些思维活动是高度内在相关的。

英国的 S. Pirie 和加拿大的 T. Kieren 提出了一个数学理解发展的超回归模型。两位学者认为，数学理解划分为八个水平，即原始认识、产生表象、形成表象、性质认知、形式化、观察评述、构造化和发现创造。Kieren 则认为，理解分为两种模式，即工具性理解和关系性理解。这两种模式实质是指理解的两个不同层面，只有从工具性理解达到关系性理解，个体才能把握数学对象的本质。

布鲁姆在教学目标分类学中指出，理解的行为有转化、解释和推断三种。国家教委考试中心在数学考试说明中将考试内容的知识要求由低到高分为三个层次，依次是了解、理解和掌握、灵活和综合运用，且高一级的层次要求包含低一级的层次要求。对理解这一承上启下的层次作用的界定是：要求对所学知识内容有较深刻的理性认识，能够解释、举例或变形、推理，并能利用知识解决有关问题。

周建华将数学理解划分为直接性理解、解释性理解、推断性理解和创造性理解四个层次。他认为，直接性理解就是对数学语言、符号的表面理解，即能识别语言描述中的错误或不妥之处，能直接找出肯定的实例或否定的反例。解释性理解就是对数学知识内在联系的理解，即能理解概念的上位、下位、同位关系，深刻理解概念的内涵与外延，能把握公式的来龙去脉，揭示公式的联系等。推断性理解就是在充分理解数学概念、公式、定理等知识的基础上，对有关数学对象作出个人的推断。创造性理解是指摆脱有关材料的束缚，对知识内容提出创造性的理解，它建立在创造性思维能力的基础之上。创造性理解是理解层次的最高级别。

（三）数学理解在数学学习中作用

不同学者对“数学理解在数学学习中的作用”的论述如表 2-5 所示。

表 2-5　不同学者对“数学理解在数学学习中的作用”的论述

数学理解在数学学习中的作用	
Carpenter 和 Resnick	数学理解有助于发明创造。基本论点是：丰富的内部知识网络容易激活、引导和检验，这是创造与发明的基础，而完善的图式建构依赖于理解
Baddeley	理解能够促进记忆
Davis 和 Meknigth	对理解和迁移的关系进行了深入的研究，指出理解会直接影响迁移
Doyle	通过研究认为，理解会影响学生对数学的信念
李超	数学理解是有层次之分的，数学学习的过程是一个不断加深理解的过程：数学理解与数学记忆是相互渗透、相互促进的；训练既有赖于理解，又有助于理解；数学教师在教学过程中应从实际出发强调理解

（四）数学理解的实证研究

关于数学理解的实证研究及主要观点如表 2-6 所示。

表 2-6　关于数学理解的实证研究及主要观点

数学理解的学习研究	
陈琼	促进数学理解学习的主要途径有：加强新旧知识的联系，提供丰富的感性材料，抓变式与比较，抓反思，加强数学知识的系统化，抓灵活运用
Hiebert 和 Carpenter	具有理解的数学学习就是建立联系，这种建成网络的联系包括相仿性、差异性、包含性和归属性等方面
数学理解的教学研究	
Hiebert 和 Carpenter	数学教学应该提供下列机会：发展一个适当机会；延伸与应用他们的数学知识；反思他们自己的数学经验；表达和交流他们所知道的；使数学成为他们自己的
孔企平	促进数学理解型学习的课堂要素包括五个方面，即课堂任务、辅助工具、课堂文化、教师作用、公平原则
李淑文	应“螺旋式”地安排知识；应丰富学生的数学学习材料；应给学生反省的机会和时间

续表

数学理解能力的培养研究	
李淑文	为了加深和扩充学生对数学基本概念、基本原理的理解，首先应螺旋式地安排知识，使学生能够反复地接触重要的基本概念和原理，直到学生掌握了与这些基本观念相适应的知识体系为止；其次，教师应根据教科书提供的线索，为学生提供丰富的数学学习材料，使他们获得学习新知识所需要的具体经验，通过思维构成理解；最后，教师应给学生反省的机会和时间
数学理解能力的培养研究	
黄育粤	学生学习数学知识是一个逐步加深和提高的过程：学生对所学数学知识的发展过程要经过认识、理解、掌握和应用四个层次，而数学理解是在认识的基础上，已达到或初步达到能摆脱感知、依靠表象或概念来概括事物的阶段。在数学教学中，抓住知识要点、把握实质、使用反例、灵活使用变式是促进学生数学理解的有效手段

第三节　学生“分数－比率维度”理解的分析框架

斯根普把数学理解分为“工具性理解”和“关系性理解”，认为关系性理解包含四个层面：知道、应用、联结、问题解决。由于“分数－比率”维度就是对于“关系”的认识，因此，根据对“数学理解”“分数认识”的文献梳理，并结合斯根普对“关系性理解”四个层面的界定，我们提出了学生对“分数－比率维度”理解的五个层次，分别是分辨提取、多元表征、建立联系、拓展推理、灵活应用。具体含义如表 2-7 所示。

其中初步理解是指学生能够到达前三个层面的认识。深入理解是指学生能够达到五个层面的认识。

表 2-7 学生“分数－比率维度”理解的分析框架

研究内容的维度分数－比率		学生元认知水平描述	预期达成目标水平描述	数学理解五层次				
				分辨提取	多元表征	建立联系	拓展推理	灵活应用
部分与整体	部分与部分	1. 能够认识到同类量之间存在关系，并能准确描述出谁是谁的几倍。 2. 能够认识到部分与整体关系，并能用分数进行表示	三年级：能够在理解部分与整体关系的基础上，初步理解“部分－部分”的关系。 五年级：在认识同类量之间倍数关系的基础上，理解同类量之间的比率关系，并能初步理解假分数	在教师指导下学生能够从头脑中迅速提取同类量之间的比率关系	学生能够通过操作、画图、语言、文字、符号等多种方式表示同类量之间的比率关系	学生能够建立如下联系： 1. 建立“部分－整体”关系与“部分－部分”关系的联系； 2. 建立倍与分数之间的联系	学生能够通过部分与部分关系认识到假分数的存在	学生能够准确找到标准量，用分数表示部分与部分的关系，并解决问题

第四节　课例研究过程

学生在学习分数相关知识的过程中对“分数－比率”维度的“部分－部分”之间关系的理解，在他们后续的学习中非常重要。本研究拟在三年级和五年级分别上一节《分数认识拓展》课，三年级安排在第七单元“分数的初步认识”的学习结束之后，五年级安排在学生认识分数的意义之前，体现了学段之间的衔接。学生不论是在三年级分数的初步认识还是五年级的分数再认识，对分数的认识大都是建立在“部分－整体”的关系上。本研究打破学生的思维定式（认为分数只能表示部分与整体之间的关系），丰富学生对“分数－比率”维度的理解（不仅表示部分与整体之间的关系还可以表示部分与部分之间的关系），使得学生在后续的学习中更充分地做好知识对接（在五年级的学习中不会对部分量与部分量之间的关系感到突然）。

一、原始课的研究

三年级学生在学习过“分数的初步认识”后，究竟对于分数认识到何种程度，如果在三年级将学生对分数的认识拓展到“部分－部分”之间关系的理解，学生将要面对的学习中的困难与教师基于经验的判断是否一致呢？带着这样的问题我们对学生进行了前测。

（一）前测：学生对分数有哪些感知

1. 前测问卷设计

1. 用分数表示图中涂色部分。

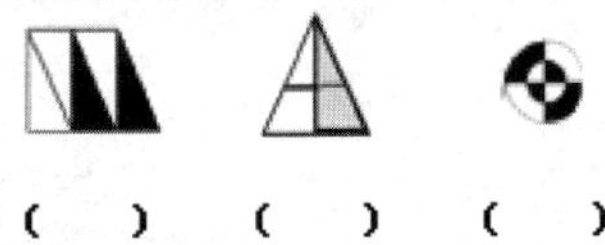

2. 用尽可能多的方式表示“四分之三”。

3. □ 这个小正方形表示“四分之一”，这个整体是什么样子的？请画下来。

4. 从下面各图中，你都看到了哪些数？把它们写下来。

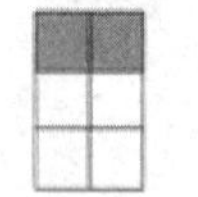

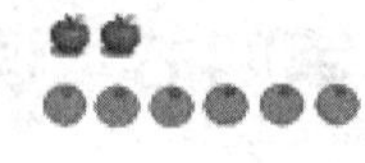

2. 前测调研目的

（1）了解学生在完成教材安排的学习任务后，对分数的掌握情况。

（2）了解学生是否能够在 1 个群体中，从“部分 – 整体”关系和“部分 – 部分”关系角度考虑写出分数。

3. 前测调研结论

本次测试用时 15 分钟，测试后对参试的 22 份问卷进行了数据统计及分析，调研结论如下：

（1）学生在标准形式下（平均分明显）能够准确“分辨提取”部分与整体的关系。例如在前测问卷的第一道题目上，回答情况如下：

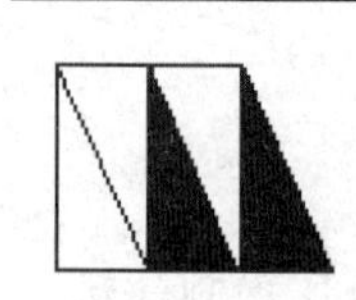	结果	$\frac{2}{5}$	$\frac{1}{5}$	不能用分数
	人数	20	1	1
	百分率	90.9%	4.5%	4.5%

（2）大部分学生在非标准形式下（平均分不明显）不能够用分数准确表示阴影部分，即部分与整体关系。

	结果	$\frac{1}{2}$	$\frac{2}{4}$	$\frac{4}{2}$	不能用分数
	人数	3	17	1	1
	百分率	13.6%	77.3%	4.5%	4.5%

	结果	$\frac{2}{4}$	$\frac{4}{8}$	$\frac{8}{4}$	不能用分数
	人数	3	17	1	1
	百分率	13.6%	77.3%	4.5%	4.5%

通过以上数据可以看出，学生对用分数表示部分与整体（1个图形）的关系已经有了初步的认识，但由于是初学，学生遇有干扰因素或变式的情况下，往往容易忽略“平均分”这一前提。

（3）学生能够自主选择一种表征方式表示部分与整体关系，但在教师不做任何提示的情况下，没有学生能够想到可以将“1个群体”平均分来表示“四分之三”。

正　确		表示方式	
人数	百分比	画图（21人）	都是把1个正方形或1个长方形平均分成4份，将3份涂上阴影来表示。
22	100	语言描述（1人）	3个$\frac{1}{4}$是1个$\frac{3}{4}$。

（4）有个别学生能够通过对“部分－整体”关系的认识，自主“分辨提取”图形中的“部分－部分”关系。

		部分与整体	部分与部分
	人次	18	1
	百分率	81.8%	4.5%
		部分与整体	部分与部分
	人数	16	2
	百分率	72.7%	9.1%
		部分与整体	部分与部分
	人数	15	2
	百分率	68.2%	9.1%

分析这组题目的数据我们可以看出：全班68%的学生能自主完成单位“1”由“1个物体”向“1个群体”的迁移，在此基础上能够从分数表示“部分－整

体”关系的角度思考写出分数；但90%的学生想不到分数还能用来表示部分与部分间的关系，只有9%学生能够想到并运用语言表达出来。

（二）教学目标与教学流程

1. 教学目标

（1）初步认识单位“1”，知道一个物体、一些物体都可以看作一个整体；理解分数的意义，既表示部分与整体的关系，又表示部分与部分的关系。培养学生的抽象概括能力。

（2）在观察、操作、概括、交流等数学活动中，学生经历认识分数意义的过程，理解分数的意义。

（3）在探索分数意义的过程中体会数学思想，积累学习经验。

2. 教学流程

在准确把握学生对分数的理解情况的基础上，设计了原始课的教学流程（图2-12）。

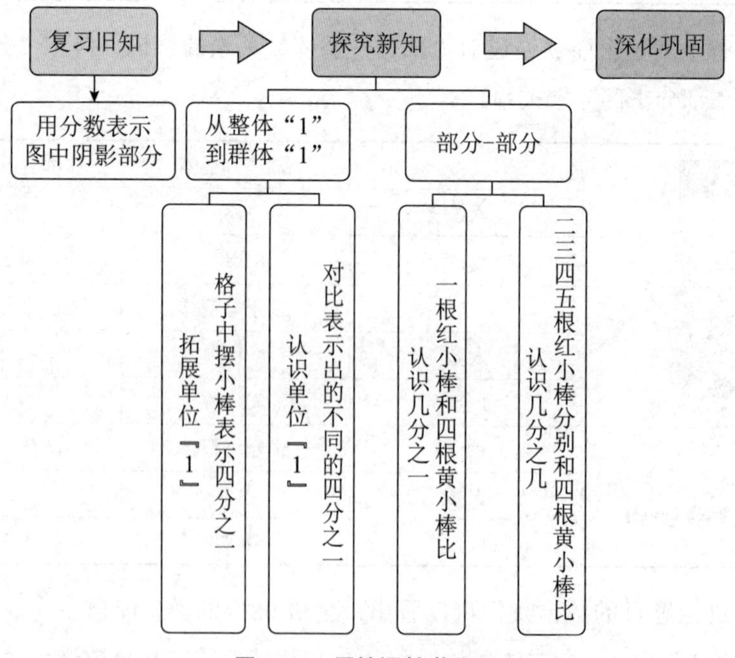

图2-12　原始课教学流程

（三）基于学生后测调研的思考

拓展课后，学生能接受吗？能够接受到什么程度？是否达到了我们的预期目的？课后对学生进行了后测。

1. 后测问卷设计

（1）用尽可能多的方式表示“四分之三”。

（2）□这个小正方形表示“四分之一”，这个整体是什么样子的？请画下来。

（3）从下面各图中，你都看到了哪些数？把它们写下来。

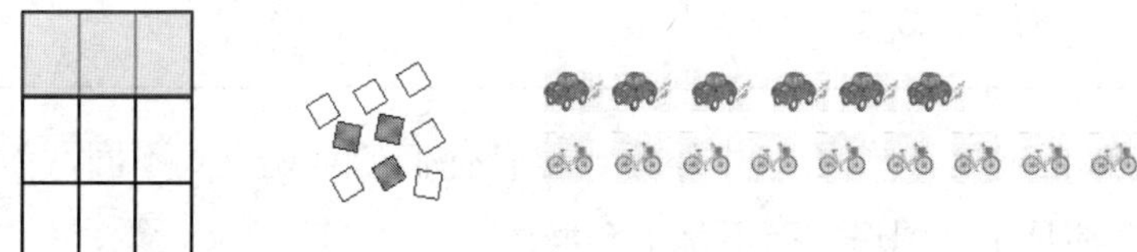

2. 后测调研目的

（1）学生是否已经完成将单位“1”由 1 个物体拓展为 1 个群体，在此基础上是否能够用分数表示“整体 - 部分”和“部分 - 部分”的关系。

（2）通过这节拓展课的教学，学生对分数的认识是否得到了丰富，表现在哪里。

3. 后测调研结论

本次测试用时 15 分钟，测试后对参试的 22 份问卷进行了数据统计及分析。

（1）在教师事先不作任何提示的情况下，有 4 名学生能够将“一个群体”平均分来表示“四分之三”。从“无”到“有”的突破，可见部分学生对“单位 1”有了更进一步的认识。

<table>
<tr><th colspan="2">正　确</th><th colspan="2">表示方式</th></tr>
<tr><td rowspan="2">人数</td><td rowspan="2">百分比</td><td rowspan="2">画图（14 人）</td><td>将一个图形平均分成 4 份，表示这样的 3 份。（10 人）</td></tr>
<tr><td>将一个群体平均分成 4 份，表示这样的 3 份。（4 人）
整体与部分的关系（3 人）：
部分与部分的关系（1 人）：</td></tr>
<tr><td>22</td><td>100</td><td>直接写出分数（7 人）</td><td>$\frac{3}{4}$</td></tr>
</table>

（2）学生能够正确地将单位“1”还原，尽管他们的呈现方式不同，但他们找到的单位“1”都是 1 个图形，而不是 1 个群体。

<table>
<tr><th colspan="2">正确</th><th rowspan="2">代表性作品</th></tr>
<tr><th>人数</th><th>百分比</th></tr>
<tr><td>22</td><td>100</td><td>（20 人 90.9%）　（2 人 9.1%）</td></tr>
</table>

（3）横向对比，后测中最多可达到 90.9% 的学生能从部分与整体关系的角度考虑写出分数，而仅有 18.2% 学生能从部分与部分关系的角度考虑写出分数，相差 72.7 个百分点；纵向对比，后测中能从部分与部分关系的角度考虑写出分数的学生比前测时增加了 2 人，提高了 9.1 个百分点，提升的幅度小。也就是说，通过这节课的教学，全班 18 名（占全班人数的 81.2%）学生不能自发地从“部分 - 部分”的关系考虑写出分数。这些数据反映出学生对于分数表示部分与部分之间的关系体会不深刻。

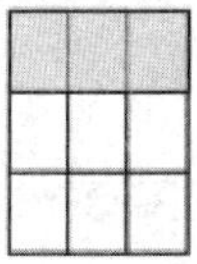		部分与整体	部分与部分
	人数	20	4
	百分率	90.9%	18.2%
		部分与整体	部分与部分
	人数	20	4
	百分率	90.9%	18.2%
		部分与整体	部分与部分
	人数	19	3
	百分率	86.4%	13.6%

（四）课后反思及改进设想

1. 课后反思

原始课上完之后，聚焦了如下问题。

（1）从部分与整体的关系到部分与部分之间的关系、从“单个 1”到“群体 1”，是否在一节课全部让学生接受？

（2）既然定位在渗透，是不是应该给学生提供充足活动时间？有感才有悟，感悟要有时间和平台。

根据以上问题及课后调研结果，思考如下。

本节课设计了“单位‘1’”的拓展，并在此基础上理解分数不但表示“部分 - 整体”关系，还可以表示“部分 - 部分”关系两个大的教学内容。而这两个拓展内容对于三年级刚刚对分数有了初步认识的学生，确实内容有些多、分量有些重、内容有些难，无法为学生提供充分进行学习活动和感悟的时间与空间，影响了教学效果。那么从张丹老师提出的两条建议中，我们也可以看到，其实向我们传达了一个信息，就是课堂容量大，学生操作、体会、感悟得不够。

学生在认识分数还可以表示“部分 - 部分”之间的关系时，教学时长只有 12 分钟。试想，这样一个内容，在这样短的时间内大部分学生肯定不能充分地感悟与体会，更何况要求学生达到“理解”层面，并内化到自己已有的知识体系中，再用分数来描述图形中的“部分 - 部分”的关系。

2. 基于问题的改进设想

（1）由于原始课课堂容量比较大，我们在改进课中把单位“1”从 1 个物体拓展到 1 群物体分离成另外的一节课，本课例的教学目标就聚焦在研究分数比率维度中“部分 - 部分”关系这一内容。

（2）由于原始课内容比较多，学生感悟、体会得不够充分，改进课要为学生的学习活动提供充分的时间和空间。

（3）由于原始课某些环节教师的设计限制了学生的思考：在方格图中让学生摆学具认识分数（□）。改进课教学时设计开放的情境和问题，引导学生说出自己对分数的理解。

二、改进课的研究

（一）前测：学完“个体 - 群体”关系后学生对分数有哪些感知？

由于改进课使用的是另一所学校的学生，而且又上完了关于单位“1”由 1 个物体到 1 个群体的拓展课，所以为了了解学生的学习起点，在上这节分数拓展课的改进课之前，也进行了前测，题目基本一样。

1. 前测问卷设计

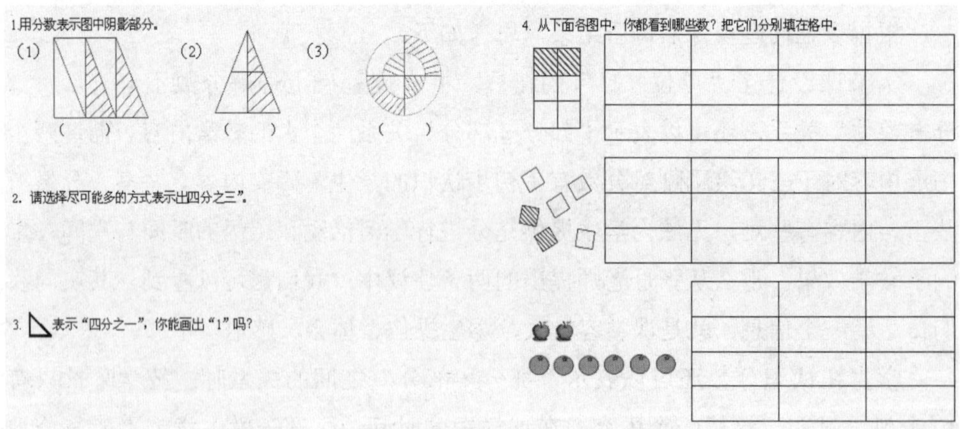
1.用分数表示图中阴影部分。
（1）（ ）　（2）（ ）　（3）（ ）
2. 请选择尽可能多的方式表示出“四分之三”。
3. 表示“四分之一”，你能画出“1”吗？
4. 从下面各图中，你都看到哪些数？把它们分别填在格中。

2. 前测调研目的

（1）了解在完成课程安排的学习任务，并拓展学习了用分数表示部分与整体

（群体）的关系后，学生是如何理解分数意义的。

（2）了解学生是否能够意识到两个同类量的关系也可以用分数表示。即部分与部分之间的关系。

3. 前测调研结论

1）学生已经理解了表示“部分与整体”关系的分数含义

通览前测能够看出：在用分数表示标准图形中“部分－整体”关系的这类题目时，学生已经可以在理解的基础上将所学知识正确提取出来。

	结果	$\frac{2}{5}$	$\frac{2}{6}$	$\frac{2}{9}$
	人数	39	1	1
	百分率	95.2%	2.4%	2.4%

		部分与整体	部分与部分
	人次	35	7
	百分率	83.4%	17.1%
		部分与整体	部分与部分
	人次	35	7
	百分率	83.4%	17.1%
		部分与整体	部分与部分
	人次	33	9
	百分率	80.5%	22.0%

在调研学生对于分数意义理解的情况时，他们不仅能用“分数”这种数学符号来表示，还能通过画图、文字等多种表征方式表示出自己的理解。

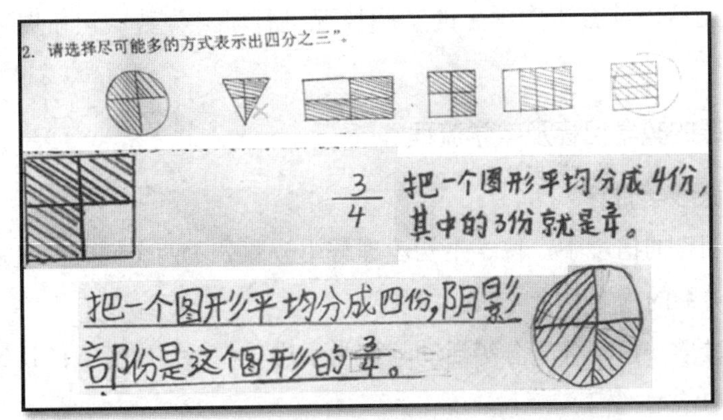

2）部分学生能自主建立“部分－整体”关系与“部分－部分”关系的联系

在学生学习“分数的初步认识”时，班中不仅有学生正确表示出了“部分－整体”关系，还有学生想到用分数表示出了“部分－部分”关系，自主将“部分－整体”关系与“部分－部分”关系建立起了联系。

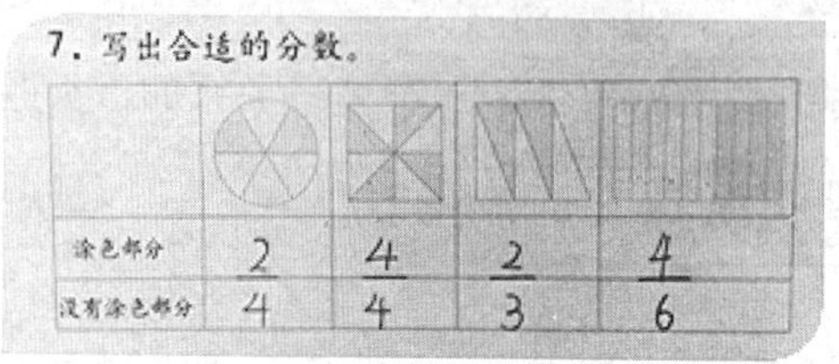

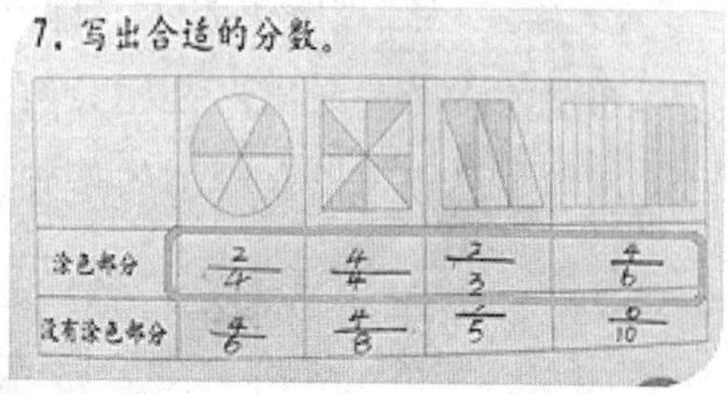

在前测中，班中也有20%左右的学生可以正确地用分数表示出“部分－部分”关系。

		部分与整体	部分与部分
	人次	35	7
	百分率	83.4%	17.1%
		部分与整体	部分与部分
	人次	35	7
	百分率	83.4%	17.1%
		部分与整体	部分与部分
	人次	33	9
	百分率	80.5%	22.0%

20%的学生能否带动全班同学一起感悟如何用分数表示部分与部分的关系呢？在前测后，结合班中学生的实际情况进行了《分数认识拓展》改进课的教学。

（二）改进课的教学目标及教学流程

1. 改进课教学目标

（1）在创设的情境中，使学生初步理解用分数表示两个同类数量之间部分与部分之间的关系的基本思考方法。

（2）通过摆一摆、分一分等活动，使学生进一步拓展对分数的认识，培养分析、概括能力。

（3）在探索用分数表示两个同类数量的关系的过程中，使学生进一步加深对分数丰富内涵的感悟。

2. 教学流程

改进课教学流程如图 2-13 所示。

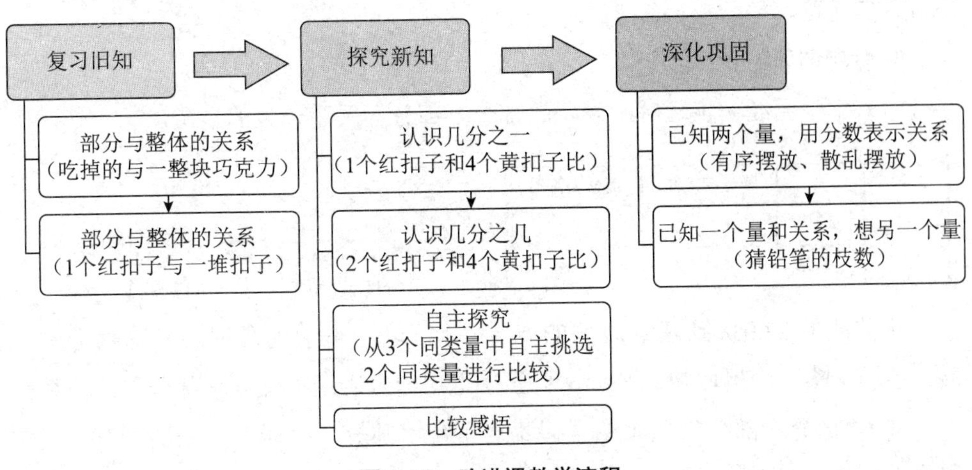

图 2-13　改进课教学流程

（三）基于后测调研的思考

这节关于感悟用分数表示部分与部分关系的拓展课，讲给三年级初步认识分数的学生们，他们是否能理解？实施效果怎么样呢？是否达到了我们的预期效果？在下课后进行了即时后测。

1. 后测问卷设计

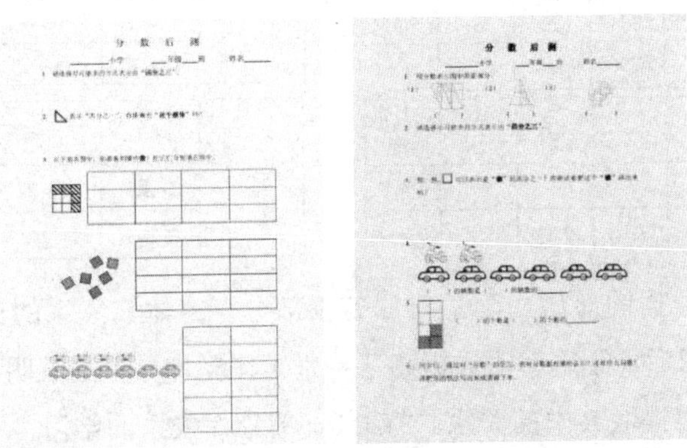

2. 后测调研目的

（1）学生是否已经初步掌握用分数表示两个同类数量的关系的基本思考方法。

（2）学习用分数表示两个同类量间的关系，对用分数表示部分与整体的关系是否有负迁移。

3. 后测调研结论

（1）学生已经初步理解了表示“部分－部分”关系分数的含义。

		部分与整体	部分与部分
	人次	33	9
	百分率	80.5%	22.0%

从前测的 22.0% 到延续后测的 86.8%，可以看出学生在理解了这部分知识后，能够从头脑中提取相关知识，并正确运用分数表示“部分－部分”的关系。

（2）“部分－部分”关系的学习不会干扰“部分－整体”关系的理解，一定程度上可能会促进其理解。

前测

	结果	$\frac{2}{5}$	$\frac{2}{6}$	$\frac{2}{9}$
（ ）	人数	39	1	1
	百分率	95.2%	2.4%	2.4%

	结果	$\frac{1}{2}$	$\frac{2}{4}$	不能用分数
（ ）	人数	12	28	1
	百分率	29.3%	68.3%	2.4%

	结果	$\frac{1}{2}$	$\frac{2}{4}$	$\frac{4}{8}$	不能用分数
（ ）	人数	7	7	26	1
	百分率	17.1%	17.1%	63.4%	2.4%

后测

	结果	$\frac{2}{5}$
（ ）	人数	38
	百分率	100%

	结果	$\frac{1}{2}$	$\frac{2}{4}$
（ ）	人数	32	6
	百分率	84.2%	15.8%

	结果	$\frac{1}{2}$或$\frac{2}{4}$	$\frac{4}{8}$
（ ）	人数	27	11
	百分率	71.1%	28.9%

通过这组数据的对比，学生对原有“部分－整体”关系的认知，在经历过一段时间的学习后，正确率明显提高。特别是在平均分不是很明显的图形中，学生能够准确分辨提取其中的关系。“部分－部分”关系的学习，突出了对分数表

示“比率”的认识，学生对“关系”的理解加深，特别是以“谁”做标准，谁和标准比较的理解更深刻。从而使学生跳出“平均分”的直观，借助关系理解分数。

（3）部分学生能通过对“部分－部分”关系的理解推理出假分数的存在。

三年级的学生是从“平均分”的角度初步认识分数的，所以他们总是会认为把单位“1”平均分成若干份后，不可能取出比它本身还多的份数。但是通过对用分数表示“部分－部分”关系知识的学习，班中有15%的学生能想到这两个量间的关系不仅可以用分子比分母小的分数（即真分数）来表示，反之也可以用一个分子比分母大的分数（即假分数）来表示。

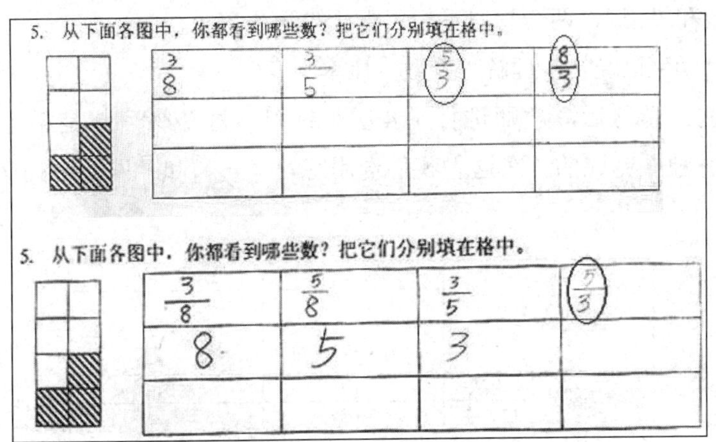

（四）改进课反思与对比课设计思考

1. 改进课反思

通过本课的两次教学研究，基于学生的前后测调研数据和课堂上学生的表现，我们思考如下。

第一，此内容有助于学生对单位“1”的认识。

在三年级时让学生理解用分数还可以表示部分与部分的关系是有必要的。根据以往的教学经验，学生可以理解用部分与整体比较，把整体看作“1”进行平均分，再用分数表示。但是到了高年级，当学生形成思维定式后，总是在想：两堆物体的外貌不一样了，怎么还能把其中的一个部分量平均分，另一个部分量相当于它的几分之几呢？关系是看不见，摸不着的。如果在三年级学生刚刚形成对分数的认识时，就给学生一个较完善的认识，这样既可以帮助学生感悟到分数丰富的内涵，又拓展了学生对分数意义的理解，并为高年级学生在解决分数乘法、分数除法、百分数的相关问题时对单位“1”的理解奠定基础。同时学生也不会形成分数只能表示“部分－整体”关系的思维定式。

第二，此内容丰富了学生对“关系”的认识。

从前测的22.0%到延时后测的86.8%，可以看出通过教学，学生能够接纳分数也可以表示部分与部分之间的关系。从最初对分数表示“部分与整体”的关系，到分数还可以表示“部分与部分”的关系，学生对“关系”的认识深化，也建立起分数和“倍”，两个看似不相关概念的联系。

第三，学生已经初步理解“分数－比率维度”。

在拓展课学习后，教师进行了4次小练习，每个练习都是学生在学校用5～10分钟独立完成的。在这里我们选用练习（一）和（四）中的两组数据进行对比。

		练习（一）	练习（四）
部分与部分	人数	29	34
	百分率	70.2%	87.2%

		练习（一）	练习（四）
部分与部分	人数	30	33
	百分率	73.2%	84.6%

比较两组题目的数据，发现能正确表示“部分－部分”关系的学生人数有变化，百分率是上升的。可见学生在表示部分与部分关系时，已经不会受到物体摆放的形式、位置的影响，而是可以主动去寻找两个同类量的数量，并表示它们之间的比率关系。

由于改进课的教学内容、教学目标、教学情境的设计等方面的修正，学生的学习情况已经达到了我们的预期目标，而且作为三年级的学生，基本上达到了

“分数 - 比率维度”理解框架的前三个层次。

分辨提取——在教师指导下学生能够从头脑中迅速提取同类量之间的比率关系。

多元表征——学生能够通过操作、画图、语言、文字、符号等多种方式表示同类量之间的比率关系。

建立联系——建立“部分 - 整体”关系与“部分 - 部分”关系的联系；建立倍与分数之间的联系。

2. 对比课设计思考——如何做好与元认知的对接

在学习本节课时，教师采用直入主题的方式，即引导学生在观察两个同类量后直接用分数表示部分与部分的关系。课后反思学生课堂上呈现出的思考问题的过程，我们认为可以做出一些调整：两个同类量的关系除了能用真分数表示外，还可以用二年级学习的有关“倍”的知识来表示。只不过由于对假分数不做要求，所以可以考虑两个同类量是整倍数的数据。这样既有助于学生理解表示两个同类数量的关系的基本思想方法，又能促进学生发现知识间的联系，与原有认知的对接，使他们所获得的知识是结构化的、整合的，而不是零碎的。

对比课的设想如下：

第一，五年级对比课联系学生“倍的认识”中对“两个量之间关系”的认识已有经验，引导学生感悟分数“部分 - 部分”关系。

“倍”研究的是两个量之间的关系，分数中“部分 - 部分”关系这一层面的含义研究的也是两个量之间的关系。它们之间是有着必然联系的。如苹果有 8 个，梨有 2 个，如果以梨的个数作为标准，苹果的个数是梨的 4 倍；反过来，如果以苹果的个数作为标准，梨的个数就是苹果的$\frac{1}{4}$。我们在改进课的课堂观察中发现了一个有趣的现象。

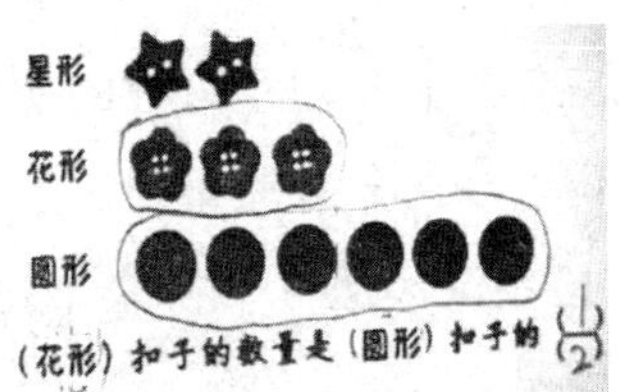

学生在圈画花形扣子的数量是圆形扣子的几分之几时，先把花形扣子圈一圈（有些学生则是用眼睛瞄着花形扣子把圆形扣子圈 2 个圈），再把圆形扣子圈这样的两个圈，然后说花形扣子的数量是圆形扣子的$\frac{1}{2}$。由学生的圈画过程看出学生首先想到的还是圆形扣子是花形扣子的 2 倍。倍的概念在这里起了作用。基于此种情况在教学中能不能以学生已经学过的“倍”概念为基础学习分数？当圆形扣子不是花形扣子的整倍数时，学生是不是还会用分数表示它们的关系？这也与我们构建的学生“分数—比率维度”理解框架的第三层相吻合：让学生建立知识之间的联系。

第二，五年级对比课在“假分数”知识点上可做尝试。

改进课中，由于学生是三年级的低龄儿童，教师把教学任务重点定位在初步体会和感悟分数表示“部分 - 部分”关系的意义上。与此同时，回避了可以用“假分数”表示两个部分量之间的关系。因此，可以在五年级的拓展课中，尝试引导学生利用假分数表示两部分量之间的关系，从而使学生自然而然地接触到假分数。

三、五年级对比课研究

（一）前测：五年级学生对分数的认识是怎样的？

五年级的学生在三年级学完分数的初步认识后，只是在四年级小数的初步认识时与分数有过再次的接触，但那也只是学生认识小数的一个媒介，为了了解学生经过近两年的学习，是否对当初分数的初步认识有所遗忘，也为了寻找学段之间的衔接点，我们仍然采用了三年级原始课、改进课的前测试卷，这样也便于进行对比分析。

1. 前测调研目的

（1）了解五年级学生在三年级时学习了分数的初步认识后，经过了近两年的学习空白期，头脑中还能存留多少对分数的正确认识。

（2）了解学生在第一节拓展课（把单个物体作为单位“1”拓展到以一个群体作为单位“1”）后的学习效果。

（3）了解学生是否能够自发地意识到分数也可以表示两个同类量之间的关系。

2. 前测调研结论

（1）大部分学生在经过了三年级对分数的初步学习后，可以正确分辨提取部分和整体之间的关系，极少数学生也开始意识到整体当中的两部分间也存在着可以用分数表示的关系。大部分学生能排除变式带来的干扰，得到正确答案。但也有部分学生对分数的意义中“平均分”的概念有所忽略。

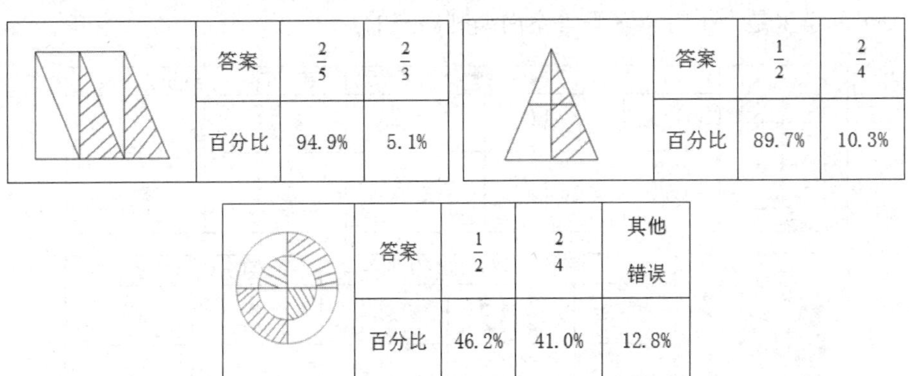

答案	$\frac{2}{5}$	$\frac{2}{3}$
百分比	94.9%	5.1%

答案	$\frac{1}{2}$	$\frac{2}{4}$
百分比	89.7%	10.3%

答案	$\frac{1}{2}$	$\frac{2}{4}$	其他错误
百分比	46.2%	41.0%	12.8%

（2）学生对分数的理解，大多停留在直观表征阶段，需要借助一些规范的基本图形解释分数，而语言表征处于相对弱势的处境。与此同时，100% 的学生用四分之三只能表示部分与整体之间的关系，也就是说，分数在他们的头脑中是“量率一体”的。在此时，没有一个学生会自发地用四分之三表示两组同类量之间的关系，这也是由于三年级在学习分数初步认识时，给学生留下的根深蒂固的印象。

学生的答案大体可以分为两类：一是用基本图形（如长方形、正方形、圆）描述；二是用语言进行描述。

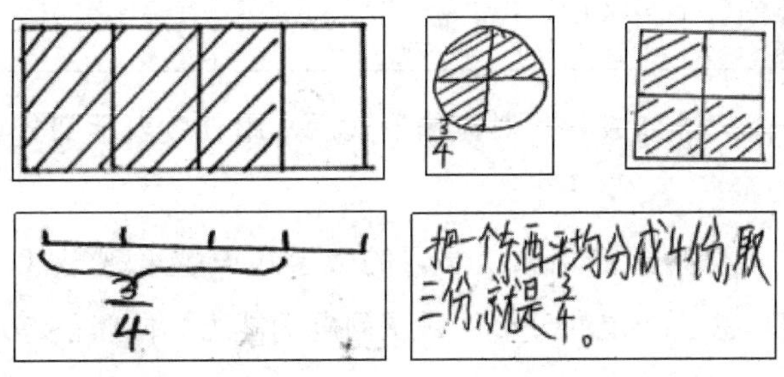

（3）学生不能主动用群体作为整体“1”。看来学生在三年级学习时，比较强化地理解了以单个物体作为整体“1”来描述分数的意义。

在◺表示“四分之一”，你能画出“1”吗？正确率达到了69.2%，但所有正确答案均是以单个物体作为整体“1”。

（4）大多数学生的思维水平仍旧停留在用表示“数量比”的分数去表示部分与整体的关系，三分之二的学生可以自觉使用“份数比”，但仍表示的是部分与整体的关系。只有少部分学生能够在图中看出部分与部分之间的关系，也不排除其中个别学生是为了特意多写答案而编制出来的。

		表示部分与整体的关系		表示部分与部分的关系	
	答　案	$\frac{4}{6}$或$\frac{2}{6}$	$\frac{2}{3}$或$\frac{1}{3}$	$\frac{2}{4}$	$\frac{1}{2}$
	百分比	80.8%	66.7%	5.1%	25.7%

		表示部分与整体的关系		表示部分与部分的关系	
	答　案	$\frac{4}{6}$或$\frac{2}{6}$	$\frac{2}{3}$或$\frac{1}{3}$	$\frac{2}{4}$	$\frac{1}{2}$
	百分比	80.8%	55.1%	0%	17.9%

本题图形与第一题的最大区别在于小正方形的排列方式，散开后的小正方形导致超过10%的学生不能正确用“份数比”表示部分与整体间的关系。更极端的情况是，没有一个学生看出$\frac{2}{4}$这个分数。

		表示部分与整体的关系		表示部分与部分的关系	
	答　案	$\frac{2}{8}$或$\frac{6}{8}$	$\frac{1}{4}$或$\frac{3}{4}$	$\frac{2}{6}$	$\frac{1}{3}$
	百分比	85.9%	38.5%	7.7%	15.4%

当散开的个体被排列成一一对应的形式后，用分数表示部分与部分之间关系的答案有所增加。

五年级学生随着年龄的增长，学习的数学知识越来越丰富，各方面能力也随之提升。他们具备了一定的分析、解决问题的能力，同时能够运用多种策略和方法解决问题。因此对于前测中的问题能够正确解答，与三年级相比，错误率较低。但我们也发现，由于在三年级学完“分数的初步认识”后，一直到五年级学习“分数的意义和性质”之前，教材中没有安排有关分数内容的学习，学生经历了长达近两年的“停顿”，导致大部分学生将学过的内容遗忘，最终沉淀下来的记忆只剩下用分数表示“部分－整体”的关系，还多是停留在“数量比”的层面上。与此同时，在对分数概念逐渐模糊的同时，随着小数等其他知识的学习，学生一直在研究、体会、理解“部分－整体”之间的关系这类问题，形成了相当强烈的思维定式，对后面的学习形成了很不利的影响。而与之相反的是，“部分－部分”之间的关系在六年级的学习中有着举足轻重的作用，逐渐成为一类常见、常想、常用的数量关系。那么如果不在五年级学生再次认识分数时给以渗透，这样是不是会导致学生在学习分数这一系统知识的进程中出现断点？

有必要在学生五年级学习分数的意义与性质之前，设计一节至两节分数认识的拓展课，引领学生探索用分数表示“部分－部分”之间的关系，打破学生的思维定式，培养学生多角度思考问题的意识，丰富学生对分数意义的理解，为三、五、六年级分数的教学内容搭好桥梁，做好衔接，同时也为学生学习其他相关数学知识做适当的孕伏。

（二）教学目标与教学流程

1. 教学目标

（1）在情境中初步理解用分数表示两部分数量间的关系的基本思考方法，并能正确用分数表示这类关系。

（2）通过摆一摆、分一分、画一画等活动，进一步拓展对分数的认识，培养分析、概括能力。

（3）在探索用分数表示两部分数量间的关系的过程中，进一步加深对分数丰富内涵的感悟。

2. 教学流程

五年级对比课教学流程如图 2-14 所示。

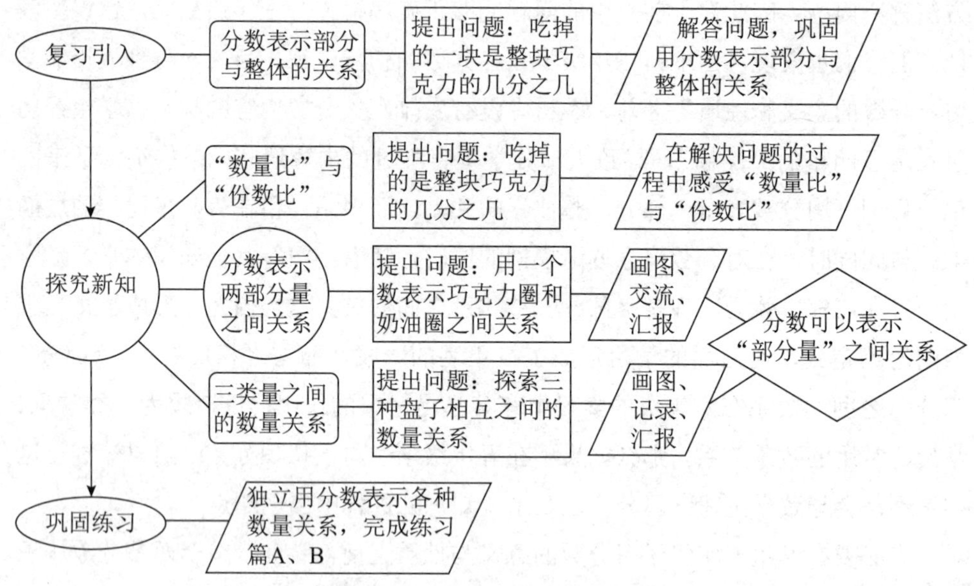

图 2-14　五年级对比课教学流程

（三）基于学生后测调研的思考

1. 后测调研目的

（1）了解学生在分数的认识拓展课后，是否学会了用分数正确表示“部分 - 部分”之间的关系。

（2）了解学生能否自觉地使用分数表示“部分 - 部分”之间的关系。

（3）了解学生通过课上对假分数知识的探索，是否已初步感悟了假分数的意义。

2. 后测调研结论

（1）课中大量使用了以群体事物作为单位“1”的素材，对学生产生了一定的影响。

例如第 2 题：请选择尽可能多的方式表示出“四分之三”。在学生的答案中，新出现了以群体事物作为单位“1”的情况，占 10.3%。

（2）大部分学生可以在图形一对一排列的情况下，正确使用分数表示两部分之间的关系，还有一小部分学生可以拓展联想到用假分数表示。这与本节拓展课中所出现的素材有很大的关系，学生正是受到了课上学习素材的影响，正确率较之前才有了明显的提高。这也说明，五年级学生在没有系统学习分数的意义之前，可以借助直观素材，在变式不明显的情况下，正确认识和理解用分数表示部分与部分的关系。

		表示部分与整体的关系		表示部分与部分的关系	
	答　案	$\frac{3}{8}$	$\frac{5}{8}$	$\frac{3}{5}$	$\frac{5}{3}$（$1\frac{2}{3}$）
	百分比	56.4%	33.3%	46.2%	51.3%

（3）约 50% 的学生能够自觉使用分数表示部分量之间的关系，这充分说明了本节拓展课的教学目标定位合理，实施效果明显。另外，在用分数表示部分量之间的关系时，超过 50% 的学生自觉自愿地认可了假分数的使用，甚至还出现了带分数，从而发现新出现的数量关系，这一变化十分可喜。

综上分析，五年级学生在拓展课后已经可以达到我们构建的“分数–比率维度”理解框架的五个层面：分辨提取、多元表征、建立联系、拓展推理、灵活应用。

（四）课后反思

对本节课的教学目标定位及课堂实施情况反思如下。

第一，本节课的研究内容是小学阶段的重点、难点。原有的“分数认识”容易对学生造成认为分数比“1”小，影响对单位“1”的选择、认识上的僵化的影响。

第二，在五年级没有认识分数的意义之前设计本内容，对学生而言是具有一定的挑战性的。关注部分量之间的关系，打破了学生对“单位 1”旧有的认识，这件事是有意义的，完善了学生对“单位 1”的认识、理解。

第三，这部分内容还需要进一步整体规划，对于“分数教学”的研究有必要再细化。

第四，对于“部分量与部分量之间的关系”，三年级和五年级的要求是否相同？需要达到什么层次？

对于原始课、改进课、对比课研究过程的思考如下。

第一，设计“分数认识拓展”课是有必要的而且也是可行的。

通过我们在不同年级的教学实验可以看出，对于分数认识的有效衔接与拓展是十分必要的，也是切实可行的。无论是在三年级学生初步直观认识分数之后，还是五年级即将系统深入研究分数之前，我们都应该利用一至两课时的时间，帮助学生从直观感性的层面完善对分数的认识，使第一、二学段在知识上衔接，并顺利过渡，为进一步系统认识分数做好充分的准备。

第二，打破学生思维定式，丰富了学生对于“分数－比率维度”的理解。

从原始课到改进课，再到对比课，在不断的实践中，尊重学生的认知规律，发现问题及时调整，合理地设计教学目标，取得了良好的教学效果。从学生的后测结果可以看到，学生在拓展课后，能够认可并主动地用分数表示“部分－部分”之间的关系，五年级学生还比较顺利地认可了假分数甚至是带分数的使用，发现了更多新的数量关系。这说明学生原来认为分数只用来表示“部分－整体”之间的关系这一思维定式已被成功打破，丰富了学生对“分数－比率维度”的理解。

四、结论与反思

1. 研究结论

本研究采取行动研究的范式，在分数的“比率”维度，特别是“部分－部分”关系上做出了探索。结论如下。

第一，“分数－比率维度”中“部分－部分”关系是小学生分数学习及用分数解决问题的一个核心内容，通过教材研究发现，教材在本部分内容安排过程中存在着“断层”，且学生由于这个断层，在解决与分数相关的问题时找不到标准量，出现了各种错误，因此，有必要在实际教学中补充这个内容。

第二，通过在三年级教学实验，用自编问卷进行前后测对比，发现超过80%的三年级学生可以初步理解“分数－比率维度”中“部分－部分”之间的关系。所有学生通过本内容的学习对分数“整体－部分”关系的理解水平提升。

第三，通过五年级的教学实验，用自编问卷进行前后测对比，发现五年级的学生能够借助“倍”的概念扩展对“分数－比率维度”的认识，并有部分学生能够理解假分数的含义，体现了学生已经能够达到“分数－比率维度”理解框架的第四个层次——拓展理解。

第四，从对三、五年级学生的课堂表现和后测数据分析看，这一拓展内容既可以在三年级进行也可以在五年级进行。其实从后测的数据中我们可以看出，学习完本课后，学生用分数表示部分量与部分量的关系，在百分比上没有太大的差异，说明这一内容的渗透在三、五年级都是可行的。

第五，“分数－比率维度”的认识应该是一个长期的过程。我们需要构建出一条教学线索，在教学中进行适时的渗透，完善学生对分数、对关系的认识。分数－比率维度的教学路径如图 2-15 所示。

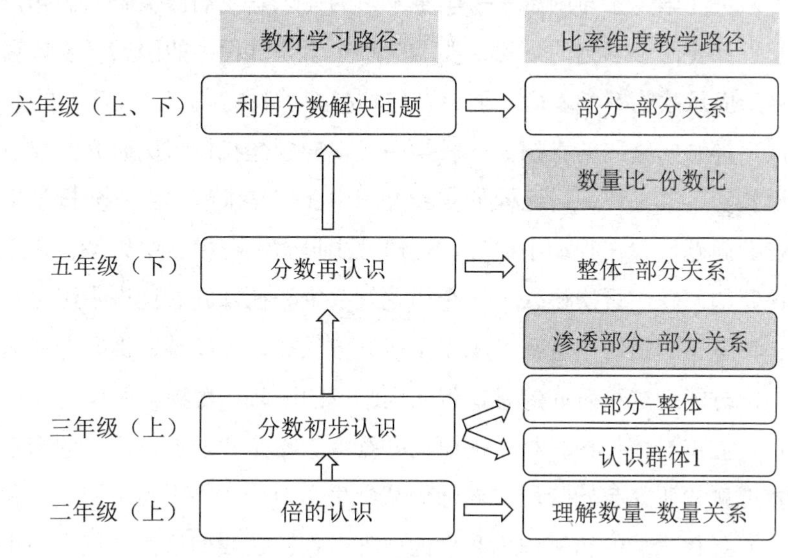

图 2-15　分数比率维度教学路径

“分数－比率维度”“部分－部分”关系可以在小学中进行早期渗透，对比率维度的正确理解，将有利于帮助学生完成对分数的基本性质、比的意义、分数乘除法解决问题、百分数解决问题等一系列知识的进一步学习。

2. 反思及进一步研究的问题

1）研究意义

第一，学生层面：打破思维定式、促进概念理解、利于后续学习。

从上面原始课、改进课、对比课的分析与研究中不难发现，学生在三年级“分数初步认识”到五年级“分数意义和性质”的学习中，对分数表示“部分－

整体”关系的认识根深蒂固，形成了一种思维定式。随着年级的升高，这种思维定式越来越难以打破。本节课的教学在打破学生思维定式的同时，丰富了学生对“分数－比率维度”的理解，分数不但表示“部分－整体”的关系，还可以表示“部分－部分”之间的关系，这一内容的理解，对于学生后续学习中对“单位 1”的理解也应该有促进作用。

第二，教师层面：关注学生认知规律、深入研读教材、提升整体把握教材的能力。

首先，关注学生学习困惑——学生学习的需求是我们课例研究的起点也是落点。教学设计要源于学生的学习，要考虑学生学习过程中的困惑，要认真地挖掘教材背后所应承载的数学本质，要站在整体把握教材的高度设计我们的教学。

其次，提升问题研究意识——教学中发现问题是我们课例研究的起点也是落点。在原始课、改进课、对比课的实践过程中我们在了解学生、分析学生、研读教材中发现问题，并在行动中研究、在研究中摸索、在摸索中思考、在思考中提升并发现新的问题，再次进入下一个问题解决中。在螺旋式递进中深化我们的研究主题。在这样的经历中老师们积累了研究方法和研究经验、提升专业素养和科研能力。同时能把这种研究的意识带回到学校的团队，发挥辐射作用。

最后，注重整体把握教材——研读并挖掘教材是我们课例研究的起点也是落点。在本课例的研究起始阶段，老师们从学生学习分数的困难中聚焦了我们的研究主题，并寻找学生的错例作为我们的研究证据。在我们研究的过程中也曾经出现过困惑，但是老师们在指导教师的引领下，站在了整体把握教材的高度上，既分析了三、五年级学生学习分数的教材呈现路径，也梳理了有关分数文献综述中学生学习分数的不同阶段。站在了整体把握分数教学课程的前提下，才得以使本研究少走了许多弯路，同时也发现了教材中对这一内容的“断层”。

2）从研究局限看进一步解决的问题

第一，由于研究时间有限，本部分内容的研究究竟对学生以后分数意义的学习以及应用“部分－部分”关系解决分数的问题产生怎样的影响未能进行检验，这也是后续需要进一步追踪研究的问题。

第二，在三、五年级的对比研究中，由于在两个学校的不同年级的班级进行教学实践，对学生后测进行比较，但受条件所限只是从经验上判断了两个对比班级的水平，并认为两者之间差异不大，未能用统计数据来说明学生之间的差距。（但是我们均用即时后测的形式缩小教师、班级差异所带来的影响。）如何在研究中更好地减少无关因素对研究结论的影响需要我们进一步思考。

第三，由于前期我们对“数学理解”的理解不是很深刻，尽管建构了有关分数数学理解的五层次模型，在后期数据分析时也尝试应用这个模型进行分析，但模型的合理性还需要进一步的研究和验证。

第四，既然在分数认识的过程中，希望打破学生认为分数只表示“部分－整体”关系的思维定式，丰富学生对分数比率维度的理解，分数还可以表示“部分－部分”的关系，那么在二年级学生认识“倍”的时候，打破学生认为“倍”只表示部分量与部分量之间的关系，相应地渗透整体与部分的关系也可以用倍数关系表示是否可以呢？

【本章小结】

《小学生分数概念学习的单元教学研究》历经一个学期的时间完成，基于此研究发表了《感悟丰富内涵，拓展意义理解——“分数初步认识（拓展）”的尝试与思考》（王虹、刘晓婷，2014）等。本研究选择研究问题的视角、研究方法以及得到的研究结论仍值得进一步学习。研究聚焦内容分数“比率”维度中“部分－部分”之间的关系是小学数学教材中的一个断点，教材对“部分－整体”间的关系的强调充足，但“部分－部分”关系只在五年级一道例题出现了一次，后续在六年级大量涌现，造成学生的学习困难。该研究以此问题为出发点，设计了教学实验，考量三年级引入“部分－部分”关系的可能性，在研究方法上，不仅有文献研究法、案例研究法，还辅以调查研究法，多方面进行论证，具有一定的严谨性。本研究的研究结论也供教材编写者在设计编写相关内容时参考。

本章主要参考文献

[1] 张丹. 小学数学教学策略 [M]. 北京：北京师范大学出版社，2013：50-52.
[2] 史宁中，孔凡哲，杨树春. 从分数的本质看小学数学教师的专业素养 [J]. 小学青年教师，2005(1).

[3] 潘菽 . 教育心理学 [M]. 北京：人民教育出版社，2001：93-104.
[4] 葛云飞 . 培养学生数学理解能力的几点措施 [J]. 中学数学，2000(9)：8-10.
[5] 张庆林，杨东 . 高效率教学 [M]. 北京：人民教育出版社，2002：132-135.
[6] 黄燕玲，喻平 . 对数学理解的再认识 [J]. 数学教育学报，2002，11(3)：40-43.
[7] 李士琦 . 数学教育心理 [M]. 上海：华东师范大学出版社，2001：64-87.
[8] 陈琼，翁凯庆 . 试论数学学习中的理解学习 [J]. 数学教育学报，2003，12(1)：17-19.
[9] 喻平 . 知识分类与数学教学 [J]. 数学通报，2000(12)：12-14.
[10] 孔企平 . 数学新课程与数学学习 [M]. 北京：高等教育出版社，2001：231-290.
[11] 李淑文，张同君 .“超回归”数学理解模型及其启示 [J]. 数学教育学报，2002，11(1)：21-23.
[12] 马复 . 试论数学理解的两种类型 [J]. 数学教育学报，2001，10(3)：50-53.
[13] 周建华 . 试论“理解”的层次结构 [J]. 中学数学，1998(6)：3-4.
[14] 李超 . 应从实际出发去强调理解 [J]. 郴州师范高等专科学校学报，2001(5)：17-23.
[15] 格劳斯 . 数学教与学研究手册 [M]. 陈昌平，译 . 上海：上海教育出版社，1999：131-194.
[16] 黄育粤 . 认识、理解、掌握、应用在数学教学中的发展过程 [J]. 云南教育，1999(11)：20-21.

第三章

小学生乘法概念学习的单元教学研究①

【本章导读】

四则运算的意义也是小学数学重要的核心概念之一,《小学生乘法概念学习的单元教学研究》选择了其中的“乘法意义”进行研究。研究从乘法概念、乘法的现实模型出发,以“多元表征”理论为基础,对教材和学生学习情况展开了深入研究,探讨了乘法是什么、不同年级学生乘法意义的理解水平如何、怎样围绕“多元表征”设计有价值的学习活动等系列问题。研究结论如下。

(1)我国教材中“乘法初步认识”还是以加法思维为主,向乘法思维的转化和飞跃在“倍的认识”,在“乘法初步认识”时更多运用“多对一”的两量关系情境能够帮助学生更好地实现认知结构的跨越。

(2)乘法的意义,不论是整数、小数还是分数,都是相互关联的,理解“乘法的意义”要从内涵、价值、应用、联系等几个方面入手,各自的内涵在不同年级可以有所侧重。

(3)对“乘法意义”的单元教学,根据小学生年龄和学习特点,需要考虑到以“多元表征”为教学手段和支撑,逐步拓展和深化学生的理解。

乘法概念的学习在小学阶段,从二年级整数乘法的初步认识,到五年级小数乘法,再到六年级分数乘法,几乎贯穿了整个小学阶段,也伴随着小学生思维的巨大发展与变化,在教学中应该从大单元的角度进行思考,建立整个乘法概念之间的联系。

---

① 本课例由闫云梅、范涪京、王静艳、赵燕、马玉华、王庆慧执笔。指导教师:刘琳娜。使用时有改动。

第一节　研究背景与问题提出

乘法概念是数学学习中的重要概念，从学生二年级认识乘法以来，每一册内容的学习都离不开乘法。小学生对乘法概念的学习与认识经历了循序渐进的过程：从数域扩展的角度看，从整数乘法到小数乘法再到分数乘法；从所涉及内容的角度看，包括乘法的概念、乘法运算和用乘法解决问题。而乘法运算和用乘法解决问题都是以数的认识和乘法概念的学习为基础的。

那么究竟什么是乘法？乘法的意义是什么？我们曾经问过在校的数学教师：在您的意识里认为什么是“乘法”？几位教师都是这样回答：求几个相同加数和的简便运算就是乘法。还有的老师举出实例：$3+3+3+3+3=3\times5$。由此可以看出，对于大多数教师和学生而言，他们头脑中对乘法的认识，依然停留在加法简便运算认识阶段。把乘法等同于“重复加”，就使得学生形成了这样的印象：“乘法所得的结果会更大”“除法所得的结果会更小”。尤其是在学了除法以及小数、分数的运算以后，学生在学习中出现的困难更多，做题的错误率更大，比如在学习小数、分数乘法时怎样解释 0.3×0.4 或$\frac{1}{2}\times\frac{2}{3}$的含义呢？特别是 8×0.4 和 $8\div0.4$ 哪个结果更大呢？很多学生会认为 8×0.4 大，即使在学习一段时间后，仍有部分学生在意识里认为 8×0.4 大。

问题出在哪儿呢？我们不禁反思我们的教学。乘法仅仅在于重复相加吗？当数域拓展到小数、分数的时候，乘法的运算意义是否发生了改变？学生学习乘法概念的困难是什么？教师应如何帮助学生建立乘法的概念？这些问题都需要我们通过行动研究加以分析和解决。本研究在对乘法的不同现实模型在小学数学教材中的应用进行梳理的基础上，采取实证研究的方式，选取部分学校的二年级、五年级和六年级学生进行多次调研，通过分析这些学生在乘法多种表征方式之间相互转换的情况，了解他们对乘法数学意义的理解水平；通过分析他们对乘法现实模型的认识，了解他们对乘法现实意义的掌握情况，从而发现学生在乘法概念学习过程中的困难及原因，并以《乘法的初步认识》《小数乘法的意义》《整数乘法、小数乘法、分数乘法意义的联系》和《乘法现实模型在小学中的运用拓展训练》为典型课例，进行了教学实践研究与反思。

第二节　文献综述

一、什么是乘法

（一）乘法的定义

乘法在《现代汉语词典》中是这样解释的：数学中的一种运算方法。

最简单的是数的乘法，即几个相同数连加的简便算法。例 2+2+2+2+2，5 个 2 相加，2 乘 5，或者说是 5 乘 2。

格里尔则指出，当正整数乘法运算推广到正有理数时，获得了新的意义，即部分与整体的乘数关系。有研究者[①]认为乘法的定义为：自然数 a 乘以 b 得到乘积 $a\times b$ 是指 a 所代表的集合 A，与 b 所代表的集合 B 所称的笛卡尔积 $A\times B$ 的基数。这样的自然数乘法定义，是用集合语言叙述的。而在小学教材里是使用“连加”的方法定义的。这两者可以用画图的方法统一起来。比如 4 个 3 相加，写成 4×3，可以画出图 3-1，这样就形成了笛卡尔积。

图 3-1　笛卡尔积

① 张奠宙，等 . 小学数学研究 [M]. 北京：高等教育出版社，2009：27.

还有研究者[①]认为，乘法的定义应根据不同情况而有所不同，如为了乘法交换律的应用以及与初中数学接轨，将凡是有整数参与的乘法算式一律定义为：求几个几是多少；而将纯粹的两个小数相乘、两个分数相乘，或者是小数与分数相乘，都定义为：求一个数的几分之几是多少。但是也有人[②]对这种区分持反对观点，认为小数乘法意义实际上同属于分数乘法意义。而在学习分数乘法时，主要分两种情况：分数乘整数（因为现在不再区分乘数与被乘数，所以整数乘分数的教学就可以归入分数乘整数的教学之中），分数乘分数。分数乘整数的意义与整数乘法相同，分数乘分数的意义是分数乘整数意义的扩展。由此可见，我们所学习的乘法，包括整数乘法、小数乘法与分数乘法，它们的意义都是统一的。

从以上研究中可以看出，研究者对于乘法定义的分歧主要在于如何将多种表述（包括整数与小数、分数乘法、集合定义还是连加定义等）统一起来。

（二）乘法的现实模型

格里尔[③]指出，正整数乘除法最为重要的现实模型有以下几种。

（1）等量组的聚集，也即大致相当于通常所说的“连加”。在这一情境下，两个乘数的地位并不完全对称。除去连加以外，也常常采用“每……共……”这样的表达方式。

（2）倍数问题。如“某种饮料中水的含量是果汁含量的 3 倍，现有果汁 20 公斤，问需加配多少公斤的水？”

（3）配对问题。如“4 个男孩与 3 个女孩一起出去游玩，现要选取一个男孩和一个女孩外出购物，问一共有多少种可能的选取方法？”这也就是笛卡尔积。

（4）长方形的面积，如“已知长方形的长为 5 cm，宽为 4 cm，问这一长方形的面积是多少？”

格里尔指出，在后两种情况下，两个乘数的地位是完全对称的。尽管以上分析是就正整数的乘除而言的，但又显然可以推广到正有理数（正分数和正小数）的情况。按照这样的理解，乘法运算获得了新的意义：部分与整体的乘数关系。

---

① 何运 . 重新定义小学阶段的乘法意义 [J]. 中小学数学 • 小学版，2008(Z1).
② 林爱芬 . 我们该如何理解乘法意义？ [J]. 中小学数学 • 小学版，2009(Z1).
③ 郑毓信 . 国际视角下的小学数学教育 [M]. 北京：人民教育出版社，2004：332.

但是也有研究者将格里尔的模型归纳为比率模式、倍数模式、笛卡尔模式、度量转化模式，其中比率模式和度量转化模式是同构的。在小数乘法中，笛卡尔模式事实上就是面积模式。

心理学家斯特芬调查了8岁小学生怎样解决乘法问题，结果发现学生思维的核心是运用“倍数”解决问题的。斯特芬又提出如下更为复杂的问题：一个女同学有3条不同的裙子、4件不同的衬衫，更换她的裙子和衬衫，她能有多少种穿法？这类问题是比较典型的一对多问题，在国外常被称为“笛卡尔乘积问题”（Cartesinan product problem）。斯特芬发现，小学生解这种问题往往比其他的一对多的问题难得多。

也有研究者①将乘法的现实模型概括为：等量组的聚集、矩形模型、映射模型、配对模型和倍数模型，并认为最基本的是第一种模型，其他几种都可以转化为第一种。此外，还有速度－时间模型、单价－数量模型、工时－工效模型、密度－体积（面积）模型等。

可以看出，研究者对乘法现实模型的讨论没有太大分歧，仅在分类的细致程度上有些差异。这些模型基本可以概括为格里尔的四种模型，在后续的研究中，大多数研究者也都是借鉴了格里尔的分类。

二、学生是如何理解乘法概念的

（一）儿童学习乘法时的思维变化

一些教师认为，乘除法是小学生学习了加减法后再学习的一种数学运算，当学生学习使用乘除法时，他们推理能力没有大的改变，对于这种观点，皮亚杰和他的同事提出了质疑。皮亚杰等认为，儿童在理解乘除法过程中，他们的数学思维发生了重要的变化，学习乘除法应该使小学生数学思维产生一次新的飞跃，通过学习乘除法，小学生不仅学会了运算技能，而且拓展了学生的数学视野和应用数学的空间。

---

① 刘加霞.作为“模型”的乘法——对数学概念多元表征的思考[J].小学教学（数学版），2008(10).

我国研究者巩子坤指出，整数乘法的意义迁移到小数乘法（本质上是分数乘法）的意义时，整数乘法的意义需要扩展，认知结构缺乏相应的上位概念来同化这个概念，只有将认知结构进行重新扩展、顺应，接纳这个新的概念。

此外，有研究者[①]对一年级儿童的乘法思维进行了分析。他对 336 个一年级的儿童进行面试测查，他的研究结果表明，乘法思维出现很早（45% 的二年级儿童都出现了乘法思维），但是发展很慢，只有 48% 的五年级儿童具有稳固的乘法思维。他在研究中根据儿童的表现，将儿童从加法思维到乘法思维的转换过程分为四个水平：水平一，没有数量之间的对应。只能说多了或少了，还不会数数和加法。水平二，加法思维，加一或加二。给第二条鱼比第一条多 1 个或 2 个，给第三条比第二条多 1 个或 2 个。水平三，加法思维，包括给第二条加二，给第三条加三。儿童考虑到“倍”这个概念，但计算是加法。水平四 A，乘法思维但出现错误。水平四 B，乘法思维并计算正确。由此，他认为二年级教乘法是合适的，但是教师不能够期望所有儿童都能掌握乘法。

斯奎尔、戴维斯和布赖恩特[②]认为，理解数学原则是数学概念理解的重要部分。他们研究了儿童在不同问题情境中对乘法概念的理解，结果表明，儿童对乘法交换率理解得很好，但对分配率的了解欠缺。儿童对分配率的理解依赖于问题的内容，9 ～ 10 岁的儿童会将乘法原则与加法原则混淆。

有研究者认为，小学生的数学认知结构主要是加法结构和乘法结构，而乘法结构是在加法结构基础上产生的高层次的数学认知结构。乘法结构是吉尔德 • 维格诺德提出的。实际上就是概念域理论在数学能力发展研究领域中的具体应用。他认为乘法结构可以分为三个子结构，即度量同构、量度的积和非积的复合比例。其中度量同构是最基本的子结构。(度量同构是一种结构。这种结构由两个测量空间 $M1$ 和 $M2$ 之间的简单正比例关系组成。它可以描述大量的日常生活和工作情境，如分配、价格、平均速度、平均密度等。例如，一列火车 4 小时行驶了 200 千米，以同样速度行驶 600 千米需要多少小时？量度的积是由两个测

① 张亚杰 . 5 ～ 7 岁儿童对初步的乘法关系理解和应用的发展研究 [D]. 上海：华东师范大学，2010.
② 同上 .

量空间的笛卡尔组合，即 *M*1、*M*2、形成 *M*3 构成的一个结构。它可以描述大量与面积、体积、笛卡尔积、功，以及其他有关物理概念。如“长 7 米、宽 4 米的长方形房间，其面积是多少？”从算术关系上看，复合比例是与量度的积很类似的一种结构，即测量空间 *M*3 与其他两个不同的测量空间 *M*1 与 *M*2 成比例。如“一家四口想去旅游胜地度假 13 天，每人每天的费用是 35 元。他们需要花多少钱？”)

有研究者根据维格诺德提出的乘法结构理论进行了相关的实证研究，如孙沛指出，儿童乘法结构建构初期有三种水平：较直观地理解乘除法的意义；在线段图或结构表的帮助下理解乘除法的意义；独立理解乘除法的本质。王雅惠的研究表明，小学儿童乘法结构的发展主要可以划分为四个子阶段：巩固阶段（加法代替阶段）、乘法概念初步构建阶段、乘除法概念初步整合阶段、乘除法概念稳定扩展阶段。张军的研究表明，在小学毕业生中，乘法结构的三个子结构形成是不平衡的，度量同构最好，量度的积次之，复合比例最差。在乘法结构的构建过程中，会不断受到已形成的加法结构的干扰。

对于儿童学习乘法时思维上的变化的讨论主要集中于加法思维和乘法思维之间的区别与联系，这些讨论为研究者了解儿童乘法概念的起源以及乘法概念的获得过程提供了依据。

（二）儿童乘法概念的起源

帕克和努涅斯①分析了乘法概念的起源，对照了两种不同的假设。第一种是费斯宾等提出每一种数学运算都有潜在的直觉模式，乘法的直觉模式就是重复加。这种模式随后被斯特菲加以详细说明。他认为儿童理解乘法的起源就是他定义为“合成单元”的结构，这个合成单元就是重复地加。第二种是儿童乘法概念的起源是它们对应的机制而不是加法的概念。皮亚杰首先提出这个观点，他认为，儿童最初的乘法思想来自对应思想在推理中的运用。后来维诺和努涅斯及布莱恩特对此加以详细说明。根据第二种假设，乘法的概念被定义为两个数量的一种不变的关系。这种不变的关系，称作比率，是乘法概念的核心意义。（帕克和

---

① 张亚杰 . 5 ～ 7 岁儿童对初步的乘法关系理解和应用的发展研究 [D] 上海：华东师范大学，2010.

努涅斯的研究通过干预的方法对两种假设做出评价，他们认为基于乘法概念起源的干预的效果将会比没有为学习者提供概念基础的学习效果更有效。在前测中测查6岁儿童加法和乘法问题中的表现，然后将儿童随机分配到两种训练组，一组通过重复加来教乘法，一组通过对应来教乘法，一共包括8道加法题和8道乘法题，两种类型混合顺序随机。重复加干预组的问题，如汤姆早上吃3个苹果，下午吃3根香蕉，晚上吃3个桃子。他一共吃了多少水果？用不同的时间和不同的水果让参与者的注意力集中在相等大小集合的相加上，而不是每餐水果数量和进餐数这两个变量的固定关系上。对应干预组的问题包括两个变量间的固定关系，如汤姆去糖果店，他买了3个糖果，每个糖果3便士，他要花多少钱？结果表明两组从前测到后测都取得了明显的进步，通过对应来教乘法的训练组比起加法问题来说在乘法问题上的进步更大，通过重复加来教乘法的训练组在两种类型的问题上取得了同样的进步。在后测中，对应组比重复加组在乘法概念问题上取得的进步更大。）因此研究支持了乘法概念的起源是基于对应而不是重复加的假设，儿童理解乘法关系的起源是许多对一的对应机制。重复加只是一种解决乘法问题的程序性方法，而不是概念性基础。

我国也有研究者认同关于儿童乘法概念发展有两个假设，一个假设乘法概念的发展是基于对重复加的理解；另一个理论假设认为重复加法只是一种计算方法，对乘法概念的理解是一种对应性图式。

但是很多研究者都认同第二种假设：认为许多和一对应地数数被看作乘法的早期阶段。如安吉莱瑞认为，儿童从加法到乘法运算的转变过程中，对许多和一对应关系的理解占据了非常重要的位置。乘法经常被作为重复的加法来研究，但乘法作为更高层次的思维活动，有着比加法更复杂、更抽象的思维结构。如果仅仅把乘法等同于“重复相加”，将会限制学生对乘法的理解，日后在理解小数和分数乘法时就会出现困难。[①] 布罗特也认为，许多和一对应的数数可以看作乘法的早期阶段。[②]

---

① 安吉莱瑞．如何培养学生的数感 [M]. 北京：北京师范大学出版社，2007：68.

② 张亚杰．5 ～ 7 岁儿童对初步的乘法关系理解和应用的发展研究 [D]. 上海：华东师范大学，2010.

这两种假设的不同出发点正是导致儿童乘法概念学习分歧的根本原因，也体现在不同国家的基础教育课程中，如英国和中国小学数学教育实践体现的就是第一种乘法起源的假设——重复加。

上述研究主要集中于正整数乘法概念的讨论，但是也有研究者专门针对小数乘法和分数乘法概念及意义进行了实证研究。

（三）学生对小数乘法意义的理解

格里尔①指出，对于乘除运算的概念化，过去的研究结果清楚显示，儿童强烈地受到问题中所牵涉的“数的类型”（如分数或小数，尤其是小于 1 的数）“问题的情境模型”及“它们之间的互动”所影响。

巩子坤②的实证研究也证明了格里尔的观点，他专门研究了五年级学生对小数乘法意义的理解，主要结论有以下几点。

1. 学生理解小数乘法意义的主要模式

五年级学生对小数乘法由书面符号表征到现实情境表征的转化情况（问题是“用 3.8×7.25=？这个算式编一道应用题”），并由此归纳出学生对小数乘法意义的正确表征方式：比率模式（单价－数量模型）、倍数模式、面积模式；错误表征方式为：加法模式、减法模式。其中学生最常用的乘法模式是比率模式，其次是倍数模式，再次是面积模式。

2. 学生用语言叙述小数乘法意义时出现的错误

学生在用语言来叙述小数乘法的意义时，错误率是比较高的，主要有以下几类错误。

（1）叙述小数乘法的法则。比如，“一个数乘小数的做法和整数的一样，只不过多了一步点小数点。”这就将小数乘法的意义与小数乘法的法则混在了一起。

（2）叙述整数乘法的意义。比如，“小数乘法的意义与整数乘法的相同，就是求几个相同加数的和是多少。”

（3）用倍数模式来叙述。比如，“一个数乘小数的意义是求一个小数的几

---

① 鲍建生，周超 . 数学学习的心理基础与过程 [M]. 上海：上海教育出版社，2009：253.

② 巩子坤 . 有理数运算的理解水平及其教与学的策略研究 [D]. 重庆：西南大学，2005.

倍。”这种情况所占的比例还是比较高的。

（4）叙述乘法的意义。

（5）表面叙述。比如，“就是一个小数去乘另一个小数。”

3. 学生出现小数乘法意义理解错误的原因

（1）整数运算的负迁移作用（用几个几或几个几的和来表征；用谁是谁的几倍；取走是减；越乘越大）。

（2）分数知识的欠缺（分、小互化出现问题）。

（3）其他不可预知的原因。

4. 学生对小数乘法意义的理解水平

巩子坤根据理解的五种表征方式（现实情境、书面符号、口头语言、直观图像、操作模型），将学生对小数乘法意义的理解划分为如下几种水平。

第一水平：现实情境表征到书面符号表征的转化，口头语言表征到书面符号表征的转化。这是最容易获得的，也是最低的水平。

第二水平：书面符号表征到现实情境表征的转化。

第三水平：书面符号表征到口头语言表征的转化。

第四水平：语言叙述。

第五水平：口头语言表征到直观图像表征的转化。这是最难获得的，也是最高的水平。

（四）学生分数乘法概念的获得

孙昌识的研究还将小学生乘除法概念的获得从整数拓展到分数，其研究表明：小学五年级到初中一年级的学生，分数除法概念获得情况可以划分为五种水平。

（1）全错——所有的题均不能解答。

（2）水平 0——能用整数乘除法解答分数乘法题，即处在巩固阶段。

（3）水平 1——能用求分率对应量解决分数乘法题，即处于分数乘法概念初步建构子阶段。

（4）水平 2——能用求分率对应量解决乘除法的基本题，即处于分数乘除法概念初步整合的子阶段。

（5）水平 3——能用求分率对应量解题，即处于分数乘除法概念高水平整合阶段。

三、有效的乘法教学策略

有研究者指出，对于运算教学，应该：①关联到广泛的不同情境；②重视儿童非形式的求解方法，而形式方法的引入应该逐步且有意义地进行。由此，鲍建生、周超[①]指出，教师应该聚焦在如何有组织地布置不同类型的文字题，儿童经过真正的解题，建构与发展有意义的运算与解题策略，逐步地建构运算的意义。

研究者[②]指出，乘法结构的最高水平是要求小学生能摆脱具体实物的支持，在较高的概括水平上进行运算，而小学生远远没有达到这一水平。他们还有依靠实物解题的倾向，这也说明小学生的思维能力处在具体运算阶段。因此小学生数学教学不能忽视各种形式的直观教学。

还有研究者[③]在实证分析的基础上，提出对 5 ～ 7 岁儿童学习乘法的教学建议。

（1）把一些涉及乘法关系的活动，如相等小组、许多对一等活动引入到日常的教学活动和家庭教育活动中。

（2）提供真实的操作物，为儿童创设具体形象提供操作环境和操作机会。

（3）为儿童创设丰富的、有联系的活动，成人和儿童一起探索和讨论。

（4）教师不要急于教授解决方式，要让儿童自己探索，寻找自己的解决方式。

巩子坤[④]也提出了小数乘法的教学策略建议。

（1）教学应基于学生的理解而展开。既然学生的理解是有层次的、有水平的，教学就要基于这些水平而展开。特别地，不可过高地提升学生的理解水平。比如，对于五年级学生而言，用语言叙述小数乘法的意义，就不是每一个学生能

---

① 鲍建生，周超 . 数学学习的心理基础与过程 [M]. 上海：上海教育出版社，2009：253.

② 孙昌识，姚平子 . 儿童数学认知结构的发展与教育 [M] 北京：人民教育出版社，2004：123.

③ 张亚杰 . 5 ～ 7 岁儿童对初步的乘法关系理解和应用的发展研究 [D]. 上海：华东师范大学，2010.

④ 巩子坤 . 有理数运算的理解水平及其教与学的策略研究 [D]. 重庆：西南大学，2005.

够达到的。直观理解就更难了。

（2）从提高学生对小数乘法的理解水平出发，应该加强对分数知识的教学。只有学习了分数和分数的运算后，才能对小数的乘法有着比较好的理解，或者说，既然小数乘法的意义与小数乘法运算法则的推导没有联系，小数乘法的意义就不要介绍了。这事实上就是对教材编写的建议。

（3）探究与启发相结合。小数乘法的意义是新知识，并不容易从旧知识中生长出来，必须对原有的认知结构进行重组。这就需要教师启发性地讲解，学生有意义地接受。对于探究学习，不可一味强调。

（4）处理好理解与记忆的关系。理解能够促进记忆，记忆也是通向理解的。对于那些一开始不能理解，或者说不易理解的东西，要先记下来，在做的过程中不断地加深理解。一味地强调理解是不对的。

（5）加强直观教学。如果我们承认直观是学生最好的理解方式，那么，就应该更加注重直观教学。

总之，直观教学、多样化情境、强调概念和意义的理解等都是人们普遍认同并采用的教学策略。

四、研究述评及本研究的具体内容

从以上的文献中可以看出，在以往的研究中，还存在如下一些问题。

（1）乘法不同模型适用的内容和范围各自是什么？小学数学教材中是如何体现和处理的？以往的研究尽管对于乘法模型的研究比较多，却都是脱离小学数学教材的。

（2）以往的研究对于学生乘法概念的起源没有达成共识，我国小学数学教材采用的是第一种假设，即儿童理解乘法的起源是“重复加”，在这种假设下，学生在学习小数和分数乘法概念时，其认知结构的拓展有哪些困难和障碍？巩子坤尽管对这一问题进行了实证研究，但是其样本仅限于山东省枣庄市，北京的学生是否也存在同样的情况？

（3）以往的研究更多集中于学生从整数乘法向小数乘法的过渡阶段遇到的困难和障碍，并且多数研究者认同小数乘法本质上相当于分数乘法，因而很少对小数乘法和分数乘法进行分别研究，那么学生理解整数、小数和分数乘法概念时遇到的困难和障碍是否有不同之处？只有对这一问题进行深入的研究，才能够对教师的教学策略提供更加有价值的依据。

（4）部分研究者对于如何进行乘法概念教学提出了自己的看法和建议，但大部分并没有将“数的类型”分开，只有巩子坤专门提出了针对小数乘法的教学建议。

因此本研究聚焦的主要研究问题为：

（1）乘法的不同现实模型在小学数学教材中是如何体现的？

（2）学生理解整数、小数和分数乘法时有哪些困难和障碍，这些困难和障碍之间的相同之处和不同之处分别是什么？

（3）如何针对学生的学习困难设计有效的教学活动？

第三节 课例研究结果与分析

一、乘法现实情境模型在教材中的呈现——以人教版为例①

（一）不同年级不同模型数量的梳理

人教版教材乘法现实模型如表 3-1 所示。

表 3-1 人教版教材乘法现实模型

模型 册数	等量组的聚的模型	倍数模型	配对模型	矩形模型	单价－数量模型	速度－时间模型	工效－工时模型
二上	57	18	2	0	0	0	0
二下	4	0	0	0	0	0	0

① 因教材经常会有调整，梳理以当年版本教材为主，本次梳理时使用的是 2012 年人教版教材。

续表

模型 册数	等量组的聚的模型	倍数模型	配对模型	矩形模型	单价－数量模型	速度－时间模型	工效－工时模型
三上	34	5	10	0	0	0	0
三下	16	0	0	17	0	0	0
四上	11	2	0	0	2	5	0
四下	3	0	0	0	2	1	0
五上	14	6	0	15	6	4	2
五下	1	0	0	1	0	0	0
六上	8	52	0	1	0	2	1
六下	0	2	0	3	0	0	0
合计	148	85	12	37	10	12	3

（二）乘法现实模型在教材中呈现的特点

从对各类乘法现实模型问题数量的梳理和汇总中不难发现，乘法的不同现实模型在教材中的呈现具有以下特点。

1. 乘法的不同现实模型在全册教材中的呈现数量具有不均衡性

从表 3-1 可以看出，一步乘法的现实情境问题共计 307 个，其中等量组的聚的模型问题有 148 个，占总数的 48.2%，印证了等量组的聚的模型是最基础的乘法模型，是学生学习乘法的第一个模型，也是学生接触最多的模型。

在格里尔提出的四种主要现实模型中，配对模型只有 12 个，而这 12 个模型在教材中出现的目的，并不是体现用乘法能解决此种模型的现实情境问题，而是作为渗透数学思想方法的载体而编排的。可以说，配对模型的乘法现实问题在小学数学教材中没有编排，说明在小学阶段，学生对四种主要现实模型的认识不是全面的，需要在今后的学习中不断完善。

在三种常用的数量关系模型中，单价－数量模型问题的数量与速度－时间模型问题的数量大致相同，分别为 10 个和 12 个，工效－工时模型的问题数量只有 3 个，说明在小学阶段，前两个数量关系模型是主要的关系模型。

2. 各种乘法现实模型的学习集中在二年级到四年级

在二年级到三年级上学期的教材中，乘法的现实模型问题主要是等量组的聚的模型和倍数模型。在三年级下学期的教材中，编排了 16 个等量组的聚的模型问题和 17 个矩形模型问题。在四年级教材中，编排了 4 个单价－数量模型问题和 6 个速度－时间模型问题，至此，对于格里尔提出的四种主要乘法现实模型和两个重要的数量关系模型都在教材中体现出来。在四年级完成整数认识的同时，也完成了对整数乘法主要现实模型的认识。

3. 五年级小数乘法的学习是依托于丰富的乘法现实模型完成的

在四年级学习了各种乘法模型的基础上，五年级小数乘法学习中，教材编排了多种乘法现实模型，让学生在多种乘法模型的应用中，体会小数乘法的概念与整数乘法概念的一致性（表 3-2）。

表 3-2　教材中小数乘法的现实模型

模型 册数	等量组的聚的模型	倍数模型	配对模型	矩形模型	单价－数量模型	速度－时间模型	工效－工时模型
五上	14	6	0	15	6	4	2

从表 3-2 可以看出，乘法现实模型问题的数量编排呈分散趋势，并不是集中于某一两个模型的问题上。由于课改后的教材中，不再将小数乘法的意义区分为小数乘整数的意义和小数乘小数的意义，突出乘法意义只有一个，因此教材中力求通过各种模型现实问题的呈现，让学生体会，整数乘法的各种现实模型对小数乘法同样适用（配对模型除外），从而建构小数乘法的概念。

4. 六年级分数乘法的学习主要是通过倍数模型完成

在五年级学生认识到整数乘法的各种现实模型对小数乘法同样适用的基础上，考虑到分数与小数的关联性，六年级分数乘法的编排，不再呈现丰富的现实模型，而是更集中于乘法的倍数模型。如表 3-3 所示。

从表 3-3 中可以看出，尽管六年级所涉及的乘法模型也比较丰富，但是倍数模型问题的数量远远多于其他模型的数量，达到 52 个，占全册倍数模型总数的 61.2%，反映出学生对分数乘法概念的学习主要是通过倍数模型完成的。

表 3-3　教材中分数乘法的现实模型

模型 / 册数	等量组的聚的模型	倍数模型	配对模型	矩形模型	单价 - 数量模型	速度 - 时间模型	工效 - 工时模型
六上	8	52	0	1	0	2	1

（三）对乘法现实模型价值的思考及其教学建议

教材中之所以呈现如此多样化的情境模型，其价值有二。

第一，作为一种模型，“乘法”可以解决诸多现实问题。

课程标准中经常提到“模型思想”，到底什么是“模型”？什么是“模型思想”？“小学阶段所教学的每一种运算都可以看作是一个‘模型’。”① 乘法也不例外。乘法运算不仅仅是一种技能，更重要的是“数学的力量源于它的普遍性”（弗赖登塔尔）。② 也即如何通过数学模型的建构以及相应的数学运算解决所面临的现实问题。

第二，借助多种直观模型，有助于学生深刻理解乘法的意义。

乘法概念和意义绝不仅仅是一句形式化的定义，它有着丰富的内涵和外延，学生在二年级初步认识乘法，并概括乘法定义之后，并没有真正完成乘法概念的建构过程，还需要在今后的学习中，通过对丰富的乘法现实模型的认识，通过体会数域的扩展与乘法现实模型的关系，逐步实现对乘法概念的建构过程。

因此，在教学中，如何充分运用乘法现实模型，帮助学生加深对“乘法”概念的理解，是我们需要进一步思考的，基于以上的思考，对“乘法”概念教学提出以下建议。

1. 突出等量组的聚的模型在乘法概念建构中的基础作用

等量组的聚的模型是一切乘法模型的基础。学生对乘法概念的认识是以“同数连加”为前提的，无论是整数乘法、小数乘法还是分数乘法的学习，人教版教材中呈现的第一个例题都是等量组的聚的模型，将几个相同加数的和改写成乘法形式，实现对整数、小数、分数乘法概念的建立。另外，每一个新的乘法模型

① 刘加霞 . 作为“模型”的乘法—对数学概念多元表征的思考 [J]. 小学教学（数学版），2008(10).
② 郑毓信 . 国际视角下的小学数学教育 [M]. 北京：人民教育出版社，2004：334.

的出现，都是先将其转化成等量组的聚的模型，如倍数模型、面积模型等都是如此，然后才将其作为一种新的模型加以应用。这就要求教师在最初建立乘法概念的时候，要切实为学生打好基础，可以通过多种表征方式的相互转换（如动作表征、语言表征、图形表征、符号表征等），实现对等量组的聚的模型的一般化认知，达到对乘法概念的初步理解。

2. 乘法倍数模型的学习需要纵向的分析和研究

倍数模型是继等量组的聚的模型之后，学生接触的第二个乘法现实模型。学生在二年级乘法的初步认识阶段，是从特殊的加法的角度学习的，还是“合并”与累加的过程，本质上仍是“加法结构”①，倍数模型的出现，是学生由加法结构到乘法结构的一个转折点，需要教师对此高度重视。另外，当倍数模型从整数乘法拓展到小数、分数乘法时，虽然其本质一样，但由于受我国语言习惯的影响，学生从求一个数的几倍用乘法到求一个数的几分之几用乘法，理解和接受起来还有一定的困难，不能实现自然过渡。因此，教师要对倍的现实模型进行纵向分析和研究，在小数乘小数和分数乘分数倍的模型学习中，要类比整数乘法中的倍数模型，帮助学生顺利完成过渡。

3. 充分发挥矩形模型的优势

矩形模型具有形象、直观的特点，不但为学生理解等量组的聚的模型提供了直观表象，而且可以进一步推广用来理解分数乘法的算理。② 在学生初步认识乘法时，教师就可以通过图形排列方式的变化，为正式建立矩形模型奠定基础，如图 3-2 所示：左图到右图的变化。

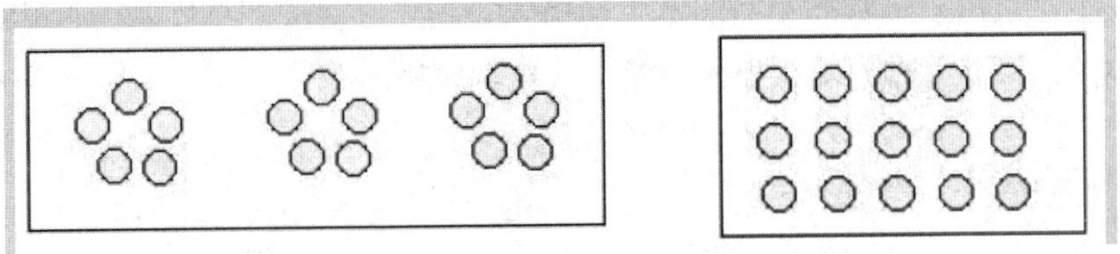

图 3-2　通过图形排列方式的变化，为正式建立矩形模型奠定基础

① 刘加霞 . 从加法结构到乘法结构：“倍”是转折点 [J]. 小学教学数学版，2010(7)-(8).

② 刘加霞 . 作为“模型”的乘法—对数学概念多元表征的思考 [J]. 小学教学（数学版），2008(10).

另据调研表明，学生对矩形模型的认识，不会因数据的变化而产生认知上的困难，因此，教师在组织学生学习小数乘法和分数乘法时，可以此作为重要的现实模型。人教版教材的编排也体现了这一特点。

4. 同样的关系模型，不同的处理方式

纵观教材中出现的三个数量关系模型，工效－工时模型仅在高年级的练习题中出现了3次，可能是由于学生年级的升高和对乘法概念的不断深入理解，他们会将这样的现实问题化归入自己熟悉的现实模型中去，并不需要专门的学习。对于单价－数量模型，教材也没有安排专门的例题，而是在四年级的练习中直接给出，要求学生运用此模型完成相应的练习。这样的安排是基于学生对此模型有着丰富的生活经验，只要稍加提炼即可。速度－时间模型的建立，在教材中安排了三个例题。由于速度、路程这些概念对于学生来说比较生疏，数量关系更是抽象难懂，需要教师采取直观的方式，帮助学生在丰富直观感受的同时，抽象出数量关系模型。

5. 在梳理中实现对乘法概念的建构

学生在四年级基本完成了各种主要乘法模型的学习，需要进行一次系统的梳理，使学生在了解乘法定义的同时，对于用乘法能解决哪些现实情境问题有一次全面的认识，从散点式到结构化，实现对整数乘法概念的第一次系统建构，同时也为五年级利用多种模型学习小数乘法奠定基础。在六年级完成分数乘法学习之后，还需要对乘法现实模型进行二次梳理，认识到由于数据的不同，乘法现实模型的数量是不同的，配对模型只适用于整数乘法，在分数、小数乘法中，不存在配对模型，又由于分数和小数的本质是相同的，分数乘法、小数乘法的现实模型是相同的，以此实现对乘法概念的第二次系统建构。

二、学生研究

巩子坤指出：有理数运算的理解可以概括为三个维度的理解，即对运算意义的理解，对运算算理的理解，对运算法则的理解。[①] 本研究范围界定在学生对

① 巩子坤. 有理数运算的理解水平及其教与学的策略研究 [D]. 重庆：西南大学，2005.

乘法意义的理解上。乘法意义的理解又可以分为对乘法数学意义的理解和对乘法现实意义的理解两个方面。本研究选取石景山区部分学校的二年级、五年级和六年级学生作为研究对象，以巩子坤根据理解的五种表征方式（现实情境、书面符号、口头语言、直观图像、操作模型），对学生理解小数乘法意义所划分的五种理解水平为研究的理论框架（见前面的文献综述），以《乘法的初步认识》《小数乘法的意义》《整数乘法、小数乘法、分数乘法意义的联系》和《乘法现实模型在小学中的运用拓展训练》为研究载体，通过对学生的调研与分析，了解学生理解整数、小数和分数乘法时有哪些困难和障碍，在此基础上探索有效教学活动的设计，以期促进学生对乘法意义达到更高水平的理解。

（一）二年级学生对整数乘法意义理解水平的调研与分析

1. 对二年级学生数学认知结构的调研与分析

（1）调研对象：从石景山区外语实验小学二年级学生中，按照平时的学习成绩以及课堂表现，选较好、中等、较弱学生各 1 人。

（2）调研方式：过程观察和访谈

（3）调研题目：

①摆一个盛有 5 个枣的碗，并提供一些空碗和足够的枣（实物），问学生一共有多少个枣？你是怎么想的？

② 2 个小积木和 1 个大积木一样高。现在小熊搭了 5 个大积木，小猴要搭几块小积木和小熊的一样高呢？（图片）

③ 3 个小积木和 1 个大积木一样高。现在小熊搭了 5 个大积木，小猴要搭几块小积木和小熊的一样高呢？（图片）

（4）调研结果。

针对第一题目学生访谈过程如下：

个别访谈一：

师：帮老师数一数这有多少个枣，好吗？

师：你先数一数这有几个盘子？

生：4个。

师动作：第一个盘子里放5个枣。

师：这个盘子里放了几个枣？

生：5个。

师：如果老师想每个盘子里都放5个枣，一共要放多少个枣？

生（很快）说：20个。

师：你是怎么想的？

生：我用5+5+5+5=20。

师：你不用放，就算出20来，真好！

个别访谈二：

师：你先数一数这有几个盘子？

生：4个。

师：（指着第一个盘子）你看这个盘子里放了几个枣？

生：5个枣。

师：老师要把这几个盘子里都放上5个枣，一共需要多少个枣？

生：这4个盘子一共加起来要20个枣。

师：你是怎么想的？

生：两个盘子就是10个枣，再加上2个盘子10个枣，就等于20。

个别访谈三：

师：你先数一数这有几个盘子？

生：5个。

师：（指着第一个盘子）你看这个盘子里放了几个枣？

生：4个枣。

师：老师要把这几个盘子里都放上 4 个枣，一共需要多少个枣？

生：嗯？（在想）

师：你可以摆一摆试试。

生：（没摆）20 个。

师：你是怎么想的？

生：（指着第一个盘子里的枣）2、4、6、8、10。

师：你的 2、4、6、8、10 什么意思呢？

生：（边 2 个 2 个拿枣摆，边数）2、4、6、8、10、…、24（2 个 2 个数到 16 个之后，数错了）。

（数的时候是放在一个盘子里还是放在多个盘子里？如果放在一个盘子里就是没有“多对一”的意识）

个别访谈四：

师：你先数一数这有几个盘子？

生：5 个。

师：（指着第一个盘子）你看这个盘子里放了几个枣？

生：4 个枣。

师：老师要把这几个盘子里都放上 4 个枣，一共需要多少个枣？

生：（看着盘子，想）20 个。

师：你是怎么想的？

生：4+4=8，8+4=12，12+4=16，16+4=20。

（5）调研分析与结论：

学生都是基于数数、加法的方法得出的结果，缺乏乘法的意识。

2. 二年级学生对乘法现实模型认识的调研与分析

（1）调研对象：石景山外语实验学校的二年级两个班的学生，共 60 人，学生还没有正式学习乘法。

（2）调研方式：问卷

（3）调研题目：

下面的问题哪个可以用算式 3×4 来解决？正确的在括号里画 √，错误的画 ×。

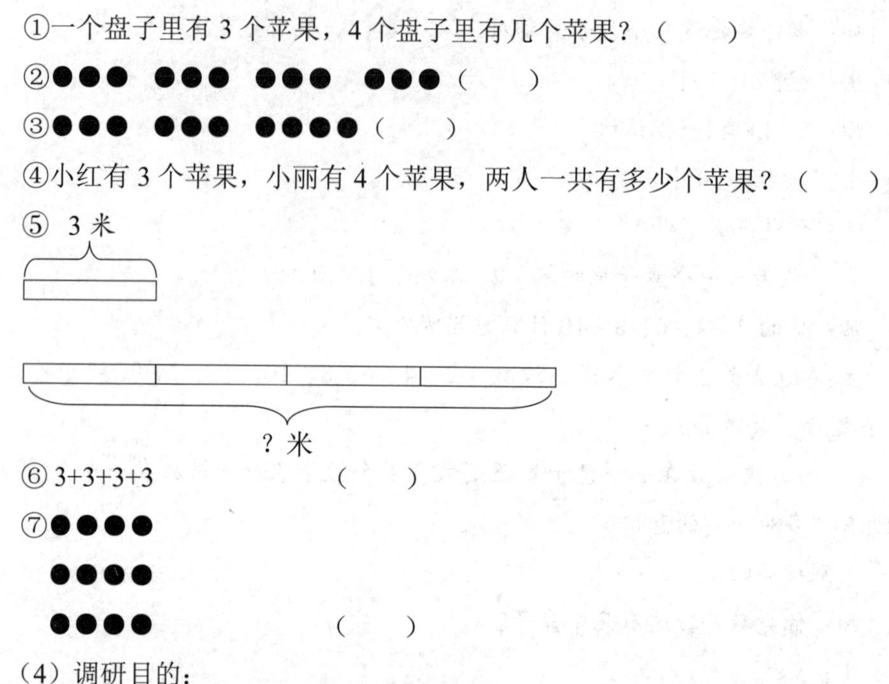

（4）调研目的：

题目中第 1 题、第 2 题都是“等量组的聚”的现实情境，第 1 题是以生活情境的方式呈现；第 2 题以图形的方式呈现；第 3 题是每份的个数不相同，是不能用乘法计算的情境；第 4 题应用加法计算，其中一个加数是 3，另一个加数是 4；第 5 题利用线段图形式呈现的是乘法中“倍数关系”的现实情境；第 6 题是相同加数相加的加法形式；第 7 题是乘法中“矩形”模型的现实情境。因为考虑二年级学生的知识水平离搭配问题还有距离，在这里就没有呈现。

（5）调研结果：

①各题的正确率如表 3-4 所示。

表 3-4　二年级学生乘法现实模型调研正确率

第一题	第二题	第三题	第四题	第五题	第六题	第七题
73%	58%	92%	75%	72%	52%	63%

调研结果如下：

第一，学生对第 3 题这样每份的数量不相同就不能用乘法计算还是比较认可的。

第二，受 3×4 中 3 和 4 这两个数的干扰，有 25% 的学生对第 4 题选择了用乘法。

第三，对第 2 题只有 58% 的学生选择可以用乘法 3×4 来解决，出乎了我们的预计。（为什么第一题正确的学生多，第二题正确的学生少，而两道题的本质是一样的，其实也可以从另外一个角度说明，孩子“读图”其实比“读题”更难）。

②针对这个问题，我们又对一个学生进行了个别访谈，过程如下。

问：这个为什么不能用 3×4 表示？

答：多了 3 个，应该是 3 个 4，它画了 4 个。

问：你再数数每份是几个？

答：3 个。

问：几个 3？

答：4 个 3。

问：你觉得 4 个 3 可以用 3×4 来表示吗？

答：应该可以吧。（挠耳朵，不敢肯定）

（6）调研分析与结论：

在这个访谈过程中我们发现：学生普遍认为，3 个 4 可以用 3×4 来表示，而 4 个 3 不可以用 3×4，这是教学中应该突破的一个学生认识上的难点。

孩子“读图”比“读题”难，用多元表征来说，跟后面小数的调研也是一致的：向图像的转化比向文字转化难，因此，加强学生“读图”能力也是一个难点。

3. 二年级学生对整数乘法意义理解水平的调研与分析

（1）调研对象：石景山外语实验学校二年级还没有正式学习乘法的一个班的 26 名学生。

（2）调研方式：问卷

（3）调研目的：分别从各种表征方式出发，了解学生对乘法意义的理解水平。

（4）调研题目：

第一次调研题目：请将表 3-5 填写完整。

表 3-5　调研题目

实物图	语言描述	加法算式	乘法算式	口　诀	实际问题
△△ △△ △△					
	2 个 3				
		5+5+5			
			4×5		
				三四十二	
					1 支笔 3 元， 2 支笔几元？

（5）调研结果与分析（表 3-6）。

表 3-6　调研结果

实物图	语言描述	加法算式	乘法算式	口　诀	实际问题
△△ △△ △△	24 人正确	26 人正确	20 人正确	17 人正确	5 人正确
26 人正确	2 个 3	24 人正确	18 人正确	16 人正确	8 人正确
24 人正确	20 人正确	5+5+5	19 人正确	14 人正确	6 人正确
23 人正确	23 人正确	20 人正确	4×5	11 人正确	4 人正确
19 人正确	22 人正确	18 人正确	24 人正确	三四十二	2 人正确
9 人正确	7 人正确	9 人正确	9 人正确	8 人正确	1 支笔 3 元， 2 支笔几元？

从这次调研过程中我们发现：

①学生从实物出发的题正确率最高，从实际问题出发的题正确率最低。

②在学生对语言描述“2 个 3”到实物的转换中，有 2 名学生画的是△△△△△，受到 2 和 3 两个数字的干扰，不能理解 2 个 3 的含义，没有建立乘法的思维。

③在学生对加法算式 5+5+5 转换为语言描述的过程中，有 6 个学生填写的是 5 个 5，对加法算式中是几个几相加没有理解。

④在对乘法算式 4×5 的转换过程中，24 名用语言描述正确的学生中只有一个学生用的是 5 个 4，其他学生都是用 4 个 5 描述，说明学生的思维都是顺着乘法算式或口诀中数字的顺序的。

那么，到底学生从什么表征过渡到什么表征最容易，从什么表征过渡到什么表征最难？我们又对这个班的学生进行了第二次调研，题目如下：

1. ☆☆　☆☆　☆☆　一共有多少颗☆？

请你列式解答：

2. 小明有 4 支铅笔、4 支钢笔、4 支圆珠笔，他一共有多少支笔？

3. 你能编一道题，能用 6×3 这个算式解决吗？

4. 2×4 这个算式表示什么意思？

5. 你听说过乘法吗？用你自己的话说说什么是乘法？

6. 你能画图表示出 5 个 2 吗？

在调研中我们发现：

第一，学生在从现实情境和口头语言表征到书面符号表征转化的过程中，30 名正确用书面符号表征的学生中，只有 3 人采用了乘法的形式，其余 27 人都是采用的相同加数相加的形式，说明学生没有乘法的思维，不能把相同加数与乘法建立联系，没有几个几的意识，这就更加确定了在教学中要加强“几个几”意识的渗透。

第二，从现实情境和口头语言表征到书面符号表征的转化，是最容易获得的，也是最低水平，这就为教学中选取现实情境为认识的初始方式提供了依据。

那么，在其他二年级的班级，没有强调几个几的意识，还是从加法引入对乘法的认识，对乘法的各种表征形式之间的认识又是什么样的程度呢？我们选取了一个班级进行了学习后测（图 3-3）。

△△ △△	3个2	2+2+2	3×2
△△△	2个3	3+3	2×3
△△△ △△ △△△ △△	3个5	5+5+5	3×5
△△△ △△ △△△ △△ △△△ △△	4个5	5+5+5+5	4×5
△△ △△ △△ △△	3个4	4+4+4	3×4
△△△	2个3	3+3	2×3

图 3-3　学习后测内容

学生写的几个几与乘法算式中的两个数字的顺序都是一致的，如 3×5 既可以表示 3 个 5，也可以表示 5 个 3，学生难以理解。

学生从书面符号到现实情境的表征转化过程中，多是一堆……一堆……、一份……一份……，可能是教师在教学中就缺乏对乘法几种解决问题方式的渗透（图 3-4）。

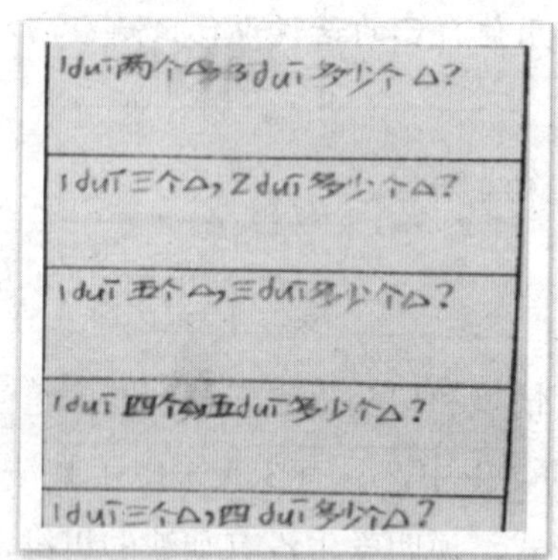

图 3-4　学生从书面符号到现实情境的表征转化过程

由此，我们想到什么是学生对乘法的理解，当然不是会说“求几个相同加数的简便运算就是乘法”这句话，学生只有能用多种表征方式来描述乘法，能进行各种表征方式之间的转化才体现了学生的理解。

于是，对二年级乘法的认识这节课提出了教学建议。

利用实物情境帮助学生理解乘法结构；从“多对一”入手，加深学生对“几个几”的认识和理解，从而建立“求几个几的简便运算就是乘法”的概念；加强学生对实物图、语言描述、加法算式与乘法算式各表征方式之间的相互转换。

（二）五年级学生对小数乘法意义理解水平的调研与分析

1. 五年级学生对小数乘法现实模型认知情况的调研与分析

（1）调研目的：了解学生对小数乘法现实模型的掌握情况，从而分析学生对小数乘法意义的掌握情况。

（2）调研题目：下面哪些问题可以用 34×0.7 来表示？是的画 √，不是的画 ×。

①一个长方形长是 34 米，宽是 0.7 米，长方形面积是多少平方米？（　　）

②一袋苹果的十分之七是 34 千克，这袋苹果重多少千克？（　　）

③每米布 34 元，买 0.7 米布需要多少元？（　　）

④两袋苹果一袋重 34 千克，另一袋重 0.7 千克，共重多少千克？（　　）

⑤ 34 的十分之七是多少？（　　）

⑥一支铅笔 0.7 元，34 支铅笔多少元？（　　）

（3）调研对象：石景山区外语实验小学五年级学生，共 29 人。本班学生已经学习过小数乘法的计算，能正确计算小数乘法。

（4）调研方式：问卷

（5）调研结果（表 3-7）。

表 3-7　学生对小数乘法的现实模型的掌握情况

序号	题　　目	情境设计	正确人数	正确率
1	一个长方形长是 34 米，宽是 0.7 米，长方形面积是多少平方米？	矩形模型	29	100%
2	一袋苹果的十分之七是 34 千克，这袋苹果重多少千克？	除法计算的干扰情境	18	62.1%
3	每米布 34 元，买 0.7 米布需要多少元？	数量关系模型	25	86.2%

续表

序号	题　目	情境设计	正确人数	正确率
4	两袋苹果一袋重 34 千克，另一袋重 0.7 千克，共重多少千克？	加法计算的干扰情境	25	86.2%
5	34 的十分之七是多少？	倍数模型	20	69.0%
6	一支铅笔 0.7 元，34 支铅笔多少元？	等量组的聚的模型	29	100%

（6）调研分析。

从表 3-7 可以看出，学生对于整数乘法意义中矩形模型和等量组的聚模型，能很好地迁移到小数乘法中（题 1 和题 6），正确率均为 100%。究其原因，笔者认为：等量组的聚的模型是学生学习整数乘法时接触的第一个模型，也是在小学学生接触最多的模型，在人教版教材中共编排 148 个，占总数的 48.2%，学生对乘法意义根深蒂固的印象就是“几个几”，学生不会因为数据的变化而改变对乘法的认识。至于矩形模型，由于其比较形象、直观，学生只要把握其形状的特点，就不会受数据的干扰，自然地将整数乘法中的矩形模型迁移到小数乘法中。

对于倍数（比率）模型（题 5），只有 69% 的学生能进行正确选择（其中可能还会有部分学生是蒙对的）。究其原因，这些学生对乘法中倍数（比率）模型的认识，还不能从“一个数的几倍”自然过渡到“一个数的几分之几”，在学生头脑中，“一个数的几倍”与“一个数的几分之几”是两个不同的概念，这需要学生在学习完分数乘法意义以及熟悉分数与小数关系的基础上，才能真正理解与认识小数乘法倍数（比率）模型。五年级学生受教材编排顺序的影响，目前还不具备这样的迁移能力。因此，很多版本的教材编排，都是利用等量组的聚的模型、数量关系模型或矩形模型来学习小数乘法的（特别是小数乘纯小数的情况），而利用矩形模型学习小数乘法的例题或练习，都是小数乘带小数的情况，以此促使学生对小数乘法的矩形模型有一定的认识。

2. 五年级学生对小数乘法意义理解水平的调研与分析

调研对象：石景山区外语实验小学五年级学生，共 29 人。本班学生已经学习过小数乘法的计算，能正确计算小数乘法。

调研内容 1：

①说说 8.2×10 表示什么？

②说说 0.6×0.15 表示什么？

调研目的：了解学生由书面符号表征到口头语言表征转化的情况。

调研结果：①题能正确表述的有 18 人，正确率为 62.1%；②题能正确表述的仅有 3 人，正确率为 10.3%。

根据口头语言表征的不同方式，可以看出学生对小数乘法意义的表述有以下几种情况（表 3-8）。

表 3-8　学生对小数乘法意义的口头语言表征的分类情况统计表

	等量组的聚的模型表述		倍数模型		其　他		典型案例
	正确人数	错误人数	正确人数	错误人数	其他错误	完全不会	
①题（共 29 人）	15	6	3	1	3	1	8.2 个 10；10 个 8.2 相乘
②题（共 29 人）	0	18	3	3	2	3	0.6 个 0.15 或 0.15 的 0.6 倍

全班 70% 以上的学生还是习惯用等量组的聚的模型表述小数乘法的意义，主要是将整数乘法的意义迁移到小数乘法当中，并将小数乘法的意义完全等同于整数乘法的意义。对于整数乘小数而言，如 8.2×10，还可以解释为 10 个 8.2，但对于小数乘小数的意义，0.6×0.15，就无法解释了。如格里尔（Greer，1992）曾指出，当正整数乘法运算推广到正有理数时，获得了新的意义，即部分与整体的乘数关系。可见，学生尽管学习了小数乘法的计算方法，并不了解小数乘法是整数乘法意义的扩展。从②题结果来看，可以判断，学生还不具备用口头语言表征小数乘法意义的能力。

调研内容 2：

①用算式表示 6 个 2.05 的和是多少。

② 0.0906 的百分之八是多少？

调研目的：了解学生由口头语言表征到书面符号表征转化的情况。

调研结果：①题能正确列式的有 26 人，正确率为 89.7%，错误的 3 名同学都是受题目中“和”的影响，列出的是加法算式。

②题能正确列式的有 17 人，正确率为 58.6%。其中 15 人列出的是 0.0906×0.08 的算式，2 人是根据分数的意义列式为：0.0906÷100×8。

调研分析：以上两题的正确率与上面的调研比较有了明显提高，在学生不能用语言表征小数乘法意义的前提下，学生也能根据口头语言表征列出算式。

访谈：为什么用乘法？

在错误的 12 人中，3 人放弃不写；3 人列出的也是乘法算式，只不过在将百分之八化成小数的过程中，出现错误，如 0.8 或 0.008，说明这三名同学对小数乘法的意义有一定了解，只是他们对分数的认识有一定问题。其余 6 人列出的均是除法算式，说明这几名同学对分数中的“平均分”印象深刻，以至于见到分数，就想到了除法。

调研内容 3：小明有 7.5 千克苹果，小华的苹果是小明的百分之三十二，小华有多少千克苹果？

调研目的：了解学生由现实情境表征到书面符号表征转化的情况。

调研结果：此题正确的有 24 人，正确率为 82.8%。其中 23 人运用小数乘法的意义进行列式计算，1 人利用分数意义进行列式：7.5÷100×32。错误的 5 人中，3 人采用除法算式，2 人用乘法，但都是 7.5×32，没有将百分之三十二转化成 0.32。

调研分析：学生具有较强的由现实情境表征到书面符号表征转化的能力。

调研内容 4：用 3.8×7.25= ？这个算式编一道应用题。

调研目的：了解学生将书面符号表征转化为现实情境表征的情况，了解学生所熟悉的乘法模型。

调研结果：在被调研的 29 个同学中，有 23 人能将算式转化为现实情境，正确率为 79.3%。6 人错误，其中 3 人放弃没写，3 人写的是加法情境。

对 23 名同学所赋予的情境进一步分类如表 3-9 所示。

表 3-9　学生熟悉的乘法模型

情　境	人数 / 人	占全班的百分比
倍数模型	4	13.8%
矩形模型	6	20.7%
数量关系模型	13	44.8%

调研分析：学生具有将书面符号表征转化为现实情境表征的能力。其中将乘法算式赋予数量关系模型的人数最多，占全班同学的 44.8%。本学期学生接触小数乘法的第一个例题就是数量关系模型的问题，可能给学生留下了深刻的印象。对于矩形模型和倍数模型，教材在这个单元的例 3 和例 5 用的就是这两种模型，因此也有部分学生应用了这个模型。其他模型没有学生涉及。对于 3 名编写加法情境的同学，笔者分析，还是受“乘法是加法的简便运算”这句话影响，学生对乘法的认识还停留在加法思维的水平，缺少一定的乘法思维。

调研内容 5：

①“20 的十分之一是多少？”先计算，然后用尽可能多的方法，如文字解释、画直观图、算式表示等来说明你的计算结果是正确的，说明得越详细越好。

②“0.5 的十分之四是多少？”先计算，然后用尽可能多的方法，如文字解释、画直观图、算式表示等来说明你的计算结果是正确的，说明得越详细越好。

调研目的：了解学生由口头语言表征到图像表征转化的情况。

调研结果：

①题学生能用一种或几种方法解释算式意义的有 9 人，占全班学生总数的 31.0%。9 个人中，有 7 人采用画直观图的方式进行说明，包括离散量的模型和连续量的模型两种。对于 20×0.1 用离散的模型要比连续的模型好，但 7 人中，只有 2 人用离散的模型。如图 3-5、图 3-6 所示。

图 3-5　使用离散的模型的直观图 1

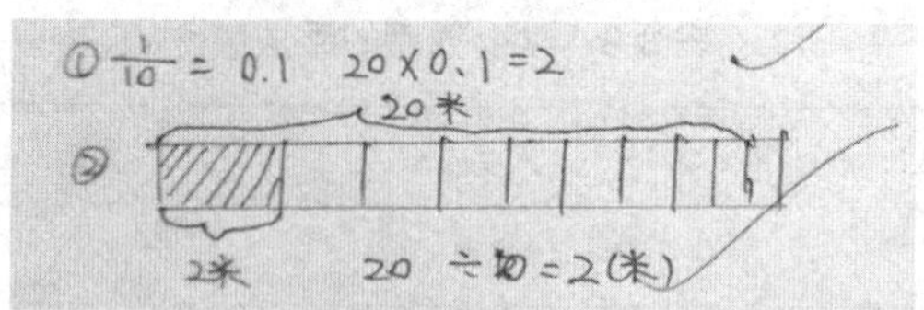

图 3-6 使用离散的模型的直观图 2

②题学生能用一种或几种方法解释算式意义的有 7 人，占全班学生总数的 24.1%，其中只有 3 人采用画直观图的方式来说明（图 3-7、图 3-8、图 3-9）。

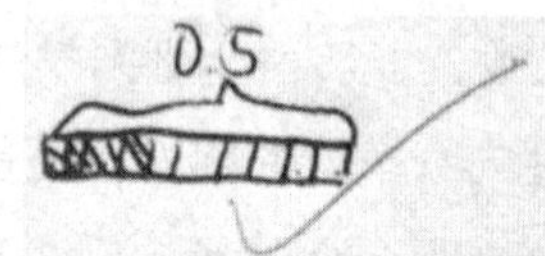

图 3-7 采用画直观图的方式解释算式意义（1）

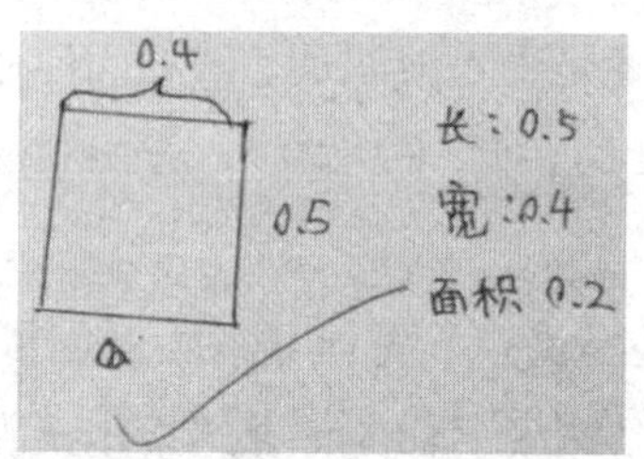

图 3-8 采用画直观图的方式解释算式意义（2）

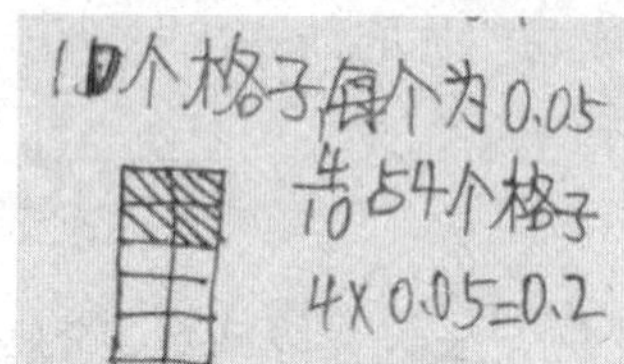

图 3-9 采用画直观图的方式解释算式意义（3）

从上面三个同学的图中，我们可以看出，他们理解了小数乘法的意义，但直观图不能反映出 0.5×0.4 的结果与整体 1 的关系，不能起到对运算结果合理性的说明作用。因此可以判断，学生尽管学习了小数乘法的运算，还不具备由口头语言表征向图像表征转化的能力。

综上所述，通过多种表征方式的相互转化，了解学生对小数乘法意义理解水平情况，总体分析如表 3-10 所示。

表 3-10　五年级学生对小数乘法意义多元表征的转换情况

序号	表征转换	题目设计	正确率	排　序
调研 1	由书面符号表征到口头语言表征的转化	小数乘整数	62.1	⑤
		小数乘小数	10.3	
调研 2	由口头语言表征到书面符号表征的转化	整数乘小数	89.7	③
		小数乘小数	58.6	
调研 3	由现实情境表征到书面符号表征的转化	小数乘小数	82.8	①
调研 4	由书面符号表征到现实情境表征的转化	小数乘小数	79.3	②
调研 5	由口头语言表征到图像表征的转化	整数乘小数	31.0	④
		小数乘小数	24.1	

由于学生对小数乘整数的口头语言表征，还是沿用整数乘法的意义，不能反映学生对小数乘法意义表述的真实水平，因此，如果只分析这几种表征转化中小数乘小数部分的数据，按其正确率，由高到低的排序依次是：

（1）由现实情境表征到书面符号表征的转化。

（2）由书面符号表征到现实情境表征的转化。

（3）由口头语言表征到书面符号表征的转化。

（4）由口头语言表征到图像表征的转化。

（5）由书面符号表征到口头语言表征的转化。

由以上排序可以看出，学生在进行现实情境表征与书面符号表征相互转换时是比较容易的，这与学生经常做题时用书面符号进行表征有密切关系；在口头语言表征、书面符号表征和图像表征三者之间的转换有一定困难。特别是口头语言表征和图像表征是更为困难的。

这与巩子坤在山东枣庄所进行的学生研究结果略有不同，其中前三个水平是一致的，后两个水平是互换位置的。按照我们所做的调研结果看，第四水平是口头语言表征到直观图像表征的转化，第五水平是语言叙述，这是学生最难获得的。

这也可以引起我们的思考：为什么教材中不要求语义表征？小数乘法的意义到底跟乘法的意义有没有不同？是否需要学生用语言说出？是不是小学的学生达到可以转化为直观图像表征就可以了？我们在教学“小数乘法的意义”时，是否强调的仍然应该是“乘法的意义”（也就是为什么用“乘法”来解决这一问题，而不是强调为什么用“小数乘法”来解决）？只不过因为数域的拓展、情境的变化，需要用到小数？

调研结论：

（1）五年级学生比较熟悉的小数乘法的现实模型分别是数量关系模型、矩形模型和倍数模型。

（2）五年级学生对小数乘法意义的掌握仅仅停留在整数乘法意义迁移的基础上，对于小数乘法意义不能很好地进行语言表述和图像表征。

对教学的建议：

（1）补充和加强分数意义的教学，在学生学习分数乘法后，可以再次重温小数乘法的意义。

（2）对小数乘法意义的学习依靠丰富的乘法现实模型。

（3）可以借助直观表征，帮助学生理解小数乘法的意义，并借助意义，从多角度加强算理的理解。

（三）六年级学生对分数乘法意义理解水平的调研与分析

调研对象：石景山外语实验学校六年级学生 21 人。这个班的学生已经学习了分数乘法的计算。

调研题目：

第一题：解决问题。

（1）一瓶饮料重$\frac{2}{5}$千克，40 瓶饮料多少千克？

（2）某校一年级有 120 人，少先队员的人数占其中的$\frac{3}{4}$，少先队员有多少人？

（3）一根铁丝长$\frac{3}{4}$米，这根铁丝的$\frac{4}{7}$是多少米？

第二题：书面符号表征到现实情境表征的转化。下面哪些问题可以用 $40\times\frac{2}{5}$ 来解决？

（1）一瓶饮料重$\frac{2}{5}$千克，40 瓶饮料多少千克？

（2）一袋米的$\frac{2}{5}$是 40 千克，这袋米重多少千克？

（3）全班 40 人，其中$\frac{2}{5}$是男生。男生多少人？

（4）速度是 40 千米 / 小时，$\frac{2}{5}$小时行多少千米？

（5）甲仓库有$\frac{2}{5}$吨小麦，乙仓库的小麦重量是甲仓库的 40 倍。乙仓库有小麦多少吨？

（6）一卷纸长 40 米，宽$\frac{2}{5}$米。这卷纸的面积是多少平方米？

（7）两条丝带，一条长 40 分米，另一条长$\frac{2}{5}$分米，两条丝带一共长多少分米？

（8）果园收获苹果 40 千克，比桃子多$\frac{2}{5}$千克，收获桃子多少千克？

第三题：书面符号到现实情境的转化。

（1）编一道题，能用$\frac{2}{3}\times 5$解决。

（2）编一道题，能用 $10\times\frac{3}{5}$解决。

（3）编一道题，能用$\frac{1}{4}\times\frac{1}{5}$解决。

第四题：用语言表述书面符号的意义。

$\frac{2}{3}\times 2$ 表示什么意思？

$\frac{2}{5}\times\frac{1}{7}$表示什么意思？

$4\times\frac{2}{3}$表示什么意思？

第五题：口头语言表征到直观图像表征的转化。

用画图的方式表示出$\frac{1}{2}\times\frac{1}{3}$的意义。

用画图的方式表示出$\frac{1}{2}\times3$的意义。

用画图的方式表示出$5\times\frac{1}{4}$的意义。

调研目的：通过调研了解学生在学习分数乘法之后对分数乘法的理解达到了什么水平（表 3-11）。

表 3-11　调研结果与分析

题　号	调研目的	题　　目	正确率
一、解决问题	第一水平：了解学生从现实情境表征到书面符号表征转化的情况	一瓶饮料重$\frac{2}{5}$千克，40 瓶饮料多少千克？	95.7%
		某校一年级有 120 人，少先队员的人数占其中的$\frac{3}{4}$，少先队员有多少人？	100%
		一根铁丝长$\frac{3}{4}$米，这根铁丝的$\frac{4}{7}$是多少米？	95.7%
二、下面哪些问题可以用$40\times\frac{2}{5}$来解决？	第二水平：了解学生书面符号表征到现实情境表征的转化的能力	一瓶饮料重$\frac{2}{5}$千克，40 瓶饮料多少千克？	91.3%
		一袋米的$\frac{2}{5}$是 40 千克，这袋米重多少千克？	95.7%
		全班 40 人，其中$\frac{2}{5}$是男生。男生多少人？	100%
		速度是 40 千米 / 小时，$\frac{2}{5}$小时行多少千米？	100%
		甲仓库有$\frac{2}{5}$吨小麦，乙仓库的小麦重量是甲仓库的 40 倍。乙仓库有小麦多少吨？	87%

续表

题　号	调 研 目 的	题　　目	正确率
		一卷纸长 40 米，宽$\frac{2}{5}$米。这卷纸的面积是多少平方米？	95.7%
		两条丝带，一条长 40 分米，另一条长$\frac{2}{5}$分米，两条丝带一共长多少分米？	95.7%
		果园收获苹果 40 千克，比桃子多$\frac{2}{5}$千克，收获桃子多少千克？	91.3%
三、根据算式编题	第三水平：书面符号到现实情境的转化的水平	编一道题，能用$\frac{2}{3}\times 5$解决	95.7%
		编一道题，能用 $10\times\frac{3}{5}$解决	100%
		编一道题，能用$\frac{1}{4}\times\frac{1}{5}$解决	91.3%
四、写意义	第四水平：能否用语言表述书面符号的意义	$\frac{2}{5}\times 2$ 表示什么意思？	91.3%
		$\frac{2}{5}\times\frac{1}{7}$表示什么意思？	95.7%
		$4\times\frac{2}{3}$表示什么意思？	91.3%
五、画图表示意义	第五水平：从口头语言表征到直观图像表征的转化	用画图的方式表示出$\frac{1}{2}\times\frac{1}{3}$的意义	95.7%
		用画图的方式表示出$\frac{1}{2}\times 3$ 的意义	78.3%
		用画图的方式表示出 $5\times\frac{1}{4}$的意义	73.9%

通过调研我们发现，全班学生有 95% 能够达到水平一，对分数乘法能够实现现实情境表征到书面符号表征转化；有 90% 以上都能够达到第二水平，他们能实现现实情境与书面符号表征之间的转化；有 90% 以上的学生都能够达到第三水平，他们能够实现书面符号到现实情境转化的水平；有 90% 以上的学生能

用语言表述书面符号的意义。

在调研中发现，学生只是在第五水平“从口头语言表征到直观图像表征的转化”上，存在一些问题。用画图的方式来表示$\frac{1}{2}\times3$，$5\times\frac{1}{4}$意义时，有5人错误，有2人只表示了$\frac{1}{2}\times3$的计算结果，正确率是78.3%；这说明学生从口头语言表征到直观图像表征的转化还存在一些问题。而对$5\times\frac{1}{4}$，有6人错误，正确率为73.9%。但是“用画图的方式表示出$\frac{1}{2}\times\frac{1}{3}$的意义”。有95.7%的同学可以正确用画图方式来表示$\frac{1}{2}\times\frac{1}{3}$。我们对这个班的学生进行了调研，原因是在研究分数乘法的计算方法时，教师在课堂教学中涉及了用画图的方式表示分数乘分数的意义，这也说明通过教学学生是完全可以实现从口头语言表征到直观图像表征的转化的。

通过整数、小数和分数调研，是不是可以表明：当学生能够将其他几种表征形式（口头语言、书面符号、现实情境）转化为直观图像表征时，就可以说学生概念的理解比较全面和深刻了？

三、研究实践课例

结合上述分析，本研究选择了二年级《乘法的初步认识》、五年级《小数乘法的意义》两个典型课例进行了教学实践，同时基于研究结果，还在六年级再次进行了《小数乘法的意义》的教学再实践。

（一）课例一：《乘法的初步认识》

我们在课前调研时，了解到学生不能够完成乘法各种表征之间的转换，特别是按照动作、图像、文字（语言）、口诀、符号等这种顺序的逆向转换，难度大于顺向转换，其中将乘法概念转换成现实情境更难做到。针对这样的调研结果，我们将乘法初步认识教学的着力点放在通过多种表征刻画并完成其转换的过程中掌握乘法概念。

基于以上对学生现有思维水平的了解，我们设计了这样的几个教学环节。

教学环节一：从表征方式之间的相互转化入手分为三个活动，教学片段如下。

活动 1：电脑演示：1 个盘子，2 个苹果。

谁来说说你看到了什么？（1 个盘子里放了 2 个苹果）

【设计意图】本活动完成图到语言的转化

活动 2：继续演示：又有 1 个盘子，苹果呢？（又要放上 2 个）

再放 1 个盘子呢？（就要再放 2 个苹果）

提问：盘子 1 个 1 个拿出来，苹果是几个几个放的。

如果一个盘子里的苹果用 1 个 2 来表示，那么这 3 个盘子的苹果是几个几呢？（3 个 2）

【设计意图】本活动完成语言到动作的转化

活动 3：继续演示：再出示 1 个盘子，放上 2 个苹果，这是几个几？（4 个 2）

再放 1 个盘子和 2 个苹果，这是几个几？

每拿出 1 个盘子就要放上几个苹果？（2 个）

在此基础之上，教师引导学生认识什么是乘法，知道求几个几的简便运算就是乘法，会读写乘法算式。

【设计意图】本活动完成图和语言到算式的转化

教学环节二：完成算式到其他表征方式之间的转化，分为三个活动。

活动 1：加法算式到乘法算式的转化

这里鱼的只数是几个几？

5 个 2，让我们一起来数数！

现在要求这5个2的和，你想想应该怎样列算式？（在纸上写出来）

教师采样：预设处理如下情况：

（1）2+2+2+2+2 说说你的想法？

小结：他是用5个2连加的方法来求5个2的和。

（2）2×5 说说你的想法？读读这个算式。

（3）5×2 说说你是怎么想的？

由于有了神奇的乘号，我们就可以把2+2+2+2+2简单地表示为2×5或5×2。

让我们记住发明乘号的是英国数学家奥特雷德！

（4）5+2=7 能说说你写的5+2表示什么意思吗？

（2×5或5×2可以表示5个2，而5+2可以表示把5和2合起来，或给5再添上2是多少？）

总结：我们知道了每份2只小鱼、求5份的和可以用连加的方法，还可以用乘法，乘法算式的表示方式比较简洁。

活动2：乘法算式到语言表征之间的转化

你能把下面的加法算式改写成乘法算式吗？

5+5　　2×5或5×2

3+3+3　　3×3

7+7+7　　7×3或3×7

2+2+2+2　　2×4或4×2

4+4　　2×4或4×2

发现：由“2+2+2+2”和“4+4”改写的乘法算式是一样的，请你思考：

2×4都可以表示几个几呢？

3×5都可以表示几个几呢？

活动3：乘法算式到图之间的转化

3×4都可以表示几个几呢？你能用画图的方法告诉我们吗？

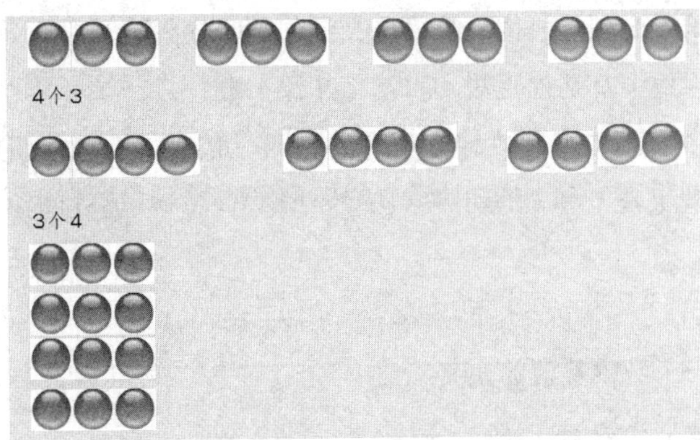

最后，在小火车的游戏中，学生进行多种表征方式之间的转化，加强解决相应的实际问题的意识，从而达到对乘法意义的进一步理解。

（二）课例二：五年级《小数乘法的意义》

课前思考：基于课前的理论学习和学生调研，我们认为，能够在多元表征之间进行灵活转换，是学生对概念和意义理解的重要标志。据此我们设计了五年级《小数乘法的意义》一课。

教学过程

1. 复习

（1）用小数表示下图涂色部分面积，并说一说你怎么理解这几个小数。

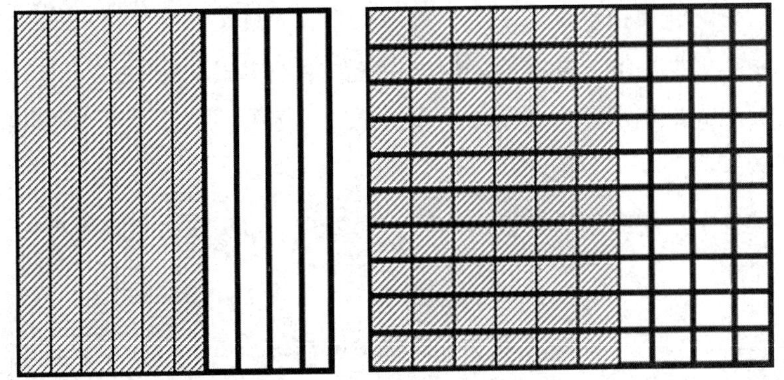

（教学意图：复习小数的意义，为学生学习小数乘法的意义做好铺垫。）

（2）计算，说说你是怎样想的。

0.8×7　　0.8×0.7

①为什么第一个积是一位小数，第二个积是两位小数？

②为什么因数中有几位小数，积就有几位小数？

大部分学生用积的变化规律来解释小数乘法的计算方法，引导学生看能不能借助小数的意义进一步理解小数乘法的计算方法，从另外的角度来认识小数乘法。

2. 新课

（1）教学一个数乘整数的意义。

（2）一个数乘小数的意义。

3. 巩固练习（主要以多模式之间的表征进行）

（1）练习由现实情境表征到书面符号表征的转化。

（2）通过选择的方式引导学生进行多模式之间的转化。

（3）通过学生是否能够自觉地进行多模式之间的转换以检验学生对小数乘法意义的理解水平。

（先计算，然后用尽可能多的方法，如文字解释、画直观图、算式表示等来说明你的计算结果是正确的。0.4×3　0.4×0.3）

课后对五年级学生的调研

课后对五年级学生上完《小数乘法的意义》一课进行调研，调研情况如下。

（1）学生能够模仿着说出某个小数乘法算式的意义。

（2）能够根据情境、文字叙述列出相应的乘法算式。

（3）大部分学生不能实现口头语言、情境、图像、书面符号多模式之间灵活的相互转换。

（4）没有学生能够创造性地用画图、列算式、口头语言来解释小数乘法算式结果的合理性。

（三）课例三：对六年级学生教学小数乘法的意义

课前思考：基于课前对学生的调研，以及与五年级学生调研的对比、对五年级课堂实践的反思，我们认为六年级学生随着年龄的增长，本身对分数理解、小数的理解、分小的联系都有了质的飞跃；同时六年级学生在学习了分数乘法之后就能够借助分数乘法的意义、分数乘法的图像表征、分小的联系对小数乘法的意义有所感受，这都为学生学习小数乘法的意义奠定了坚实的基础。据此，我们认为将小数乘法的意义调整到六年级完成更加可行，因此我们进行了第二次教学实践。

教学过程

1. 复习

（1）复习小数乘法的计算方法。

（2）教师提出疑问：在小数加减法中和的小数点要和加数的小数点对齐，按这样的道理 0.5×0.3 应该等于 1.5，为什么等于 0.15 呢？

$$\begin{array}{r} 0.5 \\ +\,0.3 \\ \hline 0.8 \end{array} \qquad \begin{array}{r} 0.5 \\ \times\,0.3 \\ \hline 0.15 \end{array}$$

（学生讨论：大部分同学都会根据积的变化规律说明 0.5×0.3 的结果是 0.15）

2. 新课

（1）通过识图指导学生理解小数乘法的意义。

①借助正方形认识 0.7、0.5。

②动态演示并列式。

③进行口头语言到书面符号表征的转化。

表示 0.7 的十分之五是多少？

列式：$\frac{7}{10}\times\frac{1}{2}$　$\frac{7}{10}\times0.5$　$0.7\times\frac{1}{2}$　0.7×0.5

表示 0.7 的十分之三是多少？

列式：$\frac{7}{10}\times\frac{3}{10}$　$\frac{7}{10}\times0.3$　$0.7\times\frac{3}{10}$　0.7×0.3

④进行书面符号到口头语言表征的转化。（说说这些算式的意义）

（2）说出下面乘法算式的意义。

0.8×0.2　0.6×0.37　0.23×0.19　0.9×5.23　0.27×8

（3）深入理解小数乘法的意义（以选择题的方式实现学生多模式之间的转化）。

3. 巩固练习

通过学生是否能够自觉地进行多模式之间的转换以检验学生对小数乘法意义的理解水平。（请你试着说一说、列一个算式、画图说明 0.5×0.3=0.15 计算结果的正确性。）

课后反思：小数乘法的教学在人教版教材中安排在五年级上册，但是在教学小数乘法的计算时，教材是创设了不同的教学情境帮助孩子理解小数乘法的意义，在计算方面是通过积的变化规律帮助孩子理解的。教材安排了用那么多模型来理解小数乘法，但是在教学小数乘法的计算方法时还是借助积的变化规律来理解，孩子并没有通过小数乘法的意义来真正理解小数乘法的算理。为什么这样安排呢？

设计六年级教学活动，从学生识图入手，引导学生借助图像表征、语言表征、符号表征、现实情境表征来理解小数乘法的意义，从而实现学生能够从真正意义上理解小数乘法的意义，同时能够借助小数乘法的意义进一步解释小数乘法计算结果的正确性。对六年级学生进行的课后调研结果表明，对小数乘法意义的理解，六年级学生在表述上明显比五年级学生提高，大部分学生能够用画图列算式、口头语言来解释小数乘法算式结果的合理性。

对小数乘法意义的理解依赖于学生对分数乘法意义及运算的理解，只有学习了分数和分数的运算后，才能做到对小数乘法意义的真正理解。

第四节　研究结论与讨论

一、研究结论

（一）对“乘法思维”的认识

“多对一”情境在乘法学习中的作用，我国教材中对乘法初步认识的处理，乘法初步认识的基础仍然是“加法思维”，“倍的认识”是转折点，因此“倍”

的教学比较难，是因为学生要实现从加法思维到乘法思维的转换，值得研究。

（二）对“意义”的理解

“意义”可以包括内涵、价值、应用、联系这几个层面。从乘法意义角度来说，阐述如下：

内涵：乘法的概念、“多对一”“几个几”的本质……

价值：学习乘法有什么用？能解决哪些现实情境问题？

应用：在什么情况下用乘法？什么样的情境能够用乘法？

联系：乘法与加法的联系是什么？整数、小数、分数乘法之间的关系和联系是什么？

理解“乘法的意义”必须从这几个层面不断拓展，在不同年级可以有所侧重，如二年级乘法初步认识：乘法的概念与本质（什么是乘法？多对一）、价值（重点是学习乘法有什么用？有一些解决现实情境问题）、联系（乘法与加法的关系）。

五年级小数乘法：在数域拓展的基础上，进一步深化乘法的意义，重点在于价值（小数乘法能解决哪些现实情境问题？）、应用（什么情况下用小数乘法？也就是学生如何根据乘法的意义正确使用小数乘法？）、联系（小数乘法与整数乘法的关系）。

六年级分数乘法：重点在于价值（分数乘法能解决哪些现实情境问题？）、应用（什么情况下用分数乘法？也就是学生如何根据乘法的意义正确使用分数乘法？）、联系（整数、小数、分数乘法之间的关系）。

（三）对“理解”的认识

多元表征之间的转化在不同年级要求可能会不一样（根据我们的调研，学生在有些转化上有难度，我们需要思考：是不是在所有年级都需要实现各种表征之间的转化。通过调研，哪些是学生可以自行转化没有难度的？哪些是需要教师在课堂上重点处理的？）

基于以上几点的思考，我们认为，对“乘法意义”的单元教学，需要考虑：一方面从意义的几个层面入手（其实是学科本质层面）；另一方面以“多元表征”为教学手段和支撑（其实是教学方式和手段层面），逐步拓展和深化学生的理解。

二、本研究的不足及有待进一步解决的问题

由于时间及研究水平有限等原因，本研究还存在许多不足之处及有待进一步解决的问题。

第一，本研究的课题是小学生乘法概念学习的研究，但在实际研究和报告撰写中，都是围绕乘法意义进行的，包括乘法的数学意义和乘法的现实意义，我们不自觉地把“概念”与“意义”等同起来，二者是否能等同还需要进一步论述。

第二，关于整数乘法的意义与小数、分数乘法的意义是否相同的问题，不同学者有不同的见解。有人认为乘法的意义只有一个，也有人认为小数乘法、分数乘法是整数乘法意义的扩展。我们的观点是，无论整数乘法、小数乘法还是分数乘法，其本质和意义是相同的，但由于数据不同和表达习惯的影响，其意义在表述方式上有所不同，如果没有教师的引导，学生是不能自觉完成迁移和建构的。这样的观点能否得到认可，还需要时间和实践的检验。

第三，由于时间关系，我们没有进行六年级《分数乘法意义》的教学实践，而是基于之前的研究结论设计了五年级和六年级《小数乘法意义》的对比课例研究，后续还需要对六年级分数乘法意义进行实践。

【本章小结】

从上述研究可以看出，《小学生乘法概念学习的单元教学研究》这一成果的“研究味道”极其浓厚，从乘法初步认识打破了以往单纯从几个几入手，从建立加法与乘法之间联系的教学过程，到思考怎样从“多对一”的关系入手来突破学生思维难点，从分析教材中不同年级呈现的现实情境并提出相关建议，再到尝试进行五、六年级小数乘法意义教学的对比研究，甚至大胆提出对教材编排方式的建议，无不体现了团队成员的研究精神，更为可贵的是，团队进行了深入系统的学生调研，完整地展现了二年级、五年级、六年级学生学习乘法概念的思维过程和思考路径。由于时间精力有限，本研究没有展现六年级学生分数乘法意义学习的教学课例，后续还需要结合研究结论，继续进行实践探索。

本研究形成的论文《小学阶段乘法的不同现实模型分析与教学建议》（闫云梅，刘琳娜，刘加霞）、《五年级学生对小数乘法意义理解水平的调研与分析》（闫云梅，刘琳娜）分别发表在《课程·教材·教法》2014 年第 3 期和《北京教育学院学报（自然科学版）》2012 年第 2 期上。相关内容可以供读者参考。

本章主要参考文献

[1] 张奠宙，孔凡哲，黄建弘，等 . 小学数学研究 [M]. 北京：高等教育出版社，2009.
[2] 何运 . 重新定义小学阶段的乘法意义 [J]. 中小学数学 · 小学版，2008(2).
[3] 安吉莱瑞 . 如何培养学生的数感 [M]. 北京：北京师范大学出版社，2007.
[4] 林爱芬 . 我们该如何理解乘法意义？ [J]. 中小学数学 · 小学版，2009(1)、(2).
[5] 郑毓信 . 国际视角下的小学数学教育 [M]. 北京：人民教育出版社，2004.
[6] 刘加霞 . 作为“模型”的乘法——对数学概念多元表征的思考 [J]. 小学教学（数学版），2008(10).
[7] 张亚杰 .5 ～ 7 岁儿童对初步的乘法关系理解和应用的发展研究 [D]. 上海：华东师范大学，2010.
[8] 孙昌识，姚平子 . 儿童数学认知结构的发展与教育 [M]. 北京：人民教育出版社，2004.
[9] 巩子坤 . 有理数运算的理解水平及其教与学的策略研究 [D]. 重庆：西南大学，2005.

第四章

小学生面积认识的发展水平及单元教学研究[①]

【本章导读】

“面积”是小学数学重要的内容主题之一，学生“面积”的学习从三年级一直持续至六年级。本研究聚焦学生面积学习过程中的问题和困惑，结合“面积的认识”“长正方形的面积”“不规则图形的面积”三节课考察学生的学习表现，并依据学生的具体表现，基于逆向设计（UbD）原理，即标准先行、评价为先进行教学设计，帮助学生获得更好的理解。

本研究的特色在于深入了解小学生面积学习已有水平，制定了清晰的量规，为有效的课堂教学设计提供合理的依据。在研究的过程中，对学生的学前、课上、课后的“表现”进行评价，根据评价结果调整学习活动，几次改进后，能够明显看出学生课后思维水平的提升。

基于学生表现的教学活动设计注重学生高阶认知能力，如分析、评价等的培养，促使每位学生通过课堂学习都有所提升和发展。这种关注预期学习结果的教学设计，也转变教师教学理念与方式，促进教师专业能力的提升。本研究用生动的案例诠释了“教学（学习）目标是教学的灵魂”“学生的已有程度、水平是进行教学设计的出发点”以及“促进学生的发展是课堂教学的落脚点”。

① 本研究由索桂超、赵伟、高亚娟、王洋、庞英桥、刘子业、王文蕊执笔。指导教师：刘晓婷、潘丽云。使用时有改动。

第一节　问题提出

一、选题的缘由

“面积”是小学数学“图形与几何”领域中的重要内容，是学生从一维空间向二维空间过渡的重点课，是发展学生空间观念和度量意识的重要教学素材。因此，这个内容成为很多一线教师做公开课、研究课的热点内容，很多小学数学教研员以及专家也对此内容进行了研究。但是，通过文献的阅读和日常教研活动中的观察，本组成员依旧对此内容有很多的困惑，我们认为这两个内容不仅是学生学习的难点，也是很多教师教学的难点。

（一）“面积”是学生学习的难点

从学生学习的角度看，学生在学习“面积”时存在一定的困难。

在朱乐平老师《面积、体积的概念与单位》一书中记录着学生学习面积前的一次前测的结果。其中，对于“你能用自己的话来说说什么是面积吗？”这一问题，有 40% 的学生完全不知道；有 18.3% 的学生对面积存在错误的认知。例如，有的学生认为“面积就是长度”，有的学生认为“面积就是空间”，还有学生把“平方千米”“平方米”等面积单位等同于面积；33.4% 的学生对面积有感觉但是不能用自己的话清楚地表达，学生用“面积就是有多大”“地方的大小”等词语来表示；只有 8.3% 的学生能够清楚地表达出来。可见绝大多数学生对于“面积”的日常生活经验是欠缺的，甚至是混乱的。

在张丹所著的《小学数学教学策略》一书中，记载着一道令人印象深刻的学生学习面积之后检测的题目，如图 4-1 所示。

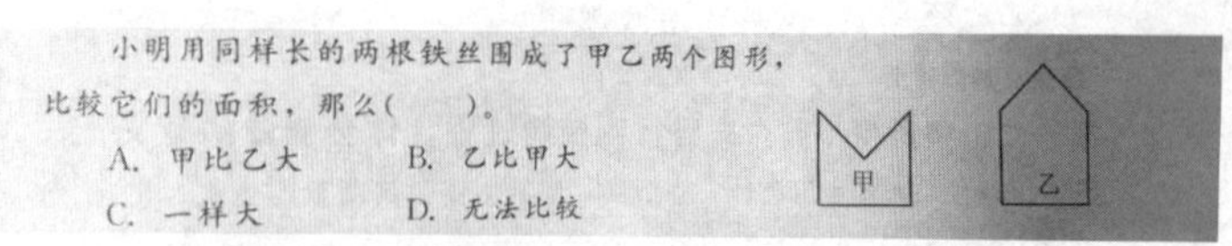
小明用同样长的两根铁丝围成了甲乙两个图形，比较它们的面积，那么(　　)。

A. 甲比乙大　　B. 乙比甲大

C. 一样大　　D. 无法比较

图 4-1 《小学数学教学策略》一书中检测题目

题目中两个图形的面积差异是很明显的，但是被测学生中有 37.7% 的学生竟然选择了“一样大”的选项。显然，学生是将面积与周长混淆了。有意思的是，这些学生都能用自己的语言描述出什么是周长和面积。由此可见，能说出“定义”并不代表理解了“概念”。学生对于“面积”的认识，不能仅仅停留在对概念的理解上，在与周长的辨析中深入理解面积的概念也是很必要的。

（二）“面积”是教师教学的难点

从教师教学的角度看，存在教师对概念本质不清楚和教学重点把握不准的现象。

在教学“面积的认识”时，大多数教师会根据教材的内容，先出示“黑板面和数学书的封面哪个面大？”这样的问题，让学生初步感受到生活中“面”的存在，然后创设“摸一摸、比一比、涂一涂”等活动。一次教研活动中，一位教师引导学生说：“让我们一起来摸摸数学书的面积吧！”面是一个实在的物体，而面积是一个量。从这位教师不严谨的语言中可以看出，这位教师对于“面积”的概念并没有真正理解。

还有很多教师在教学“面积的认识”时，会用大量的时间和活动，来让学生来感知“面”。从平面图形的面到立体图形的面（立方体的面），从平平的面到曲面（橘子的表面、苹果的表面），从看得见摸得到的面到看不到摸不到的面（横截面、运动形成的面）等，一节课 40 分钟用了近 30 分钟来让学生感知“面”。是否需要用如此长的时间感知“面”？学生真的需要花费很多时间来感受“面”吗？

综上所述，无论是从学生学习的角度，还是从教师教学的角度来看，“面积”这个内容都是比较有难度的。学生对面积概念的理解有几个水平，每个水平的表现是怎样的？教师如何设计才能帮助学生更好地理解面积是本研究要解决的重点问题。

二、研究意义

（一）理论意义

（1）通过研究深化学生对面积理解水平的认识。通过学情调研建立学生对面积理解水平的评价标准，进而丰富教学评价。

（2）以“逆向设计”的教学理论和再创造教学原则为基础设计面积教学，追求深度理解的教学设计，以供老师们参考，有利于丰富和发展数学设计的理论。

（二）实践意义

（1）在研究过程中，有利于教师对图形面积相关知识有深入的认识，把握核心本质，建立一维度量到二维度量之间的联系。通过对学情的研究、教材的分析，在关注预期学习结果的教学设计中，转变教师教学理念与方式，促进教师专业能力的发展。

（2）深入了解小学面积学习学生的已有水平，建立与之相对应的评价标准，为有效的课堂教学设计提供合理的依据。

（3）提出有针对性和操作性的教学设计方案，在教学方式与方法上有收获、有突破，为老师们提供借鉴的资料。

第二节　文献述评

一、已有研究概述

（一）教材研究

湖北省教研员刘莉老师在《“面积和面积单位”教学研究》一文中，选取了人教版、北师版、苏教版、西南师大版、青岛版和冀教版六个版本的教材，从课时分配、主题情境、比较的素材、比较的方法及自选测量单位的形状、面积概念的描述、面积的教学结构、单位面积介绍的方式这样的七个维度对六个版本教材的内容进行了对比分析。从文中可以清晰地看出，各个版本的教材在内容编排上有相同也有不同。例如在“面积概念的描述”方面，人教版和北师版都采用了“物体的表面或封闭图形的大小就是它们的面积”这样的定义方式，西南师大和冀教版是这样定义面积的“物体表面或平面图形的大小叫作它们的面积”，而苏教版和青岛版并没有直接给出面积的定义，而是采用描述，苏教版教材指出“文具盒盖面的大小，就是文具盒盖的面积”，青岛版教材指出“厨房、餐厅地面的大小就是它们的面积”。

针对这一不同，刘莉老师给出的建议是：教材无论是给出面积的概括性的定义，还是结合实例让学生在表象的层面上认识面积，都是无可厚非的。但是如果这样定义：物体的表面或者封闭图形的大小，就是它们的面积，那么教材在揭示面积概念前就应该提供让学生理解概念中“封闭”意义的素材和活动。如果教材结合实例进行定义，如文具盒盖的面的大小，就是文具盒盖的面积，或厨房、餐厅地面的大小就是它们的面积，那么教材还需设计结合平面图形理解面积意义的学习素材和活动，以帮助学生全面、深刻认识面积的意义。

无论是哪个维度的比较，刘莉老师并没有直接指出哪种方式更好，而是在反复强调进行教学设计时要“立足于教学内容的整体性，也应该着眼于学生的现实起点。”

在朱乐平老师主编的《面积、体积概念与单位》一书中，同样选择了六个版本的教材进行了深入的分析，与刘莉老师的研究不同之处有三点：一是朱乐平老师的团队不仅对不同版本的教材进行了横向的对比，还进行了纵向的对比，也就是从历史的角度，结合不同的时代背景来看教学内容编写的历史发展轨迹。二是所选取的教材略有不同，朱乐平老师一书中没有选用冀教版，选择的是浙教版，此外还对澳门和台湾地区教材的编写特点进行了简要分析。三是分析的角度稍有不同，朱乐平老师将刘莉老师的“比较的素材和比较的方法”统称为“通过比较活动来建立面积概念的分析”，将刘莉老师的“自选测量单位的形状”单独作为一类，叫作“通过活动让学生体会统一面积单位重要性的分析”。

《面积、体积概念与单位》一书中对面积和体积部分的教材分析较为详尽，但是在文中出现了同刘莉老师同样的观点，即到底哪个版本的呈现方式更好？与教学目标相关，与后面教学过程的安排有关，与学生的学情有关……不能单独评价哪个好，而需整体综合起来看，才能成为最合适的。

（二）学生研究

教师在进行教学设计之前，除了要研读课标、教材以了解自己要教什么之外，还有一项特别重要的工作就是要研究学生，通过前测等方式了解学生在学习度量内容之前已经具备的生活经验、知识基础、技能掌握、学习经验、认知水平，这些都构成了学生的学习起点，只有找到了学习的起点，才能开展有效的教与学。

斯苗儿、朱国荣、顾志能、袁晓萍四位老师在《教学，当直面学生学习的疑惑》一文中就谈到了在教学平行四边形的面积一课之前所进行的学情调研。测试题很简单，纸上印了一个平行四边形（没画出高），问题一是请学生自己想办法求出它的面积，问题二是说明为什么这样做。从测试数据看，学生用“邻边相乘”方法的比例很高，城镇小学和农村小学分别达到了 38.6% 和 62.2%。作者认为，本节课研究的关键问题已明确指向“如何直面学生的学习疑惑”，即引导学生去证明求平行四边形的面积为什么不用邻边相乘。

顾志能在《教学，贴着学生的思维前行》一文中针对平行四边形的面积教学也进行了前测，发现有的学生用“邻边相乘”，也有的学生用“底边乘高”，因此他在课堂上让学生暴露两种想法，通过学生之间的交流、讨论，教师的引导，最终达成正确的认识。

刘加霞在《小学数学有效学习评价》一书中，将学生对周长、面积、体积概念的理解水平进行了如下划分。

（1）水平 0：完全不知道，不能进行概念的某种方式的表征或者是错误的表征。

（2）水平 1：只能用动作或图形等直观方式表征概念。

（3）水平 2：在用直观方式表征的基础上，能用符号、语言等较为抽象的方式表征概念。

（4）水平 3：能用多种方式表征概念，并能进行多种表征方式之间的互相转化。

克莱门茨和斯蒂芬认为，面积测量还需要掌握阵列结构的概念。儿童必须理解阵列结构，才能真正理解面积是二维的。巴蒂斯塔等人以及奥斯莱德和米切摩尔通过考察儿童对长方形面积的理解发现，儿童理解阵列概念的发展包括以下七个阶段：

（1）阶段一：不能用非标准单位测量没有重复或不留空隙的覆盖长方形。

（2）阶段二：能完整地覆盖长方形，但不能数对单位。

（3）阶段三：能完整地覆盖长方形，也能数对单位，但不能建构行或列。

（4）阶段四：只能局部地、不完整地使用行或列的结构。

（5）阶段五：能把长方形解构化为许多个行。

（6）阶段六：能整合列中的单位数，也能一行一行地数。

（7）阶段七：理解长方形的尺寸是由行与列中非标准单位的数量决定，也能通过行与列计算长方形的面积。

周世军在 5 ～ 13 岁儿童对面积概念的掌握和发展的研究中，发现小学生对面积的理解，总的趋势是：从面积表征与长度表征或周长表征混淆，到最后化为清楚的面积表征。为什么学生会对周长与面积混淆呢？原因是学生分不清周长是长和宽测度的和，而面积是两维测量的积，这是加法结构对乘法结构的干扰的一种表现形式。

（三）教学设计研究

1. 已有课例分析

度量的核心要素：一是度量单位（从非标准单位到标准单位，并形成单位体系）；二是度量单位的个数即量值。通过阅读文献，可以看出，很多老师已经非常关注度量的这两个核心要素设计核心活动。

第一，非常重视对度量单位的理解，让学生经历单位产生的过程。

吴正宪老师执教的《面积单位》一课，首先让学生经历产生面积单位的过程，体会面积单位统一的必要性，再通过观察、操作、猜想等数学活动，感知

“平方厘米”“平方分米”“平方米”三个面积单位，发展学生的空间观念。

刘伟男老师执教的《面积的认识》一课中，则以“面积单位”贯穿始终，根据学生的已有知识和认知特点，依据不同“单位”设计了认识“面积”的不同活动，在不同认识水平的操作、辩论活动中深入认识平面图形的面积。

刘加霞和常秀杰老师则以数体积单位块为主线，将五年级的“长方体、正方体的体积”单元的教学内容进行了重新调整，以有助于学生理解体积的概念，培养学生的空间观念，积累数学活动经验。

第二，创设了丰富的活动，让学生经历数“度量单位”的过程。

一方面是指用“单位”图形密铺（等量代换，保证大小不变），然后数出单位的个数。另一方面是指用公式求出图形的面积，其实所有的面积公式都是“数单位个数”的结果，是对“数单位个数”的简化。“数单位个数”是求面积最根本的、最便捷的方法。

在俞正强老师执教的《面积的认识》一课中，创设了让学生在生活中熟悉的物体、食物中认识了面，以及面的大小就是面积，又在活动中让孩子亲自测量面积，在测量的过程中进一步体会面积是面积单位的累加。

2. 专家学者对教学设计的认识

弗赖登塔尔在《作为教育任务的数学》一书中指出：将数学作为一种活动来进行解释和分析的教学方法，我们称之为再创造方法。同时还指出：学一个活动的最好方法是做。

格兰特·威金斯和杰伊·麦克泰格著的《追求理解的教学设计》指出：最佳设计兼具吸引力与有效性。对于吸引力，我们的意思是不同的学习者都能发现这个设计是发人深省、引人入胜、充满活力的。对于有效性，我们的意思是教学设计帮助学习者在完成有价值的任务时变得更有胜任力，更有成效。

此外，他们还指出最佳的教学设计具有这样的特点：基于真实和明确的挑战，有清晰的表现目标；动手操作活动贯穿始终，和传统教学相比，前期“教”的负担减轻；关注有趣的和重要的想法、疑问、问题、难题；有明显的真实世界应用，因此对学习者是有意义的；强大的反馈系统，提供从反复实验中学习的机会；个性化的方法，即存在不止一种完成主要任务的方法，提供适应过程所需的空间，及依据个体风格、兴趣和需求而定的目标；清晰的模型和建模；预留时间来关注反思；方法、分组和任务的多样性；为冒险提供安全环境；教师的角色类型类似于协调者或教练；和传统的课堂体验相比有更多的深浸体验；自始至终具有清晰的全局观念，部分和整体之间不断进行流畅互动。

刘加霞教授在《小学数学有效教学》一书中指出：实证研究学生学习的过程是有效教学的保证。基于对面积和体积调研的教学建议中说道：为了能获得与了解各种基本形体的概念、构成要素及其关系，必须通过丰富的操作、点数、切割、比较、拼凑等活动，才能从具象到心象再到抽象，面积与体积的概念分别是覆盖与堆积活动的抽象结果。课堂教学是促使儿童观察、操作、描绘、探索、思考和讨论等的重要学习活动。

二、对已有研究的评价及思考

所查阅到朱乐平老师对于“面积和面积单位”教材内容的分析，均采用的是 2011 年以前的教材。刘莉老师《“面积和面积单位”教学研究》一文发表于 2015 年，在文中也提到对比的是“现行”的教材，但是通过比对，文中提到的人教版教材对面积概念的定义方式与新教材并不相符，文中采用的是直接定义，而新教材采用的则是描述性定义：“课桌表面的大小就是课桌面的面积，数学书封面的大小就是数学书封面的面积。”文中提到的北师大版本教材的页码和新教材的页码也不相符，由此推断，刘莉老师对比分析的是旧版的人教版和北师大版教材。

本研究将会从课时安排、主题情境、比较的素材和活动、面积概念的描述、自选测量单位的形状和活动、介绍面积单位的方式、面积的教学结构这样七个维度对当前使用的教材进行对比分析。

“测量”在《现代汉语词典》（第 7 版）中的解释为：用仪器确定空间、时间、温度、速度、功能等的有关数值。从概念上看，测量时用一个数值来表示物体的某一属性。从行为上看，测量就是将一个待测量和一个标准量（单位）进行比较，“标准”的个数就是测量里的结果。因此，测量对象、测量单位、测量值构成了测量的三个要素。对于面积而言，它是二维空间的测量，测量的对象是平面，测量的单位是正方形，测量值是正方形的个数。学生对这三个要素理解清楚，才能真正地理解面积的测量。在设计“面积和面积单位”这节课之前，要知道学生对面积知识的理解程度和学生测量能力的基础，基于上面的思考，我们将测评的内容确定为对测量对象的理解、对测量单位的理解、测量能力这三个方面（表 4-1 ～表 4-3）。

表 4-1　学生对面积的理解水平等级划分

水平 0	不知道面积概念	不能进行面积概念的表征	面积与周长混淆
水平 1	只能用手表示“物体的表面大小”	只能用画图表示“物体的表面大小”	只能说出“表面的大小”这样的词语
水平 2	能直观表示面积，还能用语言描述面积概念	能直观表示面积，还能画出“非标准面积单位”	能区分面积与周长的不同
水平 3	能用语言解释面积概念，并画出图形表面的大小，还能进行语言表征和表象表征的转换	能用公式计算面积，并能说明公式表达的意思	能选择合适的方法比较不同图形面积的大小，并能说明道理
水平 4	能用不同表征解释面积的概念并进行相互之间的转换，还能将面积的知识迁移，解决现实情景中的问题		

表 4-2　学生对测量单位的理解水平等级划分

水平 0	不知道测量单位	不使用测量单位	凭视知觉进行测量	使用长度单位测量
水平 1	能用非标准测量单位测量（如长方形、正方形、圆），并能说明测量的步骤及意义	能将被测图形分割成大小一样的小图形（正方形或长方形），并能说明测量的步骤及意义		
水平 2	能使用标准的测量单位进行测量，并能说明测量的步骤及意义	能使用标准的测量单位进行测量，并能说明测量单位与边长的关系		

表 4-3　学生测量能力水平等级划分

水平 0	不能测量面积大小	表面大小与周长混淆
水平 1	通过视知觉测量面积大小	用“重叠法”测量面积，并比较大小
水平 2	用非标准测量单位测量，并摆满图形	能用语言表达非标准测量单位、摆放过程
水平 3	用标准测量单位测量，摆满图形，并能建立乘法结构	能解释公式的意义，能解释图形的尺寸是由行和列中单位的个数决定的

三、主要概念

（一）度量

为了比较两个事物某个方面的差异，往往需要对该方面的差异进行量化，借助某个量来进行比较，为此，自然就引出了相应的度量。刻画一维线的度量是长度，刻画二维面的度量是面积，刻画三维几何体的度量是体积。

从概念上看，度量是用一个数值来表示物体的某一属性。从行为上看，度量是将一个待测量和一个标准量（单位）进行比较，“标准”的个数就是度量的结果。

（二）面积

现代数学：面积是指用以度量平面或曲面上一块区域大小的一个正数。

小学教材：人教版教材（2013 年版）三年级下册第 61 页这样描述面积：黑板表面的大小就是黑板面的面积，课桌表面的大小就是课桌表面的面积。北师版教材（2005 年版）三年级下册第 39 页指出：物体的表面或封闭图形的大小，就是它们的面积。北京版教材（2013 年版）三年级下册第 38 页指出：物体表面或平面图形的大小叫作它们的面积。

本研究在教学设计时是基于逆向设计的理论，它是一种设计课程或单元的过程，在设计开始时就已经在脑海里清楚其结果，并且为了达到该结果而进行设计。

第三节　研究方案

一、研究目标

（1）通过分析对比“北师大”“人教版”“北京版”三个版本的小学数学教材中的《面积与面积单位》《长、正方形的面积》《一片树叶的面积》三个内容的异同，把握“面积”单元的核心概念、关键能力。

（2）通过建立学情分析框架，设计学情调研工具，对学生“面积及面积单位”“长正方形面积”“一片树叶的面积”学习进行学情调研，厘清小学生对面积理解的不同水平。

（3）根据教材分析和学生调研结果，做出符合学生认知水平的教学设计。

二、研究内容

本课题的研究内容主要由以下四个部分构成。

一是系统梳理《数学课程标准》中对《面积与面积单位》《长、正方形的面积》《一片树叶面积》三节课的要求，梳理核心概念及关键能力。

二是设计有效的学前调研工具，对学生原有知识和能力水平进行调研，并能够理性评价、划分水平，了解学生学习面积的认知水平。

三是根据学生学习的逻辑结构，设计有效的教学活动，形成《面积与面积单位》《长、正方形的面积》《一片树叶面积》三份教学设计。

三、拟解决的关键问题与研究方法

（一）关键问题

第一，教材分析的框架。

第二，学情调研的框架及学情调研工具的设计。

第三，学生理解水平的划分。

（二）拟采取的研究方法（或技术路线、实验方案）

拟采取的研究方法如图 4-2 所示。

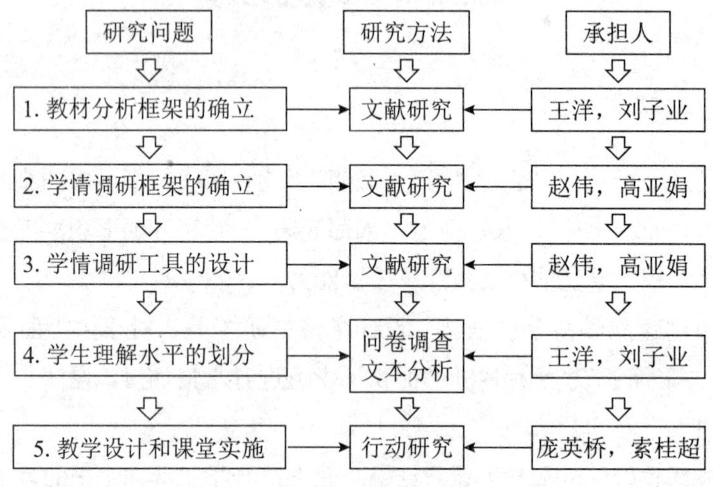

图 4-2　拟采取的研究方法

第四节　课例研究过程

一、研究的过程

（一）“基于逆向课程设计”理论的单元课例研究思路

逆向教学设计，是把评价设计提到教学活动设计的前面，使评价嵌入教学过程，成为诊断和驱动教学的工具。这样一来，教学成为发现证据的过程，评价不再只是教学结束后的终结性检测，两者形成“教学—评价—教学”的螺旋式上升环，不断促进目标的达成。

逆向设计分三个阶段：第一是明确预期成果，第二是确定评估证据，第三是设计课堂学习活动。在进行课例研究时，我们也是结合了具体的内容，按照逆向设计的三个阶段展开了研究。

在研讨《面积》单元的三节课时，我们针对评价细则对课堂活动进行了有针对性的设计，特别强调学生对面积理解的已有经验和困惑，全课旨在解决学生的疑问。

在教学《长方形和正方形的面积》一课时，根据学情，为不同层次的学生设计了适合他们的教学活动。比如水平 0 的学生没有任何办法去探究长方形和正方形面积的公式为什么等于长 × 宽，所以我们就为他们准备了 1 平方厘米的面积单位供他们在独立探究时使用，帮助他们在本节课的学习中实现自我的提升。

在教学《一片树叶的面积》时，我们就直接在课堂上应用学生的课前调查问卷，通过交流、反思，帮助和引导学生在评价分析中理解不同的估计方法，并能意识到误差的存在，找到减少误差的方法，每个学生都能在原有的水平上提升至少一个水平。

（二）“关于面积”的学情研究工具设计

1.《面积》学情调查问卷设计 1

你听说过“面积”这个词吗？请在（　）里画“√”。

A. 听过（　）　B. 没听过（　）

你认为什么是“面积”呢？把你的想法写一写或画一画。

2.《面积》学情调查问卷设计 2

（1）数学书《面积》单元的教材图如下：

教材告诉我们：物体的表面或封闭图形的大小就是它们的面积。

①对这句话，你有什么思考？你能举例说一说你的认识或者写一写你有什么疑问吗？

②下面是两个图形，请你比较它们的面积，把你的做法记录下来。（建议这里提供实际的图形）

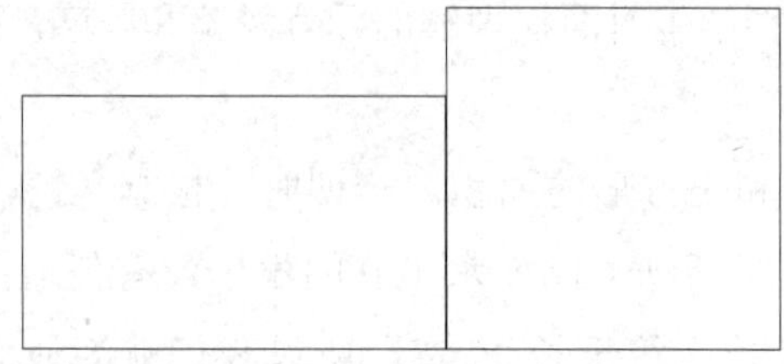

③这个单元我们详细地学习、研究“面积”，你都想学习哪些和面积有关的内容呢？

（2）《长方形和正方形的面积》学情调查问卷设计。

请你想办法求出下面长方形的面积，并用你喜欢的方式解释一下你的想法。

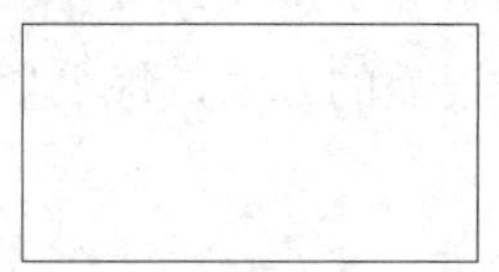

（3）《一片树叶的面积》学情调查问卷设计。

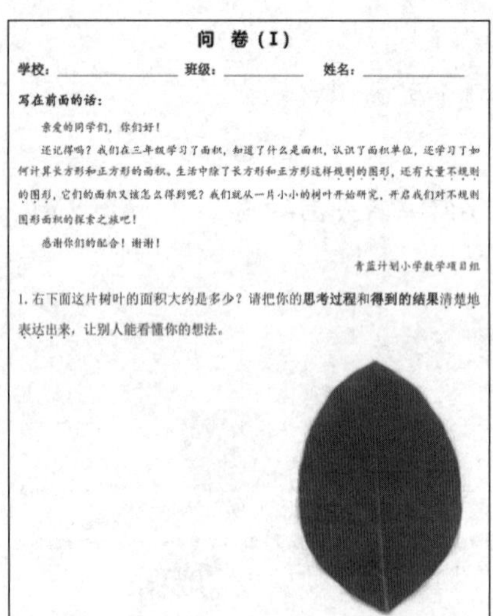

问 卷（I）

学校：________ 班级：________ 姓名：________

写在前面的话：

亲爱的同学们，你们好！

还记得吗？我们在三年级学习了面积，知道了什么是面积，认识了面积单位，还学习了如何计算长方形和正方形的面积。生活中除了长方形和正方形这样规则的图形，还有大量不规则的图形，它们的面积又该怎么得到呢？我们就从一片小小的树叶开始研究，开启我们对不规则图形面积的探索之旅吧！

感谢你们的配合！谢谢！

青蓝计划小学数学项目组

1. 右下面这片树叶的面积大约是多少？请把你的**思考过程**和**得到的结果**清楚地表达出来，让别人能看懂你的想法。

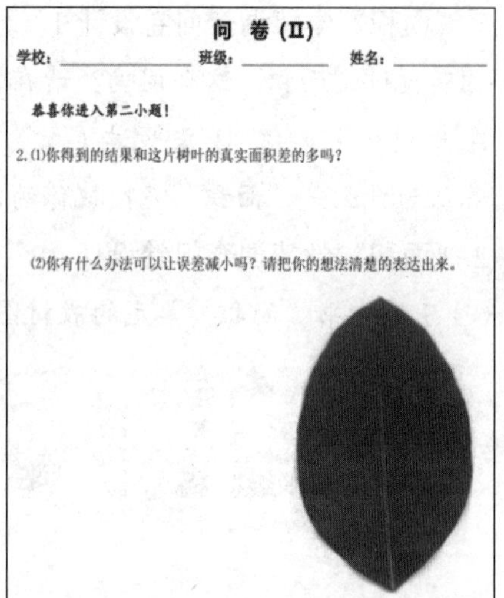

问 卷（Ⅱ）

学校：________ 班级：________ 姓名：________

恭喜你进入第二小题！

2.（1）你得到的结果和这片树叶的真实面积差的多吗？

（2）你有什么办法可以让误差减小吗？请把你的想法清楚的表达出来。

备注：调研问卷说明：

问卷（1）要调研学生是否有估计不规则图形面积的方法；问卷（2）要调研学生是否能意识到误差，并想办法减少误差。

二、研究的结果

（一）“面积”单元教材分析研究结果

1.《义务教育数学课程标准（2011 年版）》对面积学习的要求

在《义务教育数学课程标准（2011 年版）》（以下简称《课程标准（2011 年版）》）中，对测量内容的学习做出了详细的描述。

第一学段（1 ～ 3 年级）

1. 结合生活实际，经历用不同方式测量物体长度的过程，体会建立统一度量单位的重要性。

2. 在实践活动中，体会并认识长度单位千米、米、厘米，知道分米、毫米，能进行简单的单位换算，能恰当地选择长度单位。

3. 能估测一些物体的长度，并进行测量。

4. 结合实例认识周长，并能测量简单图形的周长，探索并掌握长方形、正方形的周长公式。

5. 结合实例认识面积，体会并认识面积单位厘米^2、分米^2、米^2，能进行简单的单位换算。

6. 探索并掌握长方形、正方形的面积公式，会估计给定简单图形的面积。

第二学段（4 ～ 6 年级）

1. 能用量角器量指定角的度数，能画指定度数的角，会用三角尺画 30°，45°，60°，90° 角。

2. 探索并掌握三角形、平行四边形和梯形的面积公式，并能解决简单的实际问题。

3. 知道面积单位：千米^2、公顷。

> 4. 通过操作，了解圆的周长与直径的比为定值，掌握圆的周长公式；探索并掌握圆的面积公式，并能解决简单的实际问题。
>
> 5. 会用方格纸估计不规则图形的面积。
>
> 6. 通过实例了解体积（包括容积）的意义及度量单位（米^3、分米^3、厘米^3、升、毫升），能进行单位之间的换算，感受1米^3、1厘米^{3}以及1升、1毫升的实际意义。
>
> 7. 结合具体情境，探索并掌握长方体、正方体、圆柱的体积和表面积及圆锥体积的计算方法，并能解决简单的实际问题。
>
> 8. 体验某些实物（如土豆等）体积的测量方法。

聚焦到三年级面积的认识这一单元的学习时，《课程标准（2011年版）》在第一学段内容目标中指出：探索并掌握长方形、正方形的面积公式，能估计给定的简单图形的面积。让学生经历观察、操作、猜想、推理、归纳的探索过程，理解公式背后的道理，在此基础上掌握公式，并能正确使用面积计算公式解决一些简单的实际问题。对于五年级“不规则图形的面积”的教学内容在《课程标准（2011年版）》中指出：用方格纸估计不规则图形的面积。

从以上内容中可以看出，在小学阶段学习测量是一个循序渐进的过程，也是从易到难的过程。从二年级学习长度的测量，到三年级学习面积，再到六年级学习体积。从起初的在测量过程中体会单位统一的重要性，并且能够结合具体情境测量物体的长度，到测量图形的面积，最后能够测量物体的体积，测量的难度也是逐渐增加，从测量线段的长度到测量曲线段的长度，从测量规则图形、平面图形的面积到测量不规则、立体图形的表面积，再从测量规则物体的体积到不规则物体的体积，解决这些问题需要对测量有更深入的理解。

2.“认识面积”教材分析

“什么是面积”是北师版三年级下册第五单元《面积》的起始课。《面积》这一单元，在北师版教材中知识体系联系如图4-3所示。

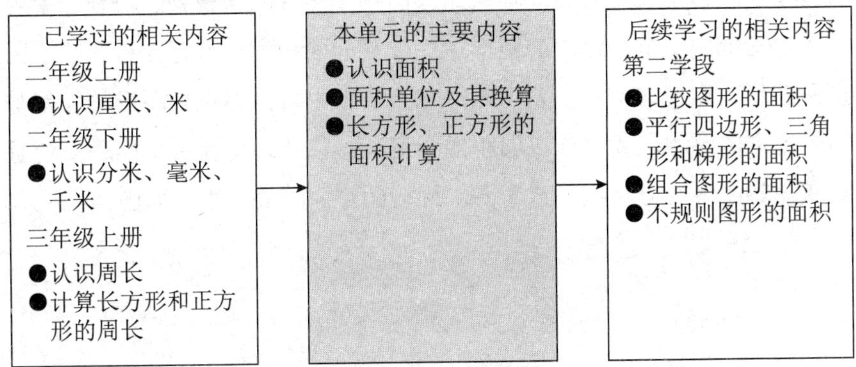

图 4-3 《面积》这一单元在北师版教材中知识体系联系

教参中阐述了面积单元的学习目标。

1. 结合实例与比较图形大小的实际操作过程，体会面积的含义。

2. 结合实例，体会统一面积单位的必要性，认识平方厘米、平方分米、平方米等面积单位，以及它们之间的进率关系。

3. 探索并掌握长方形和正方形的面积计算公式，能够解决有关长方形、正方形面积的实际问题。

4. 在比较面积大小、推导面积计算公式等过程中，养成独立思考、勇于探索的习惯。

教材编排设计如下：

问题串引领思考：

问题 1：比一比，看一看。通过观察发现直接能够比较这些物体的面积的大小。

问题 2：比一比，哪个图形的面积大？多种策略比较两个面积相似的图形，并在比较的过程中区分面积和周长的概念。

问题 3：在方格纸上画出三个不同的图形，使它们的面积都是 7 个小方格。不仅能够让学生体会到面积相同的图形，形状可以不同，同时渗透方格纸在面积比较中的作用。

习题提升能力：

习题 1 要求学生通过直观观察，比较出哪个图形的面积大。习题 3 中要求学生能够在方格纸由小方块组成的图形中比较谁的面积大，习题 4 是在点子图中比较不规则图形的面积，习题 5 要求能够在方格纸中数出不规则图形的面积是多少个方格。本课的练习，就是通过面积的学习，不仅要理解什么是面积，而且还能通过直接观察或者在方格纸、点子图中比较图形面积的大小。如图 4-4 所示。

五　面积

什么是面积

看一看，比一比。

在右面的方格中画 3 个不同的图形，使它们的面积都等于 7 个方格的面积。

49

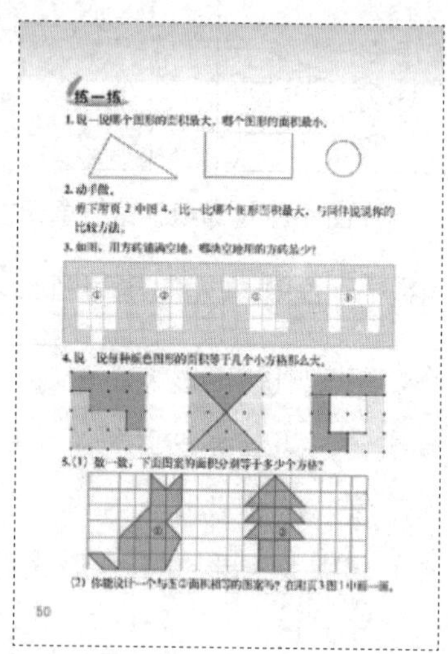

练一练

1. 说一说哪个图形的面积最大，哪个图形的面积最小。

2. 动手做。

剪下附页 2 中图 4，比一比哪个图形的面积最大，与同伴说说你的比较方法。

3. 如图，用方砖铺满空地，哪块空地用的方砖最少？

4. 说一说每种颜色图形的面积等于几个小方格那么大。

5.(1) 数一数，下面图案的面积分别等于多少个方格？

(2) 你能设计一个与图②面积相等的图案吗？在附页 3 图 1 中画一画。

50

图 4-4　北师版教材中的面积的认识

通过对北师版教材的纵比分析，可以看出：

第一，在测量图形的面积时，没有直观的测量工具，而学生使用过的测量工具比较单一。因此，不论是从测量工具还是从以往的测量经验来看，学生学习测量面积时都具有不小的挑战。

第二，面积的认识，是学生学习中第一次从一维的长度到二维的面积，可以说是空间认识上的一次飞跃。在本节课中学生容易受原有测量经验的影响，使用周长的测量结果来充当面积的测量值。

第三，面积的学习，是后期的基本图形的面积的基础，体积的认识也需要这种思维方法的继续迁移和渗透，对后面的学习意义深远。

因此让学生能够在一定高度上理解到测量的本质含义，才能够真正地帮助学生储备好解决问题的能力。

那么，“什么是面积”这一内容在其他版本教材中，又是如何编排的？如图 4-5、图 4-6 所示。

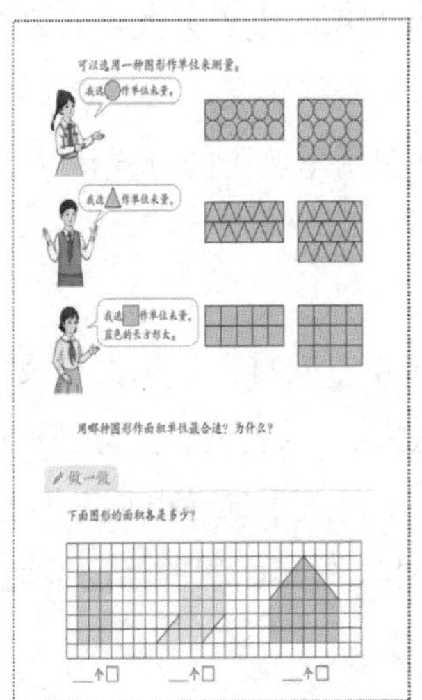

图 4-5　人教版教材中的面积的认识

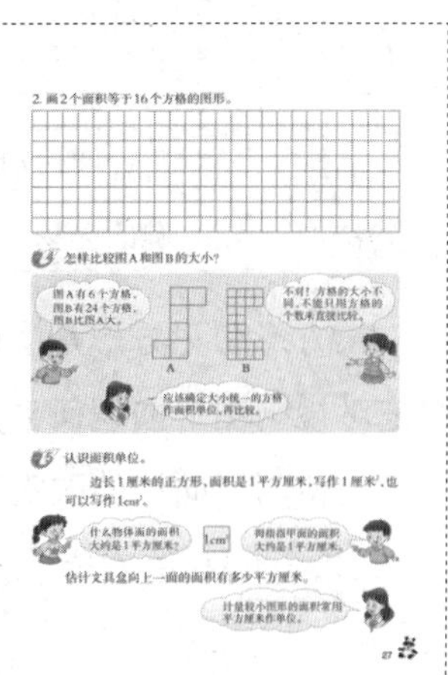

图 4-6　北京版教材中的面积的认识

根据三种不同版本教材的对比分析我们可以看出：

第一，北师版和人教版都直接出示了什么是面积，在面积的定义中，北京版教材设计了摸一摸、看一看等环节帮助学生进一步理解面积的含义。在理解面积概念的活动中，北京版教材的笔墨更重。

第二，度量标准的铺垫中，人教版在标准上为什么选择正方形的意图更为突出，三个版本的教材在起始课中都出现方格图。

第三，定义形式不同。人教版教材对面积的定义方式更有利于小学生理解。北师版教材和北京版教材用抽象的数学语言概括定义，虽然对于小学生来说理解起来有一定的难度，但此两版教材都注重使用举例子的方式帮助学生认识什么是面积，帮助学生理解面积的定义。

3.“长、正方形的面积”教材分析

北京版教材将“长方形和正方形的面积”安排在认识面积及面积单位之后，指导学生利用面积单位测量长方形的面积大小，结合长方形的特征，推导出长方形的面积计算公式，再根据正方形和长方形的关系推导出正方形的面积公式，在探索的过程中加深对面积的理解，积累研究图形面积的活动经验，发展推理能力，如表 4-4 所示。

表 4-4　北京版教材中把对平面图形面积的研究分三次进行编排

年　级	“面积”内容
三下	面积和面积单位、长方形和正方形的面积、不规则图形的面积
五上	平行四边形的面积、不规则图形的面积、梯形的面积、三角形的面积
六上	圆的面积

长方形和正方形是生活中常见的也是基本的规则图形，长方形和正方形的面积是对规则图形面积研究的开端，探索过程中积累的研究方法、活动经验是后续研究其他图形面积的关键基础。

“长、正方形面积”在其他版本教材中又是如何编排的？如图 4-7 至图 4-9 所示。

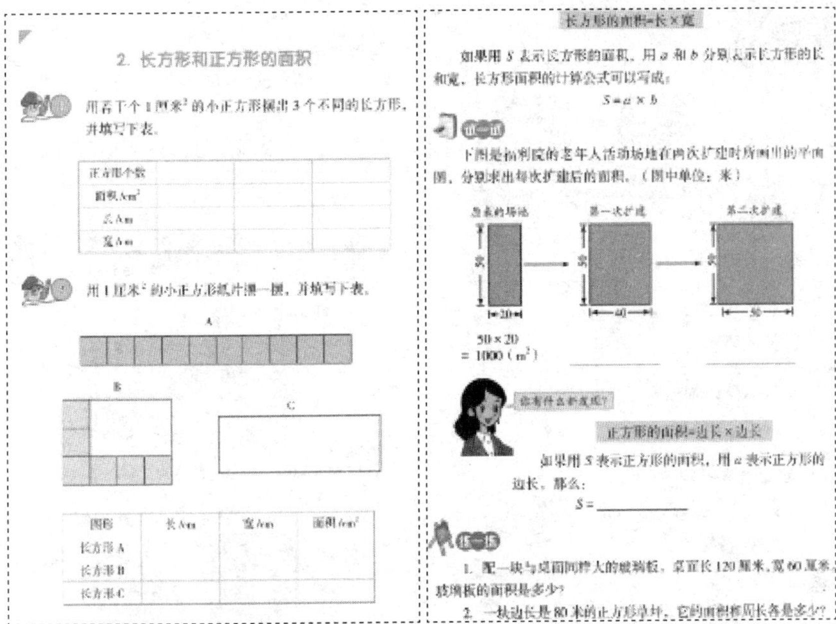

2. 长方形和正方形的面积

用若干个1厘米²的小正方形摆出3个不同的长方形，并填写下表。

正方形个数			
面积/cm²			
长/cm			
宽/cm			

用1厘米²的小正方形纸片摆一摆，并填写下表。

图形	长/cm	宽/cm	面积/cm²
长方形A			
长方形B			
长方形C			

长方形的面积=长×宽

如果用 S 表示长方形的面积，用 a 和 b 分别表示长方形的长和宽，长方形面积的计算公式可以写成：

$$S=a\times b$$

下图是福利院的老年人活动场地在两次扩建时所画出的平面图，分别求出每次扩建后的面积。（图中单位：米）

正方形的面积=边长×边长

如果用 S 表示正方形的面积，用 a 表示正方形的边长，那么：

$S=$______

1. 配一块与桌面同样大的玻璃板，桌面长120厘米，宽60厘米，玻璃板的面积是多少?

2. 一块边长是80米的正方形草坪，它的面积和周长各是多少?

图 4-7　北京版教材中的长正方形的面积

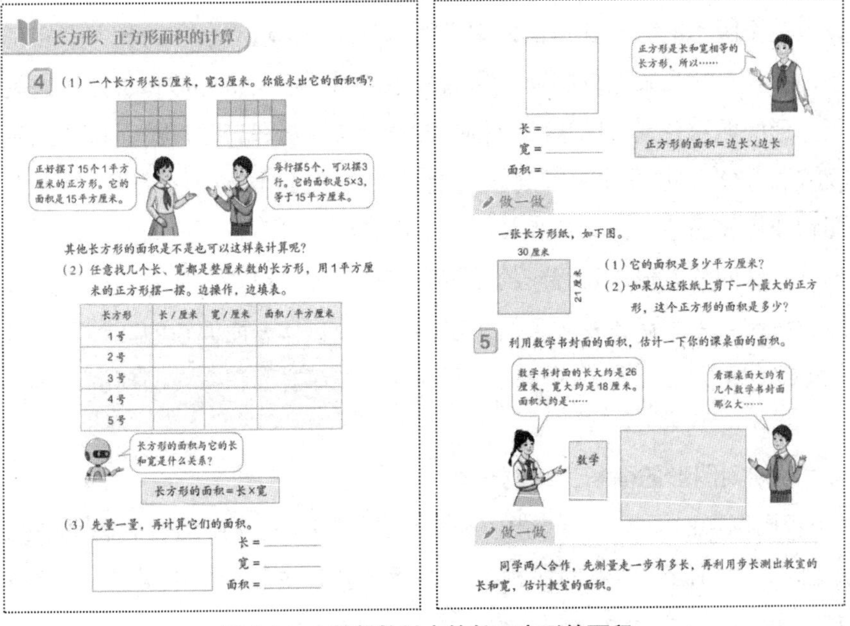

长方形、正方形面积的计算

4　(1) 一个长方形长5厘米，宽3厘米。你能求出它的面积吗?

其他长方形的面积是不是也可以这样来计算呢?

(2) 任意找几个长、宽都是整厘米数的长方形，用1平方厘米的正方形摆一摆。边操作，边填表。

长方形	长/厘米	宽/厘米	面积/平方厘米
1号			
2号			
3号			
4号			
5号			

长方形的面积＝长×宽

(3) 先量一量，再计算它们的面积。

长＝______
宽＝______
面积＝______

长＝______
宽＝______
面积＝______

正方形的面积＝边长×边长

做一做

一张长方形纸，如下图。

(1) 它的面积是多少平方厘米?

(2) 如果从这张纸上剪下一个最大的正方形，这个正方形的面积是多少?

5　利用数学书封面的面积，估计一下你的课桌面的面积。

做一做

同学两人合作，先测量走一步有多长，再利用步长测出教室的长和宽，估计教室的面积。

图 4-8　人教版教材中的长正方形的面积

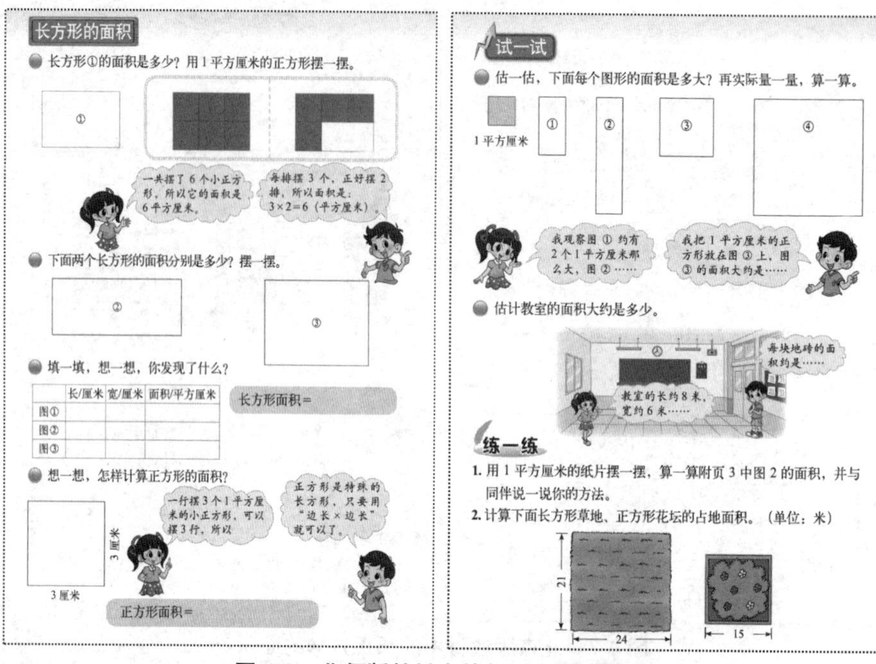

长方形的面积

长方形①的面积是多少？用1平方厘米的正方形摆一摆。

①

一共摆了6个小正方形，所以它的面积是6平方厘米。

每排摆3个，正好摆2排，所以面积是：3×2=6（平方厘米）。

下面两个长方形的面积分别是多少？摆一摆。

②

③

填一填，想一想，你发现了什么？

	长/厘米	宽/厘米	面积/平方厘米
图①			
图②			
图③			

长方形面积=

想一想，怎样计算正方形的面积？

3厘米

3厘米

一行摆3个1平方厘米的小正方形，可以摆3行，所以

正方形是特殊的长方形，只要用“边长×边长”就可以了。

正方形面积=

试一试

估一估，下面每个图形的面积是多大？再实际量一量，算一算。

1平方厘米

①

②

③

④

我观察图①约有2个1平方厘米那么大，图②……

我把1平方厘米的正方形放在图③上，图③的面积大约是……

估计教室的面积大约是多少。

每块地砖的面积约是……

教室的长约8米，宽约6米……

练一练

1. 用1平方厘米的纸片摆一摆，算一算附页3中图2的面积，并与同伴说一说你的方法。

2. 计算下面长方形草地、正方形花坛的占地面积。（单位：米）

21

24

15

图 4-9　北师版教材中的长正方形的面积

以上三个版本的教材都是在认识了面积及面积单位之后学习长方形和正方形的面积，都是把探索长方形的面积作为核心活动，根据正方形和长方形的关系推导出正方形的面积公式。北京版教材在推导出长方形和正方形的面积公式后，紧跟着就安排了求正方形面积和周长的题目，巩固新知的同时，也让学生进一步体会面积和周长的不同。北师版教材这节内容的题目是长方形的面积，突出体现正方形是特殊的长方形，长方形的面积公式是直接应用在正方形上的。人教版和北师版教材在新知之后还安排了估计现实生活中物体表面面积的活动和练习，在应用长方形和正方形面积公式解决问题的同时加深对面积意义的理解，培养估计能力。

4.“不规则图形的面积”教材分析

“不规则图形的面积”这一内容在小学数学知识体系中的前后联系如图 4-10 所示。那么，“不规则图形的面积”在各版本教材中是如何编排的，如图 4-11、图 4-12 所示。

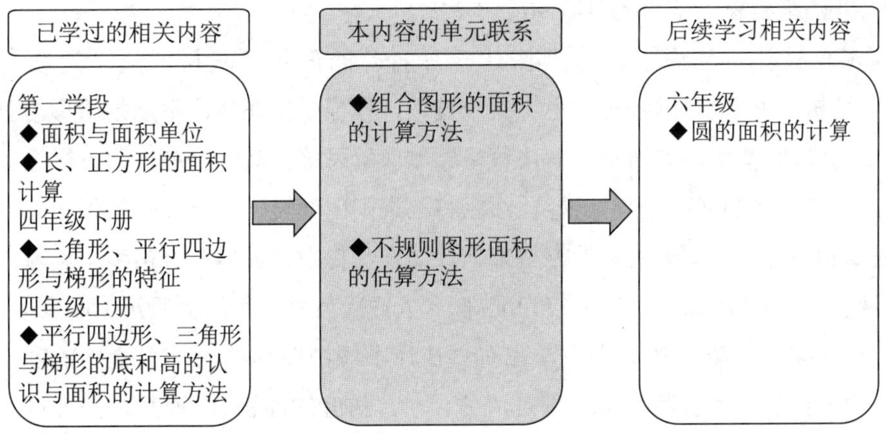

图 4-10　“不规则图形的面积”在小学教学知识体系中的前后联系

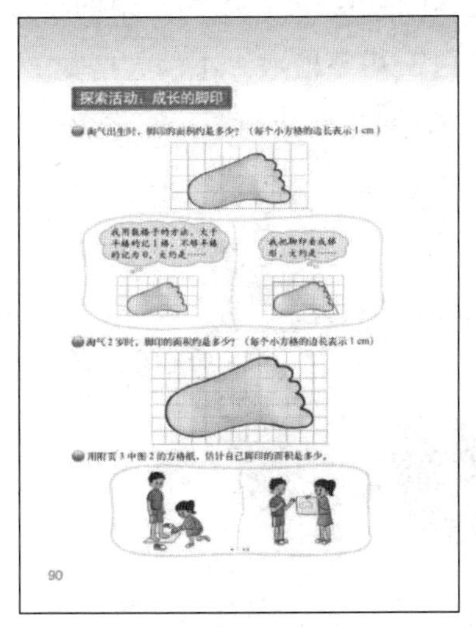

图 4-11　北师版教材中的不规则图形的面积

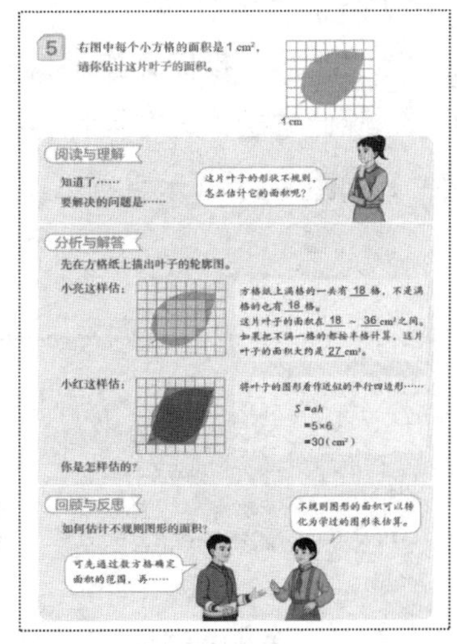

图 4-12　人教版教材中的不规则图形的面积

北师版教材以“淘气出生时和两岁时，脚印的面积大约各有多少”为例，探索如何估计不规则图形的面积，并以问题串的形式，引导学生思考和探究。问题一，是在方格纸上，探索估计脚印面积的方法，问题二和问题三，分别是运用所探索出的方法，解决不规则图形面积的估计方法。本节课的教学目标是：能用数方格的方法，估计不规则图形的面积；在估计的过程中，丰富估计的策略和方

法。（北师版教材五年级上册第 90 页）

人教版教材，探索情境是估计一片树叶的面积。教材通过“阅读与理解”“分析与解答”“回顾与反思”三个过程，指导学生在估计不规则图形的面积时，如何理解情境，如何制定解决策略、如何反思等。其中，在应用方格纸进行估计时，除了像北师版教材一样，注重将不规则图形转化成学过的规则图形来估计面积和通过基数图形所占的方格来估计面积，特别强调借助方格纸来确定估计的范围，让估计的结果合理且较为准确。（人教版教材五年级上册第 100 页）

在日本小学数学教材[①]中，也有“估计不规则图形的面积”这一内容，且所使用的素材同人教版相似，都是“估计一片树叶的面积”。而且，探究这片树叶的面积时，教材通过三个具体问题引导学生探究估计的方法：问题 1. 树叶的边线内，整个的小方格有几个？问题 2. 树叶的边线内，不满一个的小方格有几个？（提示：将不满一格的计作半格）问题 3. 用整格数 + 不满一格数 ÷2= 树叶面积（提示，除此方法，还有各种各样的方法可以解决问题，请你想一想，还可以怎么做？）如图 4-13 所示。

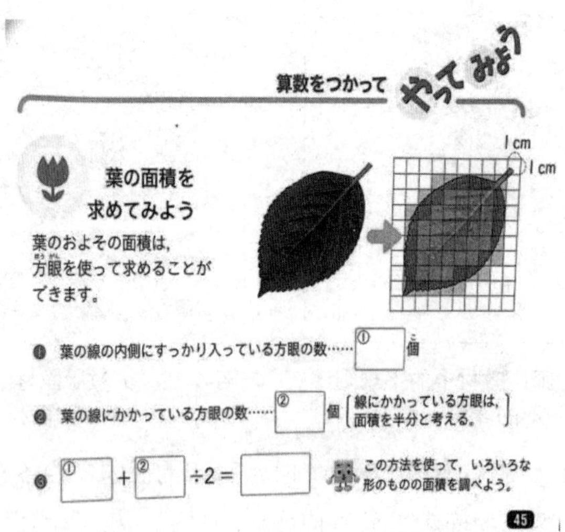

图 4-13　日本小学数学教材中的不规则图形的面积

① 日本东京书籍出版社《新しい算数》五年级下 45 页，《新しい算数》为日本文部省编制的六大教科书之一。

通过研读、对比以上三个版本教材，可以看出，估计不规则图形的面积这一内容，在三个版本教材都是直接呈现在方格纸中，即将不规则图形直接置于方格纸中。其编排目的，是把不规则图形看成由若干个小正方形密铺成的组合图形，通过对小正方的计数得到不规则图形的面积。所以，用方格纸测量不规则图形面积的方法，是测量所有图形面积的通性通法。

通过以上教材对比、分析，从知识技能、关键能力、其他能力和品格培养四个维度，分别确定了“什么是面积”“长、正方形的面积”和“不规则图形的面积”这三节课的教学目标，如表 4-5 所示。

表 4-5　各课时的教学落脚点汇总

内　容	知识技能	关键能力（数学思想）	其他能力	品　格
什么是面积？	认识面积（知识）、与周长的区别 会比较面积大小（技能）	度量思想（测量单位的观念） 空间观念（维度转换）	发现、提出问题（创新能力）	独立思考
长、正方形的面积	长、正方形面积公式的掌握及应用	推理能力（从特殊到一般） 度量思想	评价反思	独立思考
不规则图形的面积	计算不规则图形面积的方法数方格的价值	度量思想数方格 微积分思想 转化思想 数量感	解决问题能力（实际应用）	好奇心

（二）“关于面积”的学情调研结果

1. 关于“面积的认识”的学情调研

如何了解学生是否已经达到了预期的结果？哪些证据能够证明学生的理解和掌握程度呢？逆向设计告诉我们要根据收集学生的证据来思考教学设计。要像评估员一样思考，思考如何确定学生是否已经达到了预期的理解。

学情调查问卷（一）

你听说过“面积”这个词吗？请在（　）里画“√”。	
A. 听过（　）	B. 没听过（　）
你认为什么是“面积”呢？把你的想法写一写或画一画。	

水平划分

基于文献和学生调研结果，我们将“面积”理解程度水平进行划分，见表 4-6、表 4-7。

表 4-6　三年级学生面积理解测评量规

水平 0	学生没有听说过“面积”这个词语，不能表达对面积的理解或在表达对面积的理解时常与周长混淆
水平 1	1. 能说出“表面”或“大小”这样的词语； 2. 能用涂阴影的方式表示面，但没有明确描述指明所表示的是“面的大小”； 3. 能用公式求出面积，但并不知道为什么这么求
水平 2	能明确说出面积是平面图形的大小；能区分面和面积，但有时在表达上会出现混淆
水平 3	能区分面和面积，能用语言准确表达面积的定义，能用多种表征方式表达自己对面积的理解，并能区分面积和周长

表 4-7　北京第二实验小学三年级（1）班（39 人）学生水平划分情况

水平级数	人　数	百分比
水平 0	4	10.2%
水平 1	21	53.8%
水平 2	13	33.3%
水平 3	1	2.6%

水平 0（共 4 人）：在这一水平的学生对面积不理解，在他们的描述中会出现“（长 + 宽）×2、物体表面的长和宽、物体一个面的总长度”这样的语句，说明学生将面积与周长混淆，对于面积的理解还是一维的认识。

水平 1（共 21 人）：在这一水平的学生对面积有了模糊的认识，能区别周长，知道面积是一个平面或大小，有对面积的初步感知。但他们的理解是不充分的，对于“平面”或是“大小”没有深入体验。有的学生能用算式求出面积，但不能解释面积的意义，在访谈中可以了解到这部分学生只是从家长或课外学到了面积公式，但是不理解面积的意义。但这部分学生已经知道，面积是从长和宽两个维度来测量的。

水平 2（13 人）：在这一水平的学生对面积已经有了清晰的认识，他们在描述中能说道：平面的大小、图形的大小、一面有多大、面积就是一个形状的占地数，能说出“面的大小”。学生还能清楚地说出周长与面积的区别。

根据上面水平划分标准，我们还对长阳小学的三年级学生进行了水平划分，如表 4-8 所示。

表 4-8　长阳小学三年级学生水平划分情况

水平级数	人　数	百分比
水平 0	3	7.9%
水平 1	25	65.8%
水平 2	10	26.3%
水平 3	0	0

通过数据对比，可以看出两所学校学生水平差不多，在水平 1 的学生人数相对集中。有了上面的水平划分，在教师的脑子里就有了清晰明确的结果和理解面积的合适证据，可以全面考虑教学活动了，我们今天呈现的面积的初步认识这节课，也就是我们逆向设计的第三个阶段。在设计这节课之前我们思考了几个问题：如何有效地开展教学并获得预期结果？哪些活动可以使学生获得知识和技能？我们需要教哪些内容，指导学生做什么？哪些教学材料是最合适的？根据我们的思考和明确的预期结果，我们希望学生的水平能得到提升，对面积有更加深入的理解，真的有能力将研究面积的方法技能迁移到新的环境中去。

经历教学实施、反思、改进后，我们又对课堂教学进行后测，并与前测数据进行对比分析，结果如表 4-9、图 4-14 所示。

表 4-9　北京第二实验小学三（1）班学生对面积理解前后测水平对比

	水平 0	水平 1	水平 2	水平 3
学习之前	10.2%	53.8%	35.9%	0
学习之后	2.7%	43.2%	10.8%	43.2%

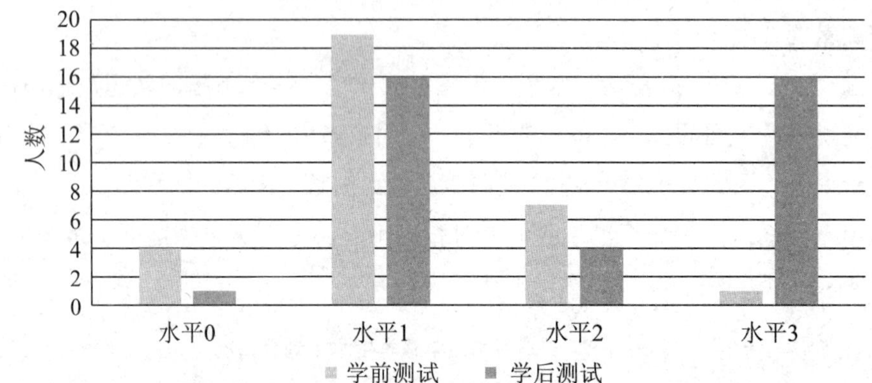

图 4-14　北京第二实验小学三（1）班学生对面积理解前后测水平对比

2. 关于“长、正方形的面积”的学情调研

教材中直接让学生用 1 平方厘米这个面积单位来研究长方形的面积，如果不直接给出，学生自己会想到吗？学生又会呈现怎样的方法呢？为了了解学生本源的想法，设计了一道题目对学生进行学情调研。为了方便学生研究，给学生提供了一个长 6 厘米、宽 4 厘米的长方形。

调研题目如下：

请你想办法求出下面长方形的面积，并用你喜欢的方式解释一下你的想法。

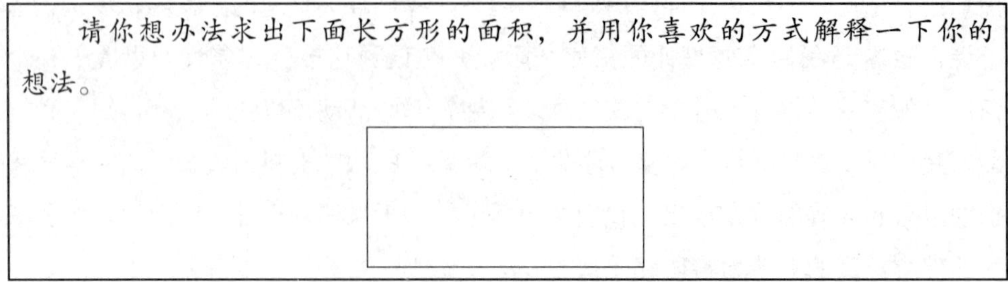

根据本节课的学习目标和学生的作答情况，我们将学生对长方形面积的计算方法划分为了三个水平，评价量规如表 4-10 所示。

表 4-10　三年级学生长正方形面积测评量规

水平层级	水 平 描 述	作 答 样 例
水平 0	将面积算成周长。	2.请你想办法求出下面长方形的面积，并用你喜欢的方式解释一下你的想法。 6cm　4cm　4cm　6cm 2×6+2×4 =12+8 =20(cm²) 答：长方形面积是20cm². 与周长混
水平 1	1. 知道长方形的面积等于长乘宽，但是不知其背后的道理。	4cm　6cm 4×6=24(cm²) 答：长方形面积是24cm² 长方形　长×宽=面积 正方形　边长×边长=面积
	2. 有意识画面积单位，但是面积单位画得不规范。	1 2 3 4 5 6 7 8 9 10 11 12 13 14 15 16 17 18 19 20 21 22 23 24 25 26 27 28 29 30 31 32 33 34 35 因为一小格是1平方厘米
水平 2	1. 不仅知道长方形的面积等于长乘宽，还能通过画面积单位的方法解释这样算的道理。	4×6=24(cm²) 答：长方形面积是24cm² 我用长×kuān 因边长是1cm的小正方形是1cm².长是6cm，说明有6列小正方形，kuān是4说明有4háng小正方形有24个小正方形，就是24cm².

续表

水平层级	水 平 描 述	作 答 样 例
水平 2	2. 通过数面积单位，得出长方形的面积。	**2.请你想办法求出下面长方形的面积，并用你喜欢的方式解释一下你的想法。** 1平方厘米 1 2 3 4 5 6 7 8 9 10 11 12 13 14 15 16 17 18 19 20 21 22 23 24 先画出1平方厘米，在量一量画出好几个平方厘米，然后写上数字1biaoshi1平方厘米，2biaoshi2平方厘米……在看有几个数字就有几个平方厘米。

通过对学生作答情况进行水平划分，调研结果如表 4-11 所示。

表 4-11　三年级学生长、正方形面积前测水平分布

水平层级	水 平 描 述	人　数	百 分 比
水平 0	将面积算成周长	4 人	10%
水平 1	1. 知道长方形的面积等于长乘宽，但是不知其背后的道理	15 人	37.5%
	2. 有意识画面积单位，但是面积单位画得不规范	6 人	15%
水平 2	1. 不仅知道长方形的面积等于长乘宽，还能通过画面积单位的方法解释这样算的道理	11 人	27.5%
	2. 通过数面积单位，得出长方形的面积	4 人	10%

以上学情调研，采用的是“表现性评价”。“表现性评价”最主要的目的不是甄选和淘汰，而是使教师获得对学生学力现状的当场把握，并且能够将这些信息灵活运用到接下来的教学指导和以学生为主体的学习活动当中去。因此，针对学生的完成情况，并不是简单地以“对”或“错”进行数据统计，而是根据学生的思维水平进行等级划分。

以上评价量规的制定依照以下流程。

（1）教师根据学习目标，设计表现性评价任务。

（2）教师收集学生的作品，将作品进行分类，并根据学习目标和学生认知水平的差异将作品进行水平划分。

（3）归纳同一水平等级的作品的不同特征，然后记入评价准则中。

根据表现性评价的结果可以清晰地看出学生认知水平的差异。全班 40 名同学有 10% 的同学处在水平 0，面积与周长的概念混淆；有 52.5% 的同学处在水平 1，其中有 37.5% 的同学知道长方形的面积等于长乘宽，但是不知其背后的道理，有 15% 的同学有意识画面积单位，但是面积单位画得不规范；有 37.5% 的同学处在水平 2，其中 27.5% 的同学不仅知道长方形的面积等于长乘宽，还能通过画面积单位的方法解释这样算的道理，其余 10% 的同学则通过数面积单位，得出长方形的面积。

评价量规中的水平层级和典型样例，成为课堂上教师评价学生的有力证据。接下来，教师要思考的是：如何将不同水平的作品进行反馈？如何帮助低水平的学生上升到更高水平？根据以上思考，我们进行了学习活动的改进。

3. 关于“不规则图形的面积”的学情调研

由于在进行此次“以面积为主题”的课例研究时，正值五年级下学期，而此时学生已经学习了不规则图形面积的内容，因此，我们选择了在四年级开展教学。四年级的学生对于估计不规则图形的面积积累了一些经验。在三年级认识面积单位时，会让学生寻找生活中面积接近 1 平方厘米、1 平方分米和 1 平方米的物体，还会解决估计数学课本、教室面积等问题，这都是学生估计面积的活动经验。从基础知识方面看，在三年级下学期认识了面积、面积单位，学习了长方形和正方形的面积、估计简单的不规则图形的面积。但是较之五年级还没有学习平行四边形、梯形、三角形的面积以及组合图形的面积，因此，我们在设置学习目标、选择学习材料、设计教学环节时都会依据学生的已有学习经验和知识基础，让学生在原有的基础上都有不同程度的提高。

基于以上对课标的研读，对教材和学生知识基础、活动经验基础的分析，本组进行学情调研。调研题目设计如下。

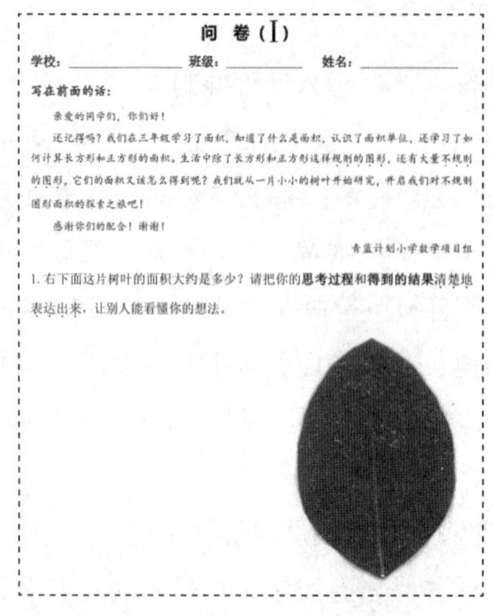

问 卷（Ⅰ）

学校：__________ 班级：__________ 姓名：__________

写在前面的话：

亲爱的同学们，你们好！

还记得吗？我们在三年级学习了面积，知道了什么是面积，认识了面积单位，还学习了如何计算长方形和正方形的面积。生活中除了长方形和正方形这样规则的图形，还有大量不规则的图形，它们的面积又该怎么得到呢？我们就从一片小小的树叶开始研究，开启我们对不规则图形面积的探索之旅吧！

感谢你们的配合！谢谢！

青蓝计划小学数学项目组

1. 右下面这片树叶的面积大约是多少？请把你的**思考过程和得到的结果**清楚地表达出来，让别人能看懂你的想法。

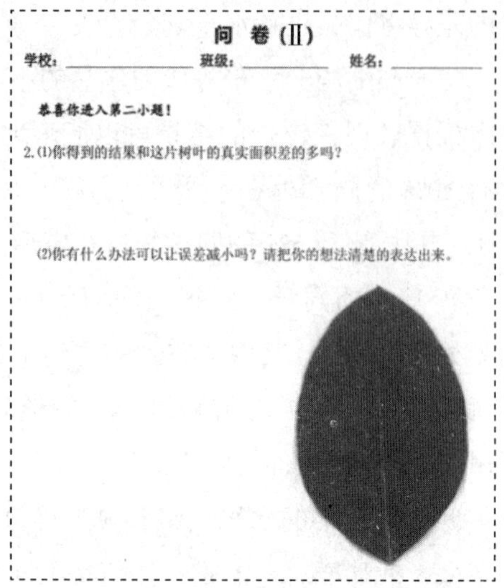

问 卷（Ⅱ）

学校：__________ 班级：__________ 姓名：__________

恭喜你进入第二小题！

2. (1)你得到的结果和这片树叶的真实面积差的多吗？

(2)你有什么办法可以让误差减小吗？请把你的想法清楚的表达出来。

调研问卷说明：

问卷（1）要调研学生是否有估计不规则图形面积的方法；问卷（2）要调研学生是否能意识到误差，并想办法减少误差。

调研数据分析（表 4-12）：

表 4-12 四年级学生解决一片树叶面积的水平表现及分布

水 平 0	水 平 1	水 平 2	水 平 3
（1）没有方法估计 （2）与周长混淆	能用规则图形（长方形、正方形、三角形等）通过内接或外切的方式估计不规则图形的面积，测量误差大，结果误差大	（1）能用规则图形（长方形、正方形、三角形等）估计不规则图形的面积，有出入相补的思想； （2）能通过单位累加求不规则图形的面积； （3）用均值思想求不规则图形的面积。 误差相对较小	（1）能用规则图形（长方形、正方形、三角形等）估计不规则图形的面积，有出入相补的思想； （2）能通过单位累加求不规则图形的面积； （3）用均值思想求不规则图形的面积。 能意识到误差，想办法去减小误差
5 人 15.63%	14 人 43.75%	9 人 28.13%	4 人 12.50%

根据学生作品呈现的不同水平，我们对学生的作品进行了水平划分，从0到3，水平由低到高，统计出了处于每个水平的学生人数，以及占全班人数的百分比。

从统计结果可以看出，处于水平0的有5名学生，占全班人数的15.63%，剩下的84.37%的学生都有至少一种估计方法。而且，只有4名学生处于水平3，占全班人数的12.50%，剩下的23人处于水平1和水平2，占全班人数的81.88%。

以上数据，表示本调研的学生中绝大多数都有至少一种估计不规则图形面积的方法，其中只有少数学生能够在问题的提示下意识到误差，并能想办法减少误差，其余大部分学生还没有意识到通过选择更小的测量单位估计不规则图形的面积，从而提高估计值的精确度。因此，本节课需要帮助和引导学生在评价分析中理解不同的估计方法，并能意识到误差的存在，找到减少误差的方法，每名学生都能在原有的水平上提升至少一个水平。

（三）课例研究结果

1.“面积的认识”课例研究结果

1）原始设计是怎么样的

面积的认识原始设计思路如图4-15所示。

2）执教的过程中的问题

第一，学生问题的呈现方式和处理过快，问题的层次梳理得不够清晰。

从学生学前调查问卷中，收集了五个具有代表性的问题：面积是指一个物体有多大？面积是物体的表面，还是指面的大小？弯曲的面有面积吗？面积和周长一样吗？封闭图形和面积有什么关系？

在展示的过程中，学生一个个地阅读就要花费很长时间，然后在读完问题后学生也要时间去思考五个问题中到底哪个最重要。因此，这个环节对学生的阅读能力是一个很大的挑战，同时在读完后还要迅速地进行分析、判断，即使有学生回应也是少数的同学，其他的同学还没有看完，或者还没有进行思考，就已经到下一个环节了。

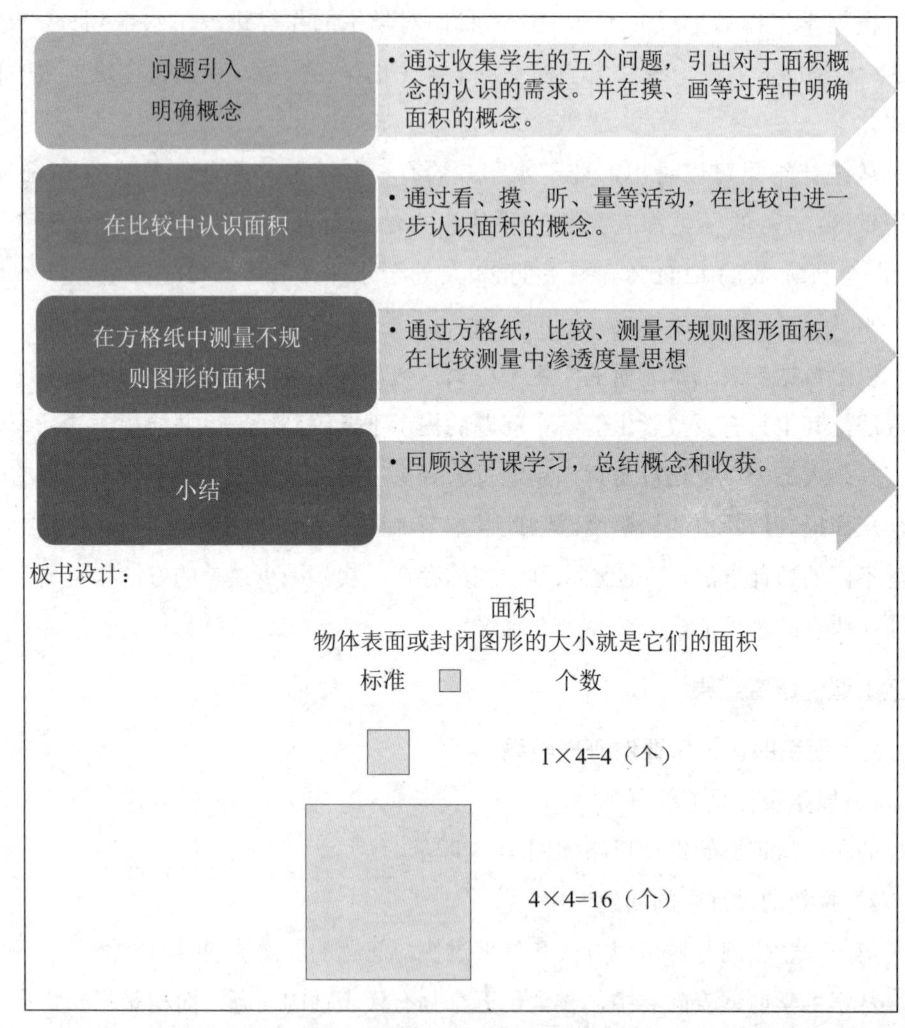

图 4-15　面积的认识原始设计思路

第二，环节中反复的活动过多，语言表达不准确。

设计的环节中一开始通过了多种实物来认识面积，如黑板、纸、U 盘、橘子、长方体等，在学生用自己的语言表述面积的过程中，面和面积在不断混淆，语言不清晰，概念不清楚。同时在黑板上摸过了物体的表面，在后面 U 盘、橘子、长方体中都有摸的环节，尽管摸的目的不太相同，但是环节过于细碎，设计的反复“摸”的活动较多。

第三,一个活动想要的目标太多，主要问题不突出。

在设计“画”的环节中，渗透的活动目的太多：要利用观察比较出图形面积的大小，同时还富裕了时间要素来协助比较；设置了关于周长和面积概念的辨析，但是周长和面积的概念比较，没有突出在度量程度的区别和关系；解决封闭图形有面积，而不封闭的图形面积是无法确定的。

第四，个别环节设计不够严谨。

使用大镲、小镲敲击的声音比较面积，不够严谨。在环节设计中，由于查阅了相关的资料，大镲和小镲的面积大小可以通过敲击后延音的长短进行辨别，但是同时，大镲、小镲的音色不同，敲击后也可以通过音色进行辨别，而且敲击的力道不同也会导致延音的长短有所偏差，所以听声音可以从音色、延音两个维度来进行判断，不够科学。

第五，在设计的过程中，度量的思想渗透不够。

在整个教学设计中，对于“面积”概念感受设计的活动较为丰富，由于时间问题，不能从度量的整体角度，如长度、面积的对比中进一步体会面积的度量含义，比如在后面测量不规则图形时，学生是否能够想到用方格图帮助数出图形所含有的方块个数来进行比较。

3）基于问题的调整构想

将问题呈现简化。将原来的五个问题梳理为三个问题：面积是指物体的表面，还是指面的大小？弯曲的面有面积吗？面积和周长一样吗？降低了学生阅读的难度，将原来将问题间的对比转变成学生对三个问题的情感认同，同时提出这节课的目标，解决三个来自学生的问题。

将问题逐个击破。学生在原始设计中，语言表达一直没有将“面”和“面积”分清楚，所以在上面的三个问题中，直接提出，“面积”和“面”一样吗？学生已经辨别了这两个词之间含义的不同，在后面面积的描述中就不会出现两个词还含混不清的情况了。

在“画”的环节中解决面积概念中“封闭图形”的问题：原始设计环节“画”的环节过多的目的删减为只保留一个“角”，在这个环节中，突破封闭图形才有面积的认识，同时节省出的时间用于体会度量思想的渗透。

删除用大镲、小镲发出的声音来辨别面积的大小，降低学生理解的难度。

在对比中渗透度量思想。在和周长对比中进一步认识面积，体会周长是图形一周边线的长短，面积是面积单位的累加。在比较长方形面积和正方形面积大小的时候，借助方格纸进一步体会面积是度量的结果。

改进后的设计思路如下：

环节	内容
反馈问题，确定问题	• 在反馈的问题中，抓住主要问题去研究。
结合实例 明确概念	• 通过辨别面与面积、摸、画，以及在与周长概念的对比中进一步理解面积的含义。
在比较中进一步认识面积	• 通过直接比较、面积计算、在方格纸中比较等方法深入对面积概念的理解，并在比较的过程中渗透度量思想。
小结	• 总结这节课中关于面积的收获，在度量的概念框架下对比周长和面积，体会面积是面积单位的累加。

2.“长、正方形的面积”课例研究结果

1）“长、正方形的面积”一课的原始教学设计

长、正方形面积原始设计思路如图 4-16 所示。

2）执教的过程中的问题

教材中直接让学生用 1 平方厘米这个面积单位来研究长方形的面积，那如果不直接给，学生自己会想到吗？学生又会呈现怎样的方法呢？为了了解学生本源的想法，设计了一道题目对学生进行学情调研。为了方便学生研究，给学生提供了一个长 6 厘米、宽 4 厘米的长方形。根据本节课的学习目标和学生的作答情况，我们将学生对长方形面积的计算方法划分为三个水平（见本章长、正方形学情调研）。

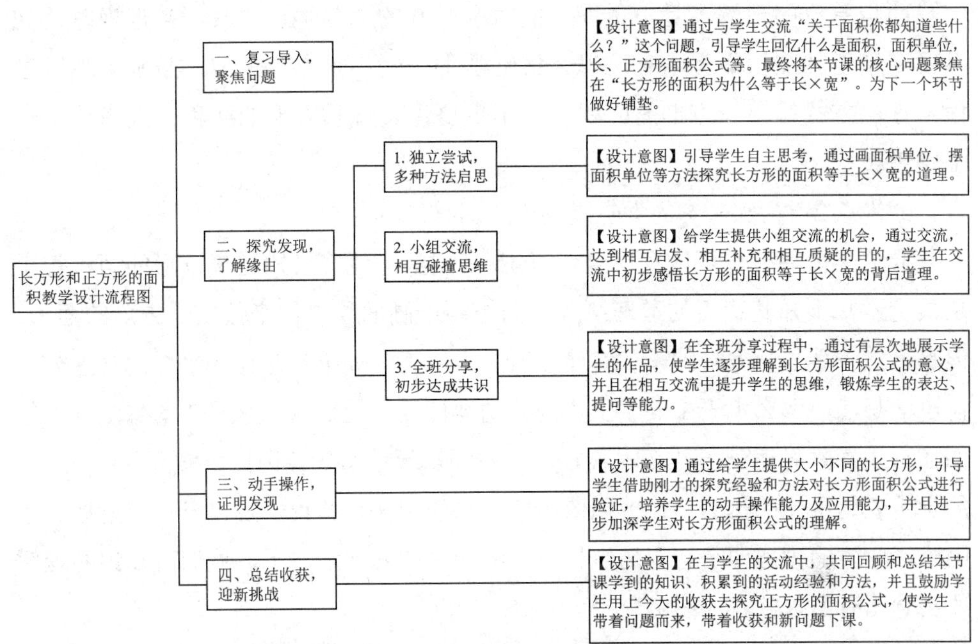

图 4-16　长、正方形面积原始设计思路

从学情调研可知，全班 40 人中，只有 11 人不仅知道长方形的面积的计算公式，还知道其背后的道理。其余 29 人，如何帮助他们自主探索出长方形面积的公式呢？又如何通过课堂学习活动实现不同水平的学生都有所发展呢？我们以此为目标，根据学情调研结果，进行了学习活动的改进。

3）基于问题的调整构想

第一次试讲《长方形和正方形面积》后，我们对课上不同水平学生的表现进行了分析。我们发现水平 0 的学生在进行独立探究时是没有任何方法的。水平 1 的孩子有一些想法，但是解释不清或者还存在一些困惑。水平 2 的孩子在本节课上的自我提升还不够。针对这些问题，我们设计了以下的改进点。

改进点 1：为水平 0 的学生提供面积单位模型。

根据学前调研结果可以看出，当自主探索长方形的面积时，有学生将面积和周长混淆，说明他们对面积的概念还不是很清楚；有学生有意识画出面积单位，通过数面积单位的个数来得出长方形的面积，但是画得不够规范，说明他们对面积单位的理解不是很透彻。面对水平 0 的 4 名学生，教师在巡视时，如果发现学生独立探索有困难，那么将给学生一些小正方形模型，鼓励学生通过摆一摆的方式得出长方形的面积，为学生自主发现长方形的面积公式搭建了一个脚手架。

改进点 2：为水平 1 的学生提供表达困惑的机会。

通过学情调研，可以发现全班有 15 名同学，他们只知道长方形的面积等于长乘宽，却不知其背后的道理；或他们想到了画面积单位来数出长方形的面积，但是无法将其与长方形的长和宽建立联系。课上，如果只是让水平 2 的学生分享自己的想法，那么水平 1 的学生将是被动地接受。他们认可水平 2 的想法吗？他们在自主探索时遇到了什么困难？这些教师都无法得知。因此，教师要给水平 1 的学生表达困惑的机会，让他们谈一谈自己的想法，并说一说自己在哪里遇到了困难，学生的困惑即是知识的生长点。将学生的困惑解决了，他们对知识的理解才会真正有所提升。

改进点 3：为水平 2 的学生提供富有挑战性的题目。

数学课上，大多数教师是靠水平 2 的学生来上课的。例如这节课上，全班有 29 名学生不知道长方形的面积为什么等于长乘宽，但是有 11 名学生是很清楚的。在课上，教师会选择水平 2 的学生来分享自己的想法，为水平 0 和水平 1 的学生讲解长方形面积公式的推导过程，代替了教师的直接告知。不可否认的是，水平 2 的学生的确在语言表达及与人交流方面会得到提升，但是他们原本已非常清楚长方形面积公式的推导过程，那么如何帮助他们的认知水平有所提升呢？教师应该为这些学生提供更具挑战性的题目。在已初步探索出长方形面积公式之后，水平 0 和水平 1 的学生借助长 3 厘米、宽 2 厘米和长 4 厘米、宽 3 厘米的长方形进行验证时，可以为水平 2 的学生提供长 3.5 厘米、宽 2 厘米这样非整厘米数的长方形，培养他们灵活解决问题的能力，促进他们对长方形面积的认识提升到更好的水平。

3.“一片树叶的面积”课例研究结果

1）原始设计

一片树叶的面积原始设计思路如图 4-17 所示。

环节一：复习面积相关知识引入新课学习主题

【设计意图：由于上课年级是四年级，认识面积、面积单位以及长正方形的面积是三年级第二学期的内容，因此通过复习帮助学生回忆面积的相关内容，调动已有的知识基础和研究经验，为新课学习做好准备，也自然过渡到新课学习，引入研究主题。】

环节二：分享不同的估计方法，在比较中择优

【设计意图：通过依次出示不同水平的学生作品，让学生在解读、分析、交流、评价的过程中理解不同估计方法的价值，并在比较中找到让误差更小的估计方法，完善自己的作品。】

环节三：回顾与反思

【设计意图：通过回顾整节课的学习历程，帮助学生梳理和总结估计不规则图形时用到的估计方法和数学思想方法，为后续研究图形面积以及解决相关问题积累经验。】

图 4-17　一片树叶面积原始设计思路

2）执教过程中的问题

问题一：小组交流是课堂教学中一定要设置的环节吗？是否设置交流环节取决于什么呢？

问题二：汇报时如何让学生将自己的改进过程也表述出来，而不是第一个环节的重复呢？

问题三：整节课的总结与提升如何让学生的关注点落在如何估计让误差更小这样的极限思想上呢？

问题四：一节课结束了，如何确定学习目标的达成情况呢？

针对以上问题，思考如下：

第一，教学活动设计的依据是什么？——对照学习目标

在以往设计教学活动时，通常凭借自己以往的教学经验，借鉴优秀课例的活动设计，以及优秀教师的教学经验，有时也会按照程式化的流程进行设计，如合作分享课就是按照独立思考、小组交流、全班分享的程序进行，至于这节课是否需要设计这样的教学活动，这个活动对于这节课的目标达成起到怎样的作用，却是不明确的。

第二，如何促使学生主动思考、学会思考？——分享学习目标

明确了学习目标，学生的学习更有方向，不管是在全班分析评价作品还是在改进作品，学生都被“让误差更小一点”这样的学习目标牵引着，自然走偏的概率就会减少很多，而且成功达成目标的概率就会增加很多。

第三，预期的学习目标是否达成了，有证据吗？——设计评价准则

用效果评价题目来测试学生是否掌握所学知识，即学习目标是否达成了，但是对于有标准答案的测试题，孩子选择了正确选项 B 就说明真的会了吗？即使都会了，选择 B 的学生对这个问题的理解水平是一样的吗？学习目标是否达成了，对于开放性的知识的目标类似于学生有不用的思考方法，学生的思维水平不同，这样的知识设计表现性任务更容易暴露学生不同的思维水平，在学生交流、评价、分析的过程中，让学生意识哪种方法是更高思维水平的方法，明确改进的方向，从而有目标地完善自己的作品。

为此对这节课的核心知识设计了表现性任务（如前所示），学生在上课前完成了两个测试题。收集学生的作品后根据学习目标，根据思维水平由低到高划分了四个思维水平（图 4-18）。

水平层级	水平0	水平1	水平2	水平3
水平描述	没有方法估计不规则图形的面积，或者用周长算面积。	能用规则图形（长方形、三角形等）通过内接或外切的方式估计不规则图形的面积，测量误差大，结果误差大。	（1）能用规则图形（长方形、三角形等）估计不规则图形的面积，有出入相补的思想；（2）能通过单位累加求不规则图形的面积；（3）用均值思想求不规则图形的面积。有误差，但误差较小。	（1）能用规则图形（长方形、三角形等）估计不规则图形的面积，有出入相补的思想；（2）能通过单位累加求不规则图形的面积；（3）用均值思想求不规则图形的面积，且意识到误差，能够想办法使误差尽可能小。

图 4-18　学生解决一片树叶面积的表现

学生在各个水平所占百分比如图 4-19 所示。

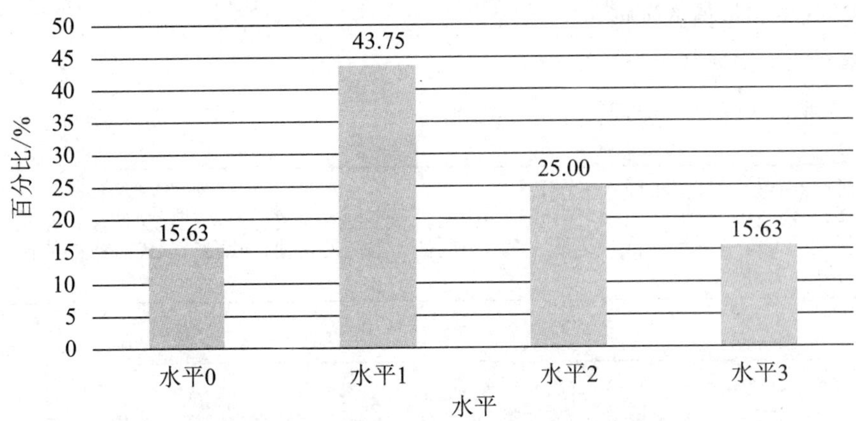

图 4-19　学生解决一片树叶面积的各个水平所占百分比

通过课堂上对全班同学作品的分析、评价，学生对自己的作品进行了改进，将学生的改进作品收集起来，按照之前的水平划分进行统计，情况如图 4-20 所示。

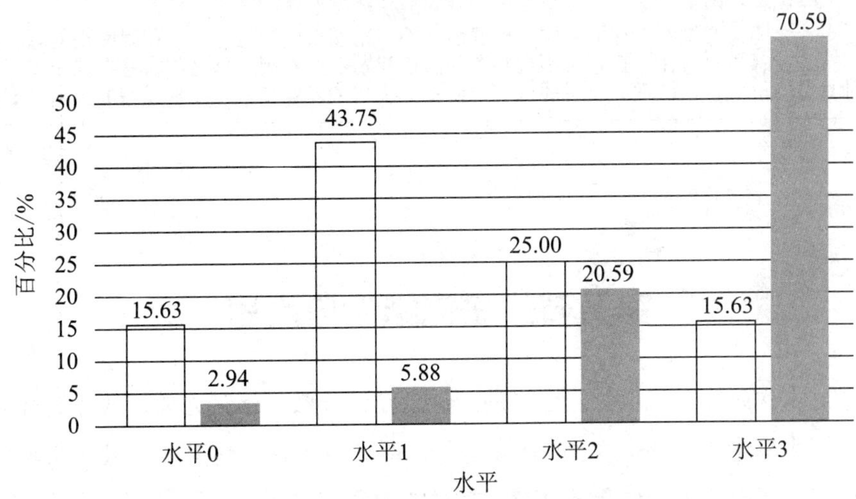

图 4-20　学生上完这节课后的水平划分情况

通过这节课的学习，水平 0 和水平 1 的学生人数直线下降，水平 2 尤其是水平 3 的学生直线上升。数据说明了这节课上学生的提升，这就成为我们确认这节课目标达成的证据。有了学生三次估计的作品，还可以得到更多的分析，如可以统计出能够主动改进的人数和上完这节课改进的人数，这样的数据也是能说明这节课的效果和价值的证据。

3）基于问题的改进设想

改进后教学设计流程：

环节一：展示交流不同水平作品
【设计意图：通过按照水平由低到高依次出示不同水平的作品，让学生解读，并在解读的过程中进行评价、交流，理解不同估计方法的价值，找到让误差较小的估计方法。】

环节二：改进自己的估计方法，让误差更小
【设计意图：在交流的基础上，吸纳好的估计方法，并结合自己已有的想法对自己的作品进行改进和完善，在改进的过程中深化对不同方法之间差异的理解，加深对方格法的理解和其价值的认同。】

环节三：全课回顾与反思，积累解决问题和估计图形面积经验
【设计意图：通过对全课的回顾，梳理估计不规则图形面积的方法，积累解决问题的方法，感悟“转化”在解决不规则图形面积问题中的作用，体会方格法在求面积时具有的价值，在梳理、反思的过程中积累解决相关问题和估计图形面积的经验。】

第五节　研究结论与反思

通过本次研究，我们得到这样的结论。在设计教学活动之前，教师只有把握单元的“大概念”，了解学生的认知水平，课堂教学才会更有效。只有在教师的脑子里有了清晰明确的结果和理解，教师的教学艺术才能得到发挥。只有明确目标，制定阶梯性的评价水平，才能让学生得到提高，课堂才会有时效性。

一、教学（学习）目标是教学的灵魂

活动的设计是为了达成目标，不是为了活动而活动。要想达成目标首先要通读课标，了解课标的具体要求和基本目标。其次要了解教材，教材是教学内容的

承载，读懂教材对于教学十分重要，读懂教材可以从以下几方面入手。

（1）研读教材首先要宏观把握，要认真品读课程标准，理解十大核心概念的内涵，将核心概念与教材内容相结合。

（2）统观教材内容把握教材的整体结构。备课时不要只看本年级的内容，要看看前一学段的内容教了什么、教到了哪儿，后面学段需要我们教到什么程度，这样在教学时才能有效衔接教学内容，做到教要到位、学不越位。

（3）多方面比较，体会编者意图。在研读教材时，除了把握本版本教材内容外，还要进行多方位的比较，看看有什么相同之处和不同之处，相同之处说明这是我们要必须教的内容，一定要教好。不同内容说明各具特点，我们要根据自己学生的特点进行取舍。

二、学生的已有程度、水平是进行教学设计的出发点

明确了教学目标之后，需要我们了解学生对教学内容的认知起点。由于现行义务教育阶段的课标没有学生发展水平的描述，本研究根据课标中的内容标准，通过对学生进行调研，制定了相应内容理解的评价量规。这样教师在课堂上呈现作品、选择作品时，都是有目标的，心中有数的。这对于课堂把控经验不是特别丰富的老师来说是一种有效处理生成的方式。评价量规的制定应该依照以下流程。

（1）教师根据学习目标，设计表现性评价任务。

（2）教师收集学生的作品，将作品进行分类，并根据学习目标和学生的认知水平的差异将作品进行水平划分。

（3）归纳同一水平等级的作品的不同特征，然后记入评价准则中。

三、促进学生的发展是课堂教学的落脚点

数学课堂教学的根本出发点是促进学生发展，通过本次课例研究我们得出了以下结论，来促进学生发展。

1. 培养学生提出“真问题”

“真问题”并不是指我们头脑中的疑问，而是指那些深入思考后，结合自己的原有认知和学科本质所提出来的。课堂上学生很少能够提出“真问题”，导致

老师的诊断错误，所以提出真问题有利于老师诊断学生的困惑所在，让教师更有针对性地解答学生的困惑。

2. 关注学生提出的“真问题”

“真问题”反映的是学科实质，需要教师熟练地掌握。学生在提出问题时往往提出的是问题的表面，不能说出实质性的困惑，这样我们教师就要进一步关注，从根本上找到学生的困惑，加以解决。例如，在“长方形面积计算”中，学生经常把面积和周长弄混，学生提出的问题是“我不知道面积”。作为教师我们在这里就要做出判断，学生是不知道计算方法，只是把公式用错，还是根本不知道什么是面积、什么是周长。如果我们判断准确了学生的“真问题”，那就能对症下药，学生的问题就能够迎刃而解，就会得到提高。

3. 结合评价标准推动学生成长

每一节课我们都会制定相应的评价标准，学生也都会展现出自己的原有认知水平。作为教师我们要找到学生原有认知水平与评价标准之间的差异，根据差异选择合适的干预方法，让学生不断接近离自己最近的目标。这样每一名学生在课堂结束后都会有收获，都会有提高。课堂就能变得高效，学生也能得到发展。

【本章小结】

《小学生面积认识的发展水平及单元教学研究》是聚焦“面积”主题的跨年级、跨学段的教学研究。研究思路基于逆向设计理论，即评价先行。研究团队根据前测，了解学生的学生的学习状况，并划分成不同水平，再根据学生的水平划分，制定教学环节，让学生通过课上学习，实现学习进阶。该研究产出了三篇研究成果，“目标统领活动和评价，提高课堂教与学的效率”（高亚娟，刘晓婷），“三年级学生对‘面积’前理解的调查研究”（赵伟，刘晓婷），“逆向教学设计，让学生的学习真正发生”（王洋，刘晓婷），都已经公开发表在《中小学数学（小学版）》（2019.7—8 合刊、9、10 期）上。

回顾整个研究过程，参与研究的教师在认识水平上也有所提升，他们指出，通过这次研究感受到了对教材、课标的深度解读带来的教学目的的明确，此外，通过研究学生的作品来读懂学生的思维路径以及学生之间的认知水平的差异，再进行教学设计，课堂教学就能比较从容，能按照既定的教学目标前进，切实提高学习效率。

本章主要参考文献

[1] 严虹，朱乐平 . 面积、体积的概念与单位教学研究 [M]. 北京：教育科学出版社，2014.
[2] 张丹 . 小学数学教学策略 [M]. 北京：北京师范大学出版社，2010.
[3] 刘加霞 . 小学数学几何公式教学的教育价值分析 [J]. 小学教学（数学版），2011(11)：26-29.
[4] 威金斯，麦克泰格 . 追求理解的教学设计 [M]. 上海：华东师范大学出版社，2017.
[5] 弗赖登塔尔 . 作为教育任务的数学 [M]. 上海：上海教育出版社，1995.
[6] 章飞 . 数学概念的分类及度量性概念的教学思考 [J]. 数学教育学报，2010(10)：40-42.
[7] 刘加霞 . 把握度量的本质　积累度量活动的经验——兼评赵娣老师的“毫米的认识”一课 [J]. 小学教学（数学版），2013(5)：24-26.
[8] 谷超豪 . 数学词典 [M]. 上海：上海辞书出版社，1992.
[9] 人民教育出版社课程教材研究所 . 小学数学教材三年级下册 [M]. 北京：人民教育出版社，2013.
[10] 刘坚，孔企平，张丹 . 小学数学教材三年级下册 [M]. 北京：北京师范大学出版社，2013.
[11] 北京教育科学研究院 . 小学数学教材三年级下册 [M]. 北京：北京出版社，2013.
[12] 裘光明 . 数学辞海（第一卷）[M]. 太原：山西教育出版社，2002.
[13] 刘莉 .“面积和面积单位”教学研究 [J]. 小学教学教育，2015(1)：22-29.
[14] 斯苗儿，朱国荣，顾志能，等 . 教学当直面学生学习的疑惑——关于“平行四边形的面积”一课所思所行 [J]. 小学数学教育，2015(1)：110-113.
[15] 顾志能 . 教学，贴着学生的思维前行 [J]. 小学数学教育，2012(1).
[16] 刘加霞 . 小学数学有效学习评价 [M]. 北京：北京师范大学出版社，2015.
[17] 汪光珩 . 3 ～ 6 岁儿童数学单位概念与非标准空间测量能力的发展及其关系研究 [D]. 上海：华东师范大学，2010.
[18] 孙昌识，姚平子 . 中国儿童数学认识结构的发展与教育 [M]. 北京：人民教育出版社，2005.
[19] 许淑一，吴正宪 . 学学做做玩几何 ——《面积单位》课程实录 [J]. 教育科学论坛，2007(4)：44-48.
[20] 刘加霞 . 度量用“单位”一以贯之——评刘伟男执教“面积的认识”一课 [J]. 小学数学教师，2017(6)：52-55.
[21] 刘加霞，常秀杰 .“体积单位块”的教学价值再探——以“体积单位及体积单位换算”一课为例 [J]. 小学教学（数学版），2012(12)：27-30.
[22] 刘加霞，易枚 . 运用定义辨析，生成对“面积”的理解 [J]. 小学教学（数学版），2012(6)：14-17.
[23] 刘加霞 . 小学数学有效教学 [M]. 北京：北京师范大学出版社，2015.

第五章

小学生代数思维的发展水平及单元教学研究[1]

——以《方程的认识》单元为例

【本章导读】

算术思维到代数思维的跨越一直是小学生的思维难点之一，尤其为中学以后的学习奠定了重要基础，因此这一话题长期以来受到数学教育界研究者的重点关注。本研究围绕什么是代数思维、学生代数思维的表现是什么、怎样在教学中发展学生的代数思维等一系列问题进行了研究。研究结论如下。

（1）等号、模式与符号化是小学生代数思维发展的重要评价指标，据此构建了聚焦结果或等价关系、聚焦数值或关系、多元表征、字母参与运算、设谁为字母等学生表现标准及其水平。

（2）从学生的表现来看，处在水平一的学生基本还是典型的算术思维，而处在“等号”“模式”的水平四和符号化的“水平三”及“列方程解决问题”指标的水平四的学生已明显呈现代数思维的特点。处于各维度中间水平的学生，可以说正是算术思维向代数过渡阶段的思维表现。

（3）通过研究发现，小学生在认识方程的过程中，从算术思维到代数思维的飞跃过程中，存在着不同的表现水平，课堂教学时不能为了培养学生的代数思维而“急功近利”，需要承认与关注学生的思维水平，通过课堂教学的作用，促进学生思维的逐步过渡。

小学阶段是小学生算术思维向代数思维飞跃的过渡时期，我们要在承认学生思维水平差异的基础上，在课堂实施中创设有效的问题情境，捕捉与放大学生的表现，创设质疑交流的课堂氛围，将学生在学习过程中的差异表现作为学习资源来设计有价值的学习活动。

---

① 本研究由边靖、牛立文、丁凤良、杜峥、邵钦、邸莉、周雪亮执笔。指导教师：刘琳娜，刘加霞。使用时有改动。

第一节　研究背景与问题提出

一、研究背景

1. 课程改革和课程标准的要求

方程、不等式和函数等是学生代数思维方式培养的重要载体，是帮助学生理解代数知识体系和解决实际问题的重要载体，还是模型思想形成和发展的重要载体，其主要思想体现为关系和模式。关系：数学规则（关系）可被用于一集合元素给另一集合元素赋值，不同的变量通过关系形成模式。模式：一些数学情境中的数字和对象以可预言的方式重复出现，就可被用来表征关系和进行抽象概括。可见等价（或非等价）、关系和模式等的掌握在于形式化的抽象表征的形成。

2. 学生学习中的困难

在小学数学的实际教学中，常常会有下面的现象出现。

现象一：在学习“用字母表示数”时，学生对像 $a+20$ 这样的式子可以表示一个数量难以理解，因为他们往往认为只有一个个确定的数才能用来表示数量，而式子只能表示一个“过程”，一个待计算的表达式。这种认识在很大程度上会阻碍代数思维的发展。

现象二：关于等号。学生一般都会认为，等号就意味着在确信相等之前要进行计算。如在看到算式“6 + 4”时，往往条件反射般地写上等号，这个等号被理解成执行加法运算的标志。他们通常把等号解释为“得到……”，于是，学生在解决“苹果有 6 个，梨比苹果的 2 倍多 4 个，梨有多少个？”时就会出现 6×2=12+4=16 这样的错误。这反映了学生在算术中只关注“等号的程序性质”，而忽视或无视“等号的关系性质”。卡彭特等人认为：由算术思维转换到代数思维的标志之一，是从等号的程序观念到等号的关系观念的转变。

现象三：关于方程。教师会遇到不少学生不愿意列方程解决问题的困惑。其中一个最重要的原因是学生不习惯代数思维，不习惯将等号看成连接相等关系的符号。再有就是学生为列方程而列方程，算术思维经验给代数思维的接受带来了负迁移。例如，列方程解应用题“一个定价 100 元的杯子，打八五折出售，问便宜了多少钱？”学生解题时，假设便宜了 X 元，并列出方程式：$X=100-100\times0.85$，得 $X=15$。造成上述现象的原因有许多，如学生思维发展水平的局限性，数学语言的理解和表达等，但是还有一个重要的原因就是算术思维经验给代数思维的接受带来了负迁移，使得这两种原本就有差异的数学思维加重了对立性。

3. 教师教学中的困惑

针对以上现象，我们对五、六年级的学生进行了问卷、访谈等方式的深入研究。研究发现：五、六年级学生使用方程的意识方面，有意识运用方程的学生比较少，特别是顺向思维的问题，但逆向思维的问题，学生还是能够选择方程方法来解决。学生初步具有了方程思想，但应用方程的意识还不够强。五、六年级学生对方程的认知方面，很多学生认为表示未知数的字母只有放在左面才是方程。可见学生对方程的理解是片面的，没有触及实质。对于字母表示数很难意识到字母表示的是一个数量，而认为是个式子，因此在找等量关系时比较困难。在列方程解决问题时，容易出现为了列方程而列方程的情况，实质还是算术思维，主要是学生没有意识到列方程解决问题的优越性所在，学生的思维方式没有从算术思维向代数思维转变。

学生从算术思维到代数思维过渡过程中，教师该如何帮助学生学习？许多教师也感到困惑和迷茫。

二、研究的问题

基于上述背景，具体研究问题如下。

（1）什么是代数思维？什么是算术思维？两者的区别是什么？

（2）方程的本质是什么？方程中的代数思维体现在哪些方面？

（3）学生在学习方程时的思维水平及表现是怎样的？

（4）如何在方程的相关学习中设计有价值的学习活动，帮助学生发展代数思维？

三、研究价值和意义

1. 本课题是真正关注学生思维过程的研究

数学教育家波利亚说过这样一句话："教师在课堂上讲什么当然是重要的，然而学生想的是什么却更是千百倍的重要。"确实，无论是作为研究者还是一线教师，我们都不禁要问：我们真的"懂"学生吗？我们是否懂得他们的需要，包括生理需要、认知需要和情感发展？我们是否懂得他们发展的起点，包括知识的起点、方法的起点和经验的起点？我们是否懂得他们是如何一步一步思考的，也就是他们思考的路径和思维的过程是什么？再继续想下去，要真正"懂"学生，就要真正关注对于学生思维过程的观察和研究。

2. 本课题是关注算术思维、代数思维和模型思想的研究

代数思维被认为是数学的"核心思想"而占有较为重要的地位。教学中，教师应当如何发展学生的代数思维，教师要改变旧有观念，寻求算术（思维）和代数（思维）的内在关联。关系性思维被认为是代数思维的基础，它的发展能够有效地促进学生从算术学习向代数学习过渡。关系性思维是指学生"有联系地"进行思考。算术思维与代数思维的关联、关系性思维的研究均是学生数学模型思想的核心，该项研究对于学生模型思想的形成有着很强的促进作用和价值。

3. 本课题有助于总结梳理算术思维向代数思维过渡的经验、策略

本课题的研究主要依据教师的教学设计、教学实践进行，尤其要通过课堂观察、学生访谈等方式进行。源自教学实践、教学案例的研究可以发现教学中的真问题，依据这些真问题进行问题为导向的课题研究，有助于形成帮助学生算术思维向代数思维过渡的教学策略、教学设计或者课堂教学的结构等，是本课题研究的重要成果。

第二节　文献综述及核心概念

一、文献综述

对“代数思维”进行检索，通过杂志、中国知网等途径，我们将观点归纳如下。

（一）算术思维、代数思维的含义与区别

1. 算术思维、代数思维的含义

北京教育学院刘加霞教授对“什么是算术思维？什么是代数思维？”有这样的观点：算术思维的对象主要是数（属于常量）及其计算与拆合，而代数思维的对象则主要是代数式（属于变量）及其运算与变换。算术思维与代数思维有哪些区别与联系呢？算术思维着重通过数量的计算求得答案，这个过程是程序性的、情境性的、直观性的；代数思维着重的是关系的符号化及其运算，这个运算是结构性的、去情境化的，具有一般性和形式化的特点，在某种程度上无法依赖直观。结构化、符号化、抽象化及概括化是代数思维的特点。

2. 代数思维的特征

路易斯•拉弗德《早期代数思维的认识论、符号学及发展问题》中的主要观点如下。

首先，思维是一个“物质—想象”的动态系统。因为思维是一种复杂的反省形式：“思维不是某些仅仅发生在‘大脑’里的东西。可以把思维看作是由物质与想象这两种成分所构成：它包括内在与外在的语言，感官想象的客观形式（譬如，手势与触觉），以及文化驱动下我们的行动。”也即“思维是一个‘想象－物质’的混合体，不仅仅出现在大脑中，也通过并呈现为言语、身体、姿势、符号和工具的协调。”因此，要研究思维的发展就必须整体地考察思维的“物质－

想象”这一动态系统。

其次，代数思维的特征是“分析之后的概括”。没有分析的概括可能仅仅是“尝试与猜测”的结果，而没有概括的分析可能仅仅是“数量之间关系”的记忆。譬如，在教授解形如“$ax+b=c$”这样的一元一次方程时的算术分析（加减运算、乘除运算的互逆：和减去一个加数就等于另一个加数，而积除以一个因数就等于另一个因数，从而求解一元一次方程。）就极有可能只是一个“三量”关系的记忆。再譬如，在教授解形如“$ax+b=cx+d$”这样的一元一次方程时，只凭借“尝试与猜测”就不可能会得到“求解公式”，而只有运用推理分析才有可能得到。但是，尽管字母符号有利于我们进行一般性表达的转换，但对代数思维而言，字母符号既不是必要条件也不是充分条件：除字母之外，我们还有许多其他符号系统能够表达代数思维，譬如，自然语言、图形、手势、行为与节奏等。也就是说，在算术学习中，学生往往可以也会经常使用上述其他符号系统来表达他们自己的思考过程，而这些思考过程是极有可能富含代数思维特征的。譬如，当小学二年级学生运用自然语言说出计算“71−54”的如下过程时就有了代数思维的萌芽：71−54=（70−50）−（4−1）。因此，我们不能把代数思维简化为“以字母为主宰的”活动。

3. 算术思维与代数思维的区别

算术思维与代数思维既有联系，又有区别。联系就在于两种思维都是化未知为已知，都要通过一系列分析、综合活动来揭示隐蔽的东西，即条件及问题的相互联系，从而找到联结条件与问题的关系链条。区别在于用算术的思维寻求问题的结果，是从具体问题的已知数出发，通过对已知数或计算产生的中间数进行一系列的计算而达到问题的解。思维过程是逆向的。算术思维只允许已知数参与运算，问题即未知数始终处于关系链的末端，被动地等待由已知数算它的值。而用代数的方法解决问题，首先分析问题中的等量关系，把问题表示为含有未知数的等式，把问题形式化，然后利用等式的性质对方程进行恒等变形，在变化的过程中始终保持方程两端对称的等量关系。在代数方法中，已知数与未知数地位是相同的，未知数可以插入关系链的任何部分。思维过程是顺向的。Harper 认为要准确地区分出算术与代数是一个难题，如图 5-1 所示。

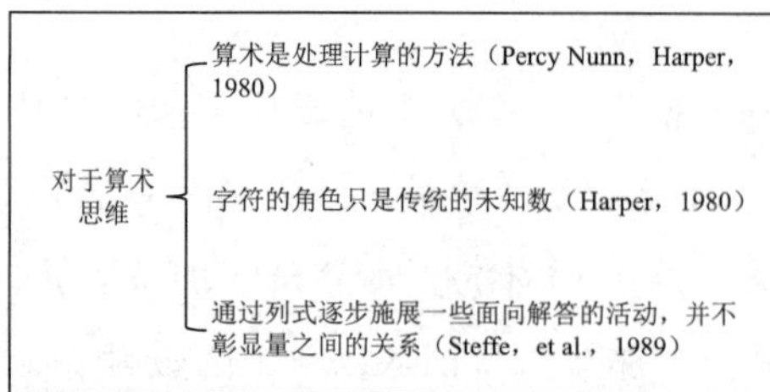

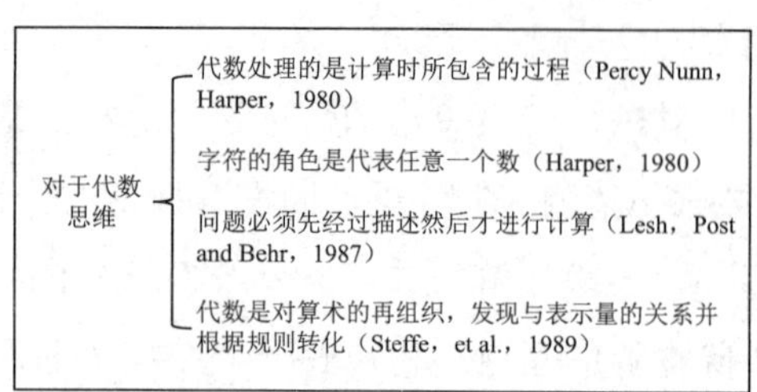

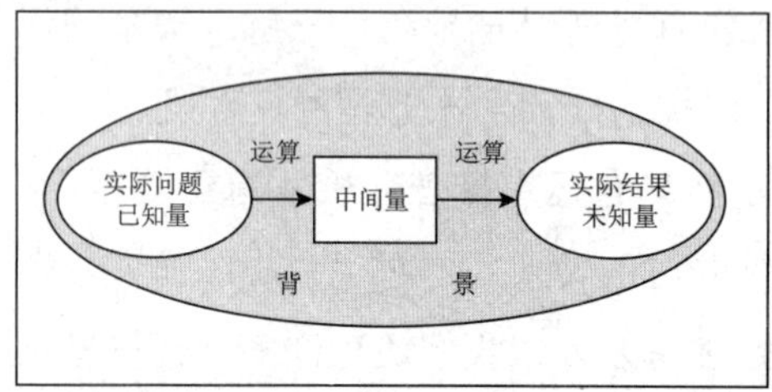

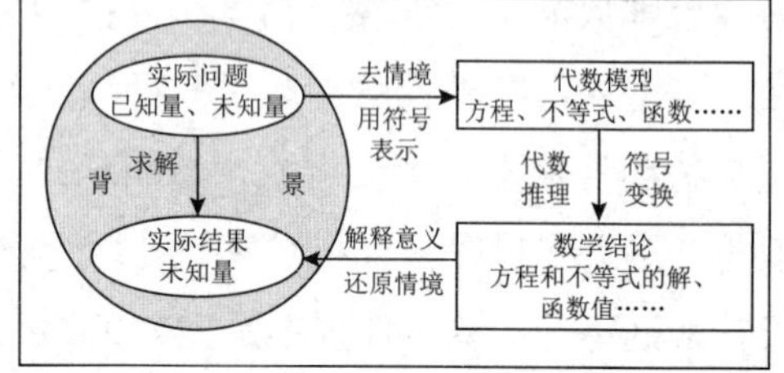

图 5-1　对算术思维与代数思维的区分的不同说法

算术思维和代数思维在解决实际问题时有本质的差异：首先，在算术思维中，着重的是利用数量的计算求出答案的过程，这个过程是程序性的、计算性的；而代数思维倚重的是关系的符号化及其运算，这个运算是结构性的、具有一般性的。其次，算术思维解决实际问题的过程是含情境的、具有特殊性的，甚而建立在直观上；而代数思维解决实际问题的过程是去情境的、形式化的，并且在某种程度上是无法依赖直观的。最后，在算术思维中，表达式的作用是一种思考的记录，是直接联结题目与答案的桥梁；而在代数思维中，表达式的作用不再只是直接联结问题与答案之间的过程记录，还充当着联结各种量的媒介。此外，算术思维解决问题时采用的是一种目标指引的直接的思路；而代数思维采用的则是“迂回战术”，其过程被分成三个阶段：第一阶段是通过去情境、引入符号将实际问题转化为代数问题，第二阶段是利用合适的代数模型解决相应的代数问题，第三阶段再把结果还原到实际情境中去。在上面的这三个阶段中，作为核心部分的第二个阶段是一种与原问题、情境无关的形式（符号）运算，运用的是具有结构性与抽象性的运算法则。正因为这一阶段是脱离情境的，因此，才可以发展成为一般化的途径。

通过分析代数思维与算术思维在问题解决中的不同，斯黛西等人给出了这两种思维的区别，如图 5-2 所示。

算术思维	代数思维
• 通过已知量的运算得出未知的量； • 通过一系列的、连续的运算得出答案； • 未知量是暂时的，表示中间过程； • 方程（如果有的话）被看作是用于计算的公式，或者是对数的产生的一种描述； • 中间量有明确的含义。	• 同时操作已知量和未知量； • 进行一系列的等价或者不等价的符号变换； • 在整个问题解决过程中，未知量是设定的、固定的； • 方程被看作是对不同量之间的某种关系的描述； • 中间量不一定有明确的含义。

图 5-2　代数思维与算术思维的区别

（二）代数思维教学方法的梳理

在李静、刘志扬、宋乃庆合作完成的《基于多元表征发展代数思维的教学模式研究》一文中，有如下观点。

1. 发展代数思维的载体

代数思维的载体应是三个类别：算术、代数语言和模型。算术可以帮助学生建立数的数感和运算意义及程序，为正式学习代数打基础。代数语言理解包括明白变量和变量之间表达式的含义，以及在公式中数字与符号的意义。代数作为数学语言包括的主要核心思想是等价。等价：任何数字、量、数字表达式、字母表达式或方程都能用多种方法表达同一情境，即数学情境和结构可用变量、表达式和方程表征成一个关系或模式。作为模型的方程、不等式和函数等，可以帮助学生理解代数知识体系和解决实际问题，其主要思想为关系和模式。关系：数学规则（关系）可被用于一集合元素给另一集合元素赋值，不同的变量通过关系形成模式。模式：一些数学情境中的数字和对象以可预言的方式重复出现，就可被用来表征关系和进行抽象概括。可见等价（或非等价）、关系和模式等的掌握在于形式化的抽象表征的形成。

2. 代数思维的教学模式

基于多元表征发展代数思维的教学模式，我们知道，代数思维与代数问题紧密相连，只有在问题提出与解决的活动中，代数思维才可以得到培养。同样，灵活而深刻的代数思维有助于问题的提出与解决。多元表征学习是发展代数思维的有效手段，而问题可以促动学生的多元表征。所以，有效的代数思维教学程序是：首先，以问题或问题变式的提出激发学生的学习动机，促使学生对问题反映的知识内容的表征进行探究；其次，引导学生对表征进行变式，形成多元表征，得到初步理解；然后将获得的符号表征应用于问题解决及其变式中，使之化解于各种知识网络结构中，强化对知识的深层理解；最后，通过对问题解决变式的探究，在培养思维品质的同时，形成代数知识内容的抽象表征，即对代数核心思想、等价（非等价）关系、模式的理解和应用。所以，代数思维的教学过程，应是"以师生提出问题为出发点，通过学生多元表征代数知识内容，以形成代数抽象表征为目标，以师生解决问题为落脚点"，贯穿其中的是问题或问题变式，并且其过程是以"提出问题—多元表征—解决问题—抽象表征"为单元的循环过程，其具体情形如图 5-3 所示。

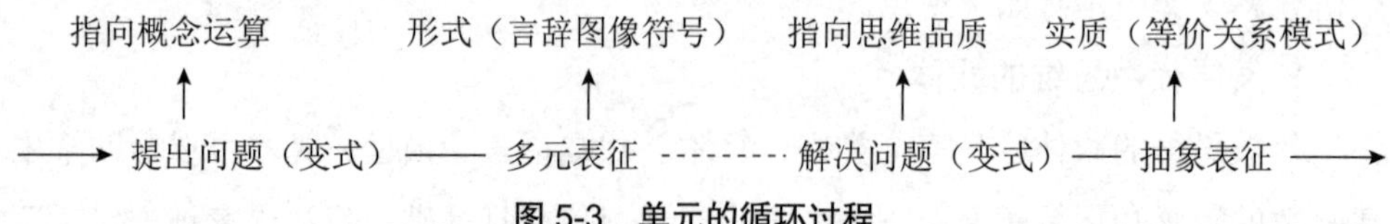

图 5-3　单元的循环过程

徐文彬撰写的《如何在算术教学中也教授代数思维》一文中有如下观点。

在小学数学教学（包括低年段教学）中，我们不仅可以而且应该培养孩子们的代数思维。

首先，我们应该转变观念，不应认为"只有'字母代数'之后才会有代数思维"。所以，我们需要习惯于运用"代数的耳朵与眼睛"来思考算术及其问题，挖掘其中的"代数思维的萌芽"，既展现其"算术的程序或步骤"，也呈现其"代数的关系或结构"。

其次，学生的代数思维过程可以有多种表达形式。譬如，言语的、非言语的（如手势、姿势、眼神、节奏等），符号语言的、自然语言的、实际行动等。所以，我们不能仅仅局限于“字母代数”，而更要习惯于“数字代数”中的关系与结构。

再次，我们需要对学生的思考过程进行细致的观察与分析，并捕捉其思考过程中的“代数思维的萌芽”，而无须过早地把这“萌芽”带入“抽象的符号世界”。因为“算术的程序思维”与“代数的关系思维”之间需要中介过渡，而“准变量思维”就是这中介。

最后，尽管我们提倡、鼓励培养学生的代数思维，但我们也不能用准变量思维来代替算术思维，更不能用代数思维来取代准变量思维。因为数学思维的发展都是由低级向高级逐步演变而来，尽管不存在绝对的“线性关系”，但要超越其发展的某个特定阶段却是很难的。大量的初中代数“入门学习”的不适现象就是最好的证明。因此，在小学算术教学中也教授代数思维的关键是，既要把握好算术与算术思维、代数与代数思维之间的区别，更要把握好算术思维、准变量思维与代数思维之间的动态关联：算术思维是常量（即确定的量）与程序思维，代数思维是变量（即不确定的量）与关系思维，而准变量思维则是关于“变化的数”（即，就“变化”而言，是不确定的；而就“数”而言，又是确定的）及其关系的思维。

（三）学生代数思维水平的相关研究

基兰认为，从算术思维向代数思维的过渡需要满足以下的条件。

（1）聚焦关系，而不仅仅是数值运算。

（2）聚焦运算和逆运算，及“设而不求”的思想。

（3）聚焦对问题的表征及解决过程，而不只是答案。

（4）聚焦字母符号，而不只是数字。

（5）重新认识等号的意义。

二、概念界定

算术、代数思维是本课题研究的核心概念。算术中的基本对象是数，包括数的表示、数的意义、数之间的关系、数的运算等。而代数中的基本对象除了数，还出现了更具广泛意义的基本对象——符号。学生从算术到代数的过渡，需要从对数的思考向对符号的思考的转变，从算术思维向代数思维的转变。思维层次需要完成从个别到一般、具体到抽象的飞跃，思维水平需要上升到一个新的高度。算术主要是由程序思维（procedural thinking）来刻画，即算术思维的核心是获取一个（正确）答案，以及确定获取这个答案与验证这个答案是否正确的方法；而代数思维则是由关系或结构来描述的，它的目的是发现（一般化的）关系或结构，并把它们联系起来。

通过查阅文献，学生代数思维主要体现在如下几个方面。

（一）对等号价值的理解方面

等号的价值一方面在于呈现“结果”，即在算术中等号主要被理解成关于运算的指令：具体实施等号左边所规定的各项运算，并将所得出的最终结果写在等号右边（从而等号在此表示的也就是一种单向的、不对称的关系）。另一方面在于呈现“等价关系”。它所表示的已不是一个动态的计算过程，而是一种静态的等量关系，无论等号两边所出现的表述式如何复杂，都必须将它看成一个整体（对象）。

（二）模式化，即思维过程是聚焦数值还是关系方面

算术思维是程序化思维，着重通过数量的计算求得具体的答案；代数思维是关系性思维，着重的是关系的符号化及其运算。在算术思维中，算式的功能是记录思考的过程，是直接连接问题与答案的桥梁；在代数思维中，算式不只是问题与答案之间的过程记录，也充当问题转译的角色。

（三）符号化，包括表征方式方面

小学生对于符号化的表达从三个方面来体现：一是多元表征，即用自然语言表达、数学表达和符号表达。这样的一个表达过程也是小学生建立方程的过程，即将现实情境问题用自然语言表达成一个数学问题，离析出这个数学问题中的等量关系，将用自然语言表达的等量关系，设法用含有未知数的数学解析式来表示。这种用数学语言表达“自然语言关系”的过程实际上是一个翻译的过程，也是一个抽象——将现实对象关系结构抽象为数学符号式子的过程。二是承认字母可以参与运算，即能够将表示未知数的符号和数一样进行四则运算。三是在问题

解决的过程中能够确定设谁为字母。（设谁为字母的问题主要体现在列方程解决问题中，这部分在方程初步认识暂不涉及，在列方程解决问题的内容中再研究。）

基于上述理论，构建了学生在学习方程的过程中表现性水平的指标体系，如表 5-1 所示。

表 5-1　学生方程学习的代数思维表现指标

指标	等号	模式	符号化		
具体表现	聚焦结果或等价关系	聚焦数值或关系	多元表征	字母参与运算	设谁为字母

第三节　课例研究过程

一、方程的认识

（一）学生认识方程的表现性水平指标体系构建

1. 研究目的

基于理论框架，通过命制问卷对小学生的代数思维水平进行调研，了解小学生在正式步入代数思维学习的起始时，他们的代数思维发展水平在以下三个维度上的思维表现有哪些，并结合思维表现进行层次划分。

2. 研究方法

问卷调查：小学生在正式步入代数思维学习时，他们的代数思维发展水平如何，有哪些具体的表现层次？通过问卷调查的方式获得代表学生思维过程的作品，对学生作品进行定性研究，通过设计几组试题对四年级学生进行前测，了解小学生在上述维度上的思维表现形式，并进行水平划分。

个案访谈：学生代数思维的发展往往仅从结果不能准确进行判断，需要在调研过程中关注学生思考问题的过程和方式，通过观察、照片等手段实时记录学生的思考过程。

3. 被试对象

本研究随机选取四年级学生进行测试。被测学生要在正式学习“字母表示数”的内容之后，在未学习有关方程的知识之前进行测试。

4. 测试题目及实施过程

关于“对等号价值的理解”方面的测试（图 5-4），设计测试题目一，此试题蕴含多种运算，了解学生在思考答案的过程中如何理解等号的价值，是仅把等号理解为输出左边算式结果的工具，还是能够表达等价关系。设计测试题目二，在单一的加法运算过程中，通过分析学生的思考过程，了解学生对等号价值的理解层次。

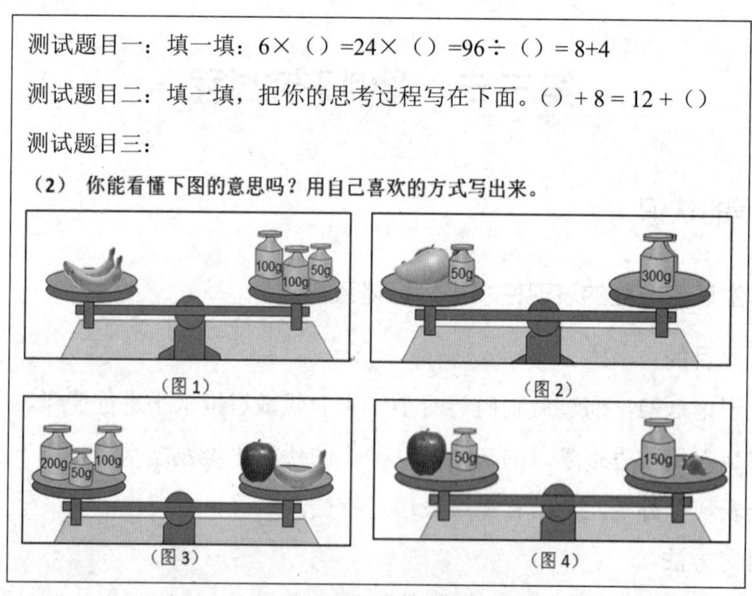

图 5-4 关于“表征方式”方面的测试题目

关于“思维过程是聚焦数值还是关系”方面的测试，设计测试题目三，通过学生的表达过程，了解学生是先聚焦数值进行运算再找关系，还是直接寻找等量关系。

关于“表征方式”方面的测试，通过学生对测试题目三的解答直接可以分析。

测试随机选取学生在独立的环境进行测试，为确保测试的有效性，测试者与被测对象进行友好交流，为学生的独立思考和思维展现提供和谐的心理环境。

5. 测试结果与分析

1）小学生对于等号价值的理解方面的表现

测试对象：四年级 80 名学生（学习完字母表示数，未学习等量关系和方程）

测试题目一：填一填：6×（　）=24×（　）=96÷（　）=8＋4

测试结果：

80 名学生在测试题目一的解答上存在以下四种表现层次。

层次一，如图 5-5 所示。

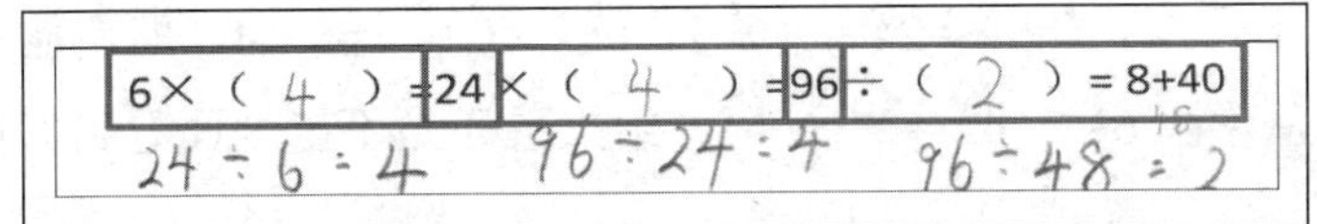

图 5-5　测试题目一的学生层次一

从上面的学生作品中可以看到，这些学生很明显将紧挨着等号的右边第一个数 24、96 当作左边算式的输出结果，将上面的算式已经完全拆分为几个独立的算式：6×（　）=24，24×（　）=96，96÷（　）=8＋4。拆分之后，上面的问题随即转化为学生利用算术思维即可解决的问题，便利用乘法和除法的逆运算关系进行运算。

层次二，如图 5-6 所示。

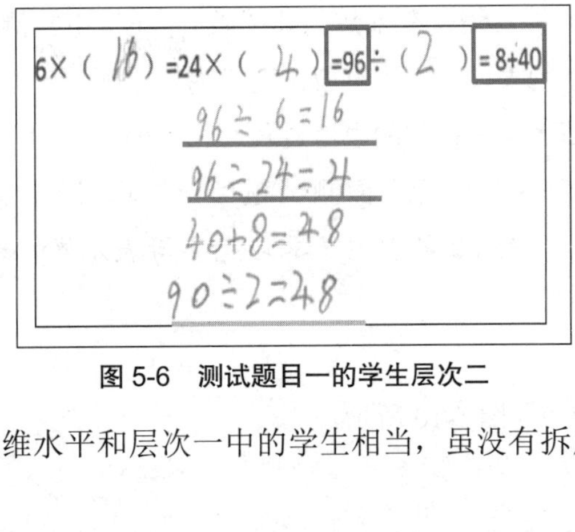

图 5-6　测试题目一的学生层次二

这类学生的思维水平和层次一中的学生相当，虽没有拆成独立的三个算式，但还是将 96 作为前面两个乘法算式的输出结果，拆出算式 6×（　）=96，24×（　）=96，96÷（　）=8+4。然后把 96 作为一个很重要的终极输出结果，列出了算式 96÷6=16，96÷24=4，96÷2=48，但在学生的整个思维过程中，没有体现几个算式间的等价关系。

层次三，如图 5-7 所示。

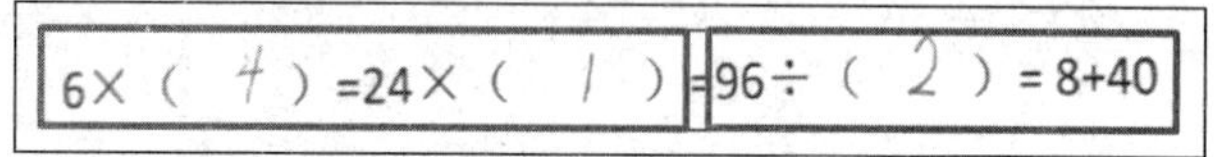

图 5-7　测试题目一的学生层次三

这类学生已经初步具备关注等价关系的意识，从他们的解答结果可以看到两组等价的关系式 6×（　）=24×（　），96÷（　）=8＋4，即使能有这样的思维体现，但从学生 6×（4）=24×（1）结果看还是不能全面看到多重等价关系链的存在。

层次四，如图 5-8 所示。

6×（ 8 ）=24×（ 2 ）=96÷（ 2 ）=8+40=48

图 5-8　测试题目一的学生层次四

从学生圈画的等号可以看出，这部分学生较之前面三个层次的表现来说，已经承认 6×（　）=24×（　）=96÷（　）=8＋40 之间的等价关系，能够通过找到与 48 等价的全部等式，正确地填写答案（但如果从第二个维度“聚焦数值或关系”的角度来分析，还是在聚焦具体的数。）在这组被测试的学生中没有利用关系直接进行思考的表现，如果有应该定义为层次五。

测试题目二：填一填，把你的思考过程写在下面。（　）＋8=12＋（　）

关于等号的价值除了进行上面测试题目一的测试外，还设计题目二（如上）。测试对象：四年级 80 名学生（学习完字母表示数，未学习等量关系和方程）

测试结果：

层次一，如图 5-9、图 5-10 所示。

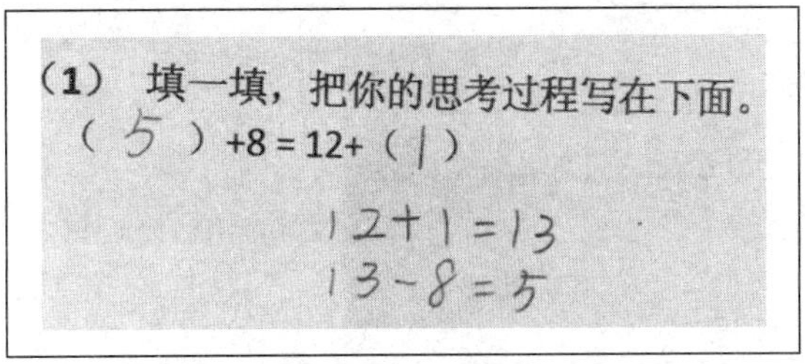

（1）填一填，把你的思考过程写在下面。
（5）+8 = 12+（1）
12+1=13
13-8=5

图 5-9　测试题目二的学生层次一（1）

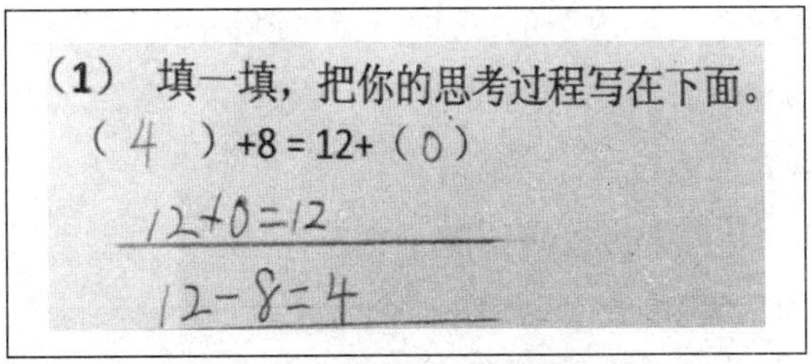

（1）填一填，把你的思考过程写在下面。
（4）+8 = 12+（0）
12+0=12
12-8=4

图 5-10　测试题目二的学生层次一（2）

从这部分学生的思考过程中可以清晰地看到学生的思维路径，即先假设括号中的未知数是几，然后计算出等号右边的具体数值，把它当作左边算式的输出结果，并利用逆运算进行计算得到左边的未知数。例如图 5-9 所示，学生先关注右边的未知数，将其假设为 1，然后计算出结果 13，再利用 13−8 计算左边的未知数。从这样的一个思维过程中可以看到，学生还是停留在算术的思维方式上，首先将等号右边的数当作输出结果，因此先关注等号右边的未知数，进行假设。这样右边就是一个具体的数值了，也就可以直接利用算术思维解决问题了。

层次二，如图 5-11、图 5-12 所示。

）填一填，把你的思考过程写在下面。
（6）+8 = 12+（2）
（ ）+8=12+（ ）
13　13
14　14
（ ）+8-一定=或>12
12+（ ）-一定=或>12
我决定把（ ）+8和12+（ ）的和定为14
14-8=6　14-12=2

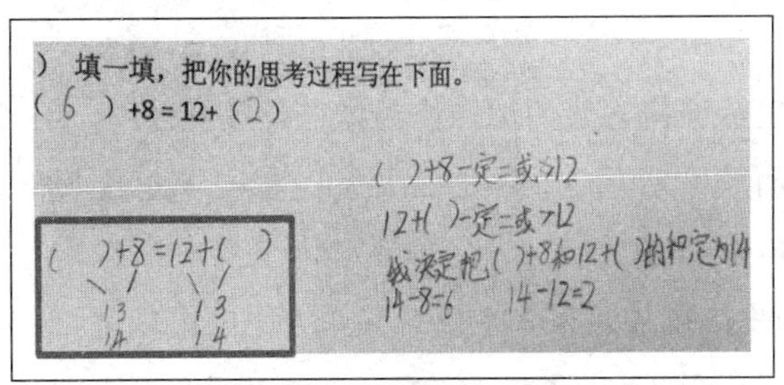

图 5-11　测试题目二的学生层次二（1）

（1） 填一填，把你的思考过程写在下面。
(a)+b=b+(a)
它是加法的交换律
例：8+12=12+8
12+8=8+12
b+a=a+b
a+b=b+a

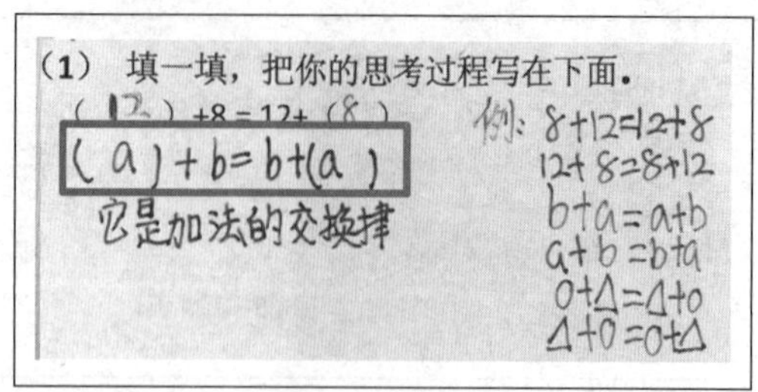

图 5-12 测试题目二的学生层次二（2）

层次二中的同学较之层次一的做法，已经能够把等号两边的算式分别看作一个整体，能够关注等号两边算式结果的等价关系，但还需确定具体的数值，比如左右两边的算式结果都假设为 13 或 14。

层次三，如图 5-13、图 5-14 所示。

（1） 填一填，把你的思考过程写在下面。
（ 4 ）+8 = 12+（ 0 ）
12-8=4

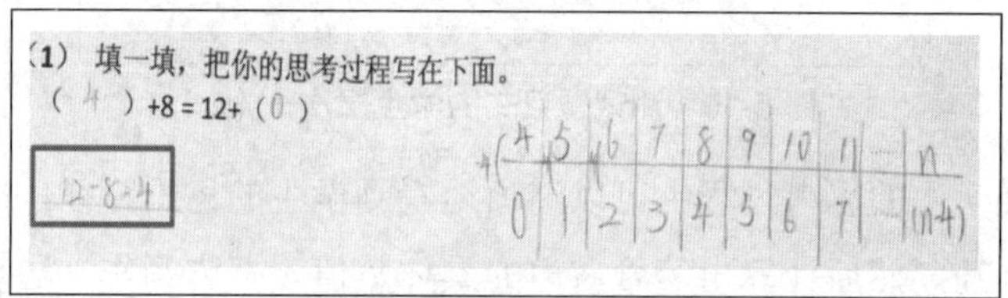

图 5-13 测试题目二的学生层次三（1）

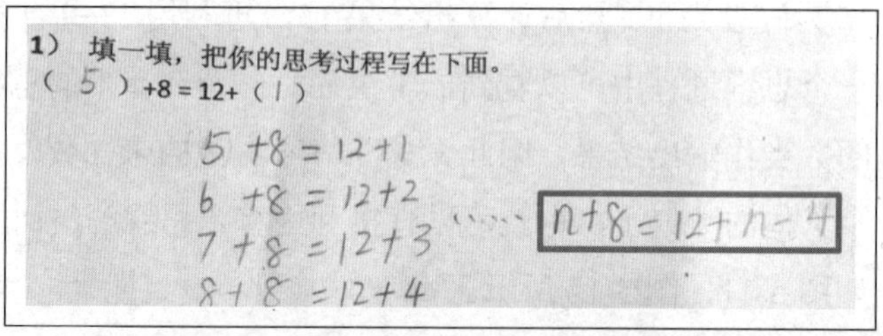

1） 填一填，把你的思考过程写在下面。
（ 5 ）+8 = 12+（ 1 ）
5+8=12+1
6+8=12+2
7+8=12+3
8+8=12+4
n+8=12+n-4

图 5-14 测试题目二的学生层次三（2）

这类学生不仅能够将等号两边当作整体进行等价处理，而且能够利用等价性寻找数据之间的函数关系。这类学生已不关心等号两边的具体数值，完全从等号表示等价关系的角度思考问题。

2）小学生的思维过程是聚焦数值或关系方面的表现

测试对象：四年级 80 名学生（学习完字母表示数，未学习等量关系和方程）

测试题目如图 5-15 所示。

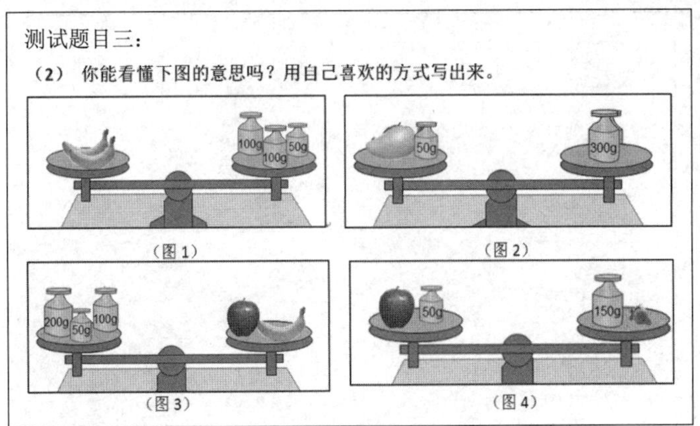

图 5-15　测试题目三

测试结果：

层次一，如图 5-16 所示。

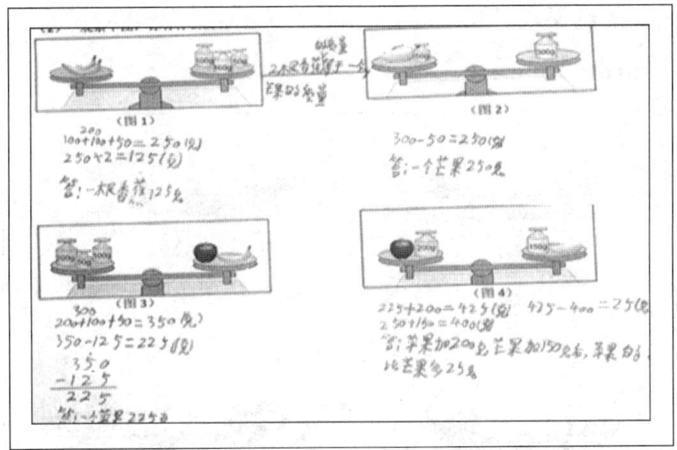

图 5-16　测试题目三的学生层次一

这类学生的思维现状仍仅仅停留在算术思维水平，看到题目中的数量关系就要进行运算。

层次二，如图 5-17 所示。

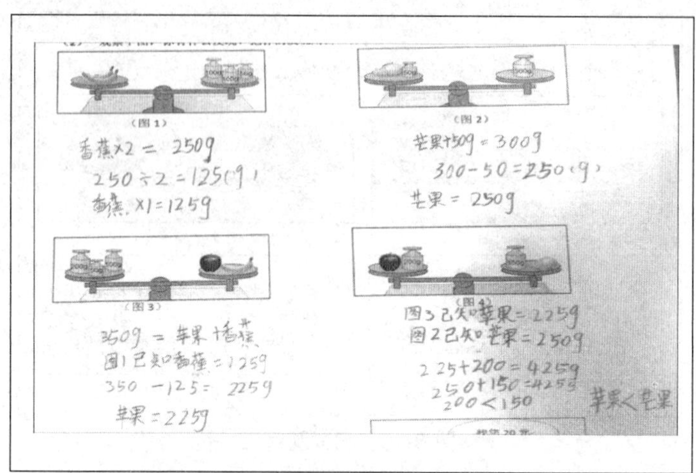

图 5-17　测试题目三的学生层次二

这类学生显然能够关注到图中所呈现的等量关系，但最终的目的还是要计算出具体的未知量的结果。

层次三，如图 5-18 所示。

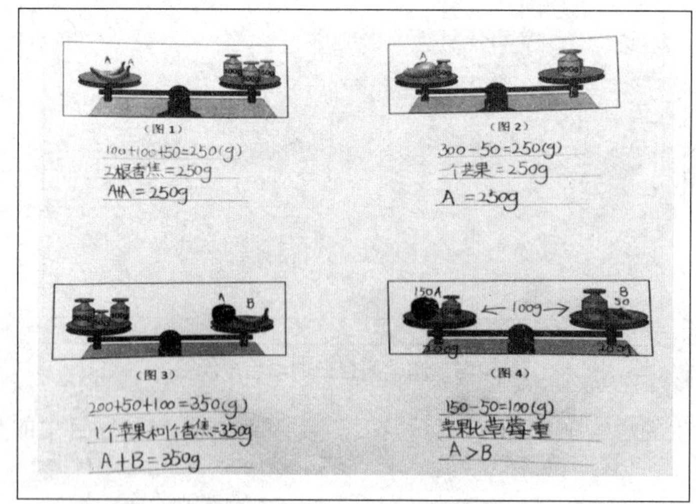

图 5-18　测试题目三的学生层次三

这类学生能够关注图中所呈现的关系，但在寻找关系的过程中还是要将图中能够计算出具体数量的信息进行优先考虑，能算的都要先进行计算。

层次四，如图 5-19 所示。

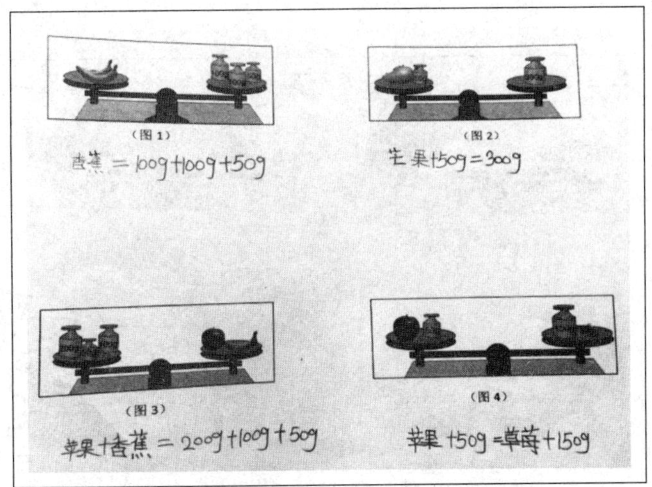

图 5-19　测试题目三的学生层次四

这类学生的结构化意识很强，直接从图中信息中提取等量关系。

3）小学生的表征方式方面的表现

从学生对测试题目三的作品中可以清晰地看到学生丰富的多层次的表征方式。

自然言语如图 5-20 所示。

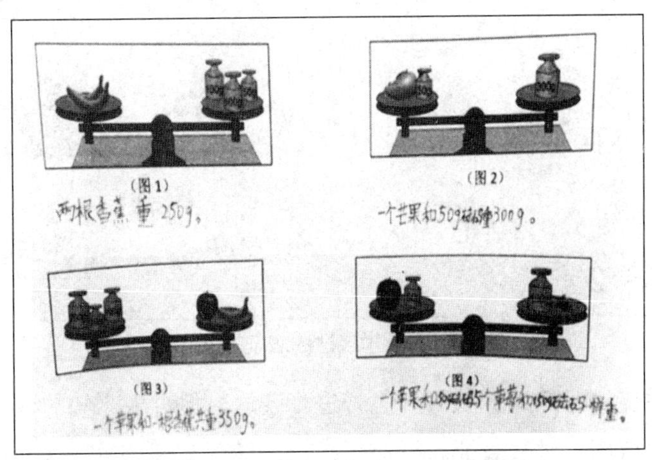

图 5-20　自然言语的表征方式

显然学生在用生活化的语言直接叙述题目中所呈现的等量关系。

数学表达如图 5-21、图 5-22 所示。

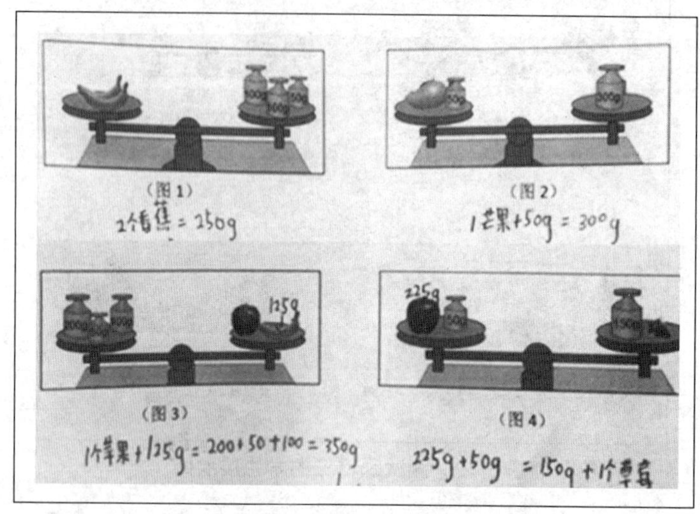

图 5-21　数学表达的表征方式（1）

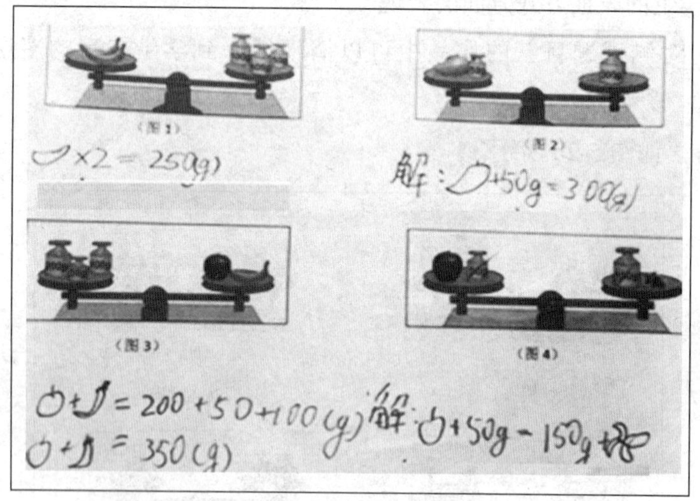

图 5-22　数学表达的表征方式（2）

这类学生能够引入运算符号和等号进行表达，但对于未知的数量还只能用相对具体的文字或图示进行表征。

符号表达如图 5-23 所示。

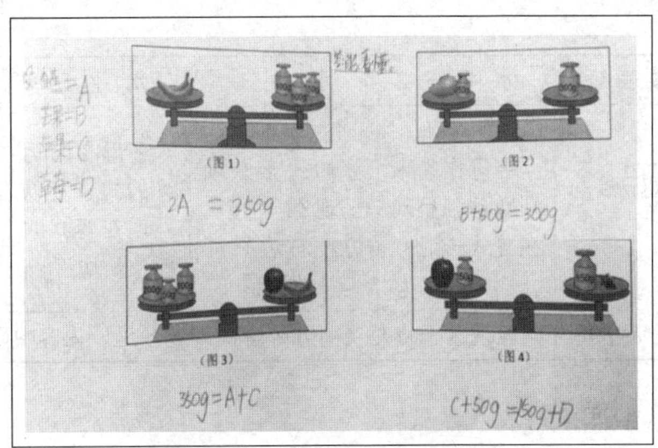

图 5-23　符号表达的表征方式

这类学生能够引入字母，将字母参与运算，能够灵活地进行符号表达，显示了很强的抽象概括能力。

6. 学生在学习方程的过程中代数思维的表现性水平指标体系

基于以上学生的表现，我们进一步构建了学生在学习方程的过程中代数思维水平的表现性评价指标体系，如表 5-2 所示。

表 5-2　学生代数思维表现水平

指　标	具体表现	水平一	水平二	水平三	水平四
等号	聚焦结果或等价关系	等号只是前面一个运算的输出结果	等号可以是前面几个运算的输出结果	能够把等号看作等价关系，但还要依赖作为结果输出的功能	直接关注等价关系，可以不关注作为结果输出的功能
模式	聚焦数值或关系	直接计算	能关注等量关系，但最终还是要计算出具体结果	能算的先计算，但最终关注的是关系	直接关注关系
符号化	多元表征	自然言语直接叙述	利用文字或代表实际意义的图示表示未知量建构等量关系	用任意字表表示未知量建构等量关系	

续表

指　标	具体表现	水平一	水平二	水平三	水平四
符号化	字母参与运算	字母作为未知数单独呈现在等式一边	字母参与运算的式子必须呈现在等式左边，右边只能是具体数值	字母参与运算的式子可以呈现在等式的任意一边	
	设谁为字母	表现水平将在《列方程解决问题》这一内容中研究			

（二）方程的认识课例

基于前面的研究，方程的认识一课主要设计了五个环节。

1. 利用天平，引入等量关系

课上用课件向学生呈现了三幅比轻重的动态图，问学生有什么发现，引导学生理解：当天平处于平衡状态的时候，我们就能知道 3 根香蕉等于 2 个橘子的重量，这种相等的关系我们叫它“等量关系”。寻找等量关系，对于学习方程是非常重要的。

2. 借助天平，初步表示等量关系

天平的左边是两个草莓，右边是 10 g 和 50 g 的砝码，让学生把找到的等量关系用自己喜欢的方式写一写，发现学生的表达形式和思维水平都是不同的。按照我们前面的量表来衡量，四个水平在课上都有存在。课堂上按照从高到低的顺序来呈现，水平四学生都认可；面对水平三学生有冲突，有的认为能算的还是要算出来，有的认为不需要算。学生意见不一致，教师引导，在找等量关系时不着急算出数来。

	聚焦数值或关系	学生表现
水平一	直接计算	10+50=60 g 60÷2=30 g
水平二	能关注等量关系，但最终还是要计算出结果	两个草莓 =10 g+50 g 1 个草莓 =30 g
水平三	能算的先计算，最终关注关系	10 g+50 g=60 g 两个草莓 =60 g
水平四	直接关注关系	两个草莓 =10 g+50 g 或 $2x$=10 g+50 g

水平二的学生能关注等量关系，但最终还是要算出结果，这时有学生说："两个草莓不一定一样大，不能算出每个草莓是 30 g。"每次试讲到这个环节的时候都会有学生这样质疑，教师不理解学生的意思："本身预设就是一样大的，如果大小不一样表达起来很麻烦。"教师说："先假定两个草莓一样大。"结果学生就更加不理解，既然一样大，每个草莓就是 30 g，又有什么不对。教师想：即使一样大，也没必要算出每个草莓的质量。然后再千方百计地引导学生关注关系，致使课堂教学陷入一个怪圈。其实草莓不一样大，学生才会更加关注相等的关系，每个草莓是 30 g 是需要条件的。再次试讲时这样引导后，才走进了学生的心里，也更有利于学生聚焦到关系。

水平一呈现出来，学生都持否定的态度，有的学生说，这是个等式，但不是等量关系；有的学生说，等号两边算的都是砝码的重量，但不是等量关系。教师顺势引导学生对比这些不同的式子中等号表示的意思是不同的，在算式中等号表示计算的结果，而在等量关系式中，等号则表示等价关系。

从以上表现中可以看出，学生处于从算术思维到代数思维的过渡期间，表现水平呈现出不稳定性，尤其是水平二和水平三，学生有矛盾冲突，互相质疑，课堂上要用好学生生成的资源，引导学生向更高的水平靠近。

3. 借助天平，再次表达等量关系

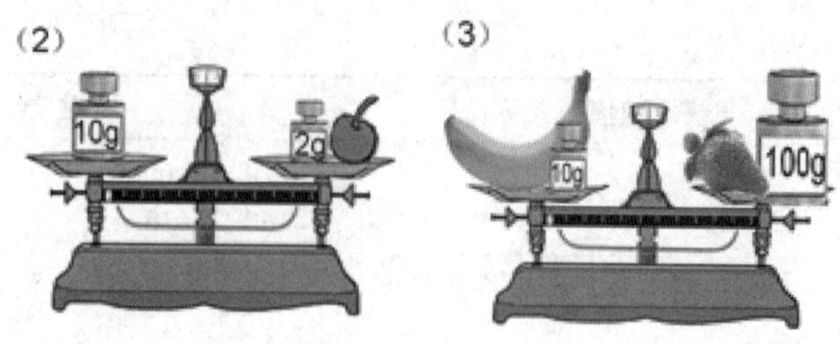

	字母参与运算	学 生 表 现
水平一	字母作为未知数单独呈现在等号一边	n=10 g−2 g
水平二	字母参与运算的式子必须呈现在等式左边，右边只能是具体数值	樱桃 +2 g=10 g
水平三	字母参与运算的式子可以呈现在等式的任意一边	10 g=y+2 g

教师出示了两幅天平图，由学生再次自主表达等量关系。反馈环节，发现学生的水平仍然是不同的，利用我们研究出的关于符号化表达中字母参与运算这一量表来衡量，有的学生处于水平一，字母作为未知数单独呈现在等号的一边，其他学生评价道："天平是把樱桃和 2 g 放在一起，没有把 10 g 和 2 g 放在一起。"有的学生处于水平二：字母参与运算的式子必须呈现在等式左边，右边只能是具体数值，学生评价道："写反了。"教师追问："为什么会写反？"学生说："习惯了。"由此可以看到学生深受算术思维的影响。对于水平三，学生都是认可的。这个环节还有个小细节，第一幅图学生总误认为是苹果，当教师澄清是樱桃时，有的学生急忙划掉修改，教师说："有的学生没有改，知道是怎么回事吗？"在这个细节中引导学生体会用字母表达的优势。

4. 没有天平，寻找等量关系

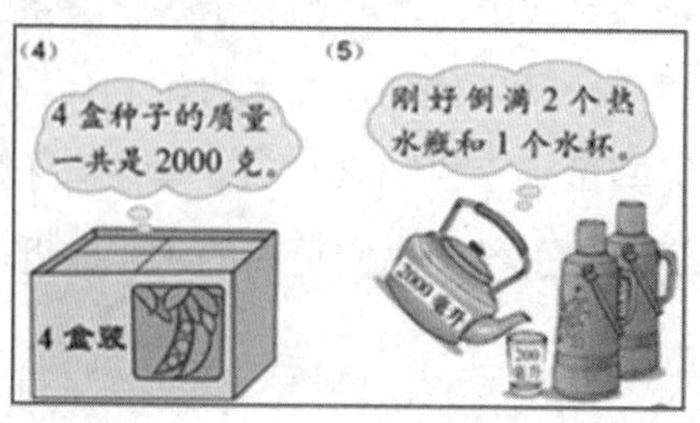

这个环节给学生提供了两幅图，在失去天平的支撑时，有的学生感到困难，上课的时候，一个男孩先是写出了 2 000÷4=500 g，但紧接着就擦了，绞尽脑汁继续思考，因为通过前面的学习，他知道这样写出来的不是等量关系，不会被认可。因此当失去天平支撑的时候，在找等量关系时需要方法上的指导。在反馈的环节，教师问："这回没有天平了，你们是怎样找到等量关系的？"有的学生说可以在脑子里假想一个天平，有的学生说可以从文字中找。在处理第二幅图时，有的学生列出的等量关系式是 1 个水杯容量 +2 个热水瓶容量 =2 000 ml，有的学生马上评价：他的写法"1 个水杯"不够精确，因为题中已经标出了，1 个水杯是 200 ml。师引导："那什么情况下才用文字和字母呢？"生："不知道。"再次强化符号化表达，用符号来表示未知的，而不是已知的。

5. 认识方程

教师把前面找过的五幅等量关系图呈现出来，让学生用字母来表示，揭示方程，引导学生理解什么是方程。最后教师给出一个方程 $20x=100$，让学生去编故事，使学生体会到，同一模式可以表达不同的情境，体会方程的模型思想。

（三）方程的认识教学建议

以往在"方程的认识"一课的教学中，教师往往关注代数思维最高水平的学生，但如何达到代数思维的路径却不够清晰。在聚焦关系层面，有的学生还不能正确地找到等量关系；在表达形式上，有的学生没有达到用字母表示的层次，仍然在用文字或图示，因为符号化表达不是通过"用字母表示数"一课就可以达到的，因此有些学生的思维水平仍处于算术思维或不稳定的代数思维。对于这样的学生，教师给予的关注并不够。本课鼓励学生用自己喜欢的方式来表达等量关系，在表达的过程中暴露学生思维的状态，在学生与学生互相评价、互相质疑的过程中，思维也在互相碰撞着，这样才能引领学生逐步地提升自己的思维水平。因此对于"方程的认识"一课，提出以下教学建议。

第一，关注等号的作用，对等号的理解从只表示结果向还可以表示关系过渡。

第二，关注学生的多种表征。

第三，充分利用学生资源，鼓励学生在质疑、争论中实现思维的逐步转变。

二、列方程解决问题

（一）在列方程解决问题时的学生的表现性水平划分

学生列方程解决问题时的代数思维水平如表 5-3 所示。

表 5-3　学生列方程解决问题时的代数思维水平

	水 平 〇	水 平 一	水 平 二	水 平 三
学生表现	没有思路或用算术方法	能够用不同方式表征出等量关系但列不出方程或列错误方程	能够用不同方式表征出等量关系，并根据所设的字母正确列出方程（即能正确用符号表达）	能够用不同方式表征出等量关系并根据所设的字母正确列出方程，能够用语言清晰描述等号两边所表示的是同一件事情

（二）测试

为了更好地了解学生的情况，在教学列方程解决问题前对学生进行了前测。

1. 参加测试学生的情况

学生是四年级三班的学生，共 42 人，刚刚学习完方程这一单元，能解决类似 $ax \pm b=m$ 的方程。

2. 测试题目及其意图

题目有两道大题，第一大题主要是想考察学生对于刚刚学完的类似 $ax \pm b=m$ 的方程的掌握程度（图 5-24）。

1. 妈妈的年龄比小丽年龄的 3 倍多 4 岁，妈妈今年 37 岁，小丽今年几岁呢？
（1） 请你用喜欢的方式尽量简洁地把你从中得到的数学信息和数量关系罗列出来。
（2）请你用你喜欢的方法解答。
（3）列方程解答这道题。
（如果你第（2）问就是列方程解的，能说说为什么你会选择用方程的方法吗？）
（4）你列的方程成立吗？解释一下你所列的方程等号左边表示什么？右边表示什么？

图 5-24　测试题目一

第二大题主要是想了解学生对于解决类似 $ax \pm bx=m$ 的方程的困难点在哪（图 5-25）。

2. 笼子里有白兔、灰兔若干只。白兔的只数是灰兔的 3 倍，灰兔比白兔少 8 只，白兔、灰兔各几只？

（1）请你用喜欢的方式尽量简洁地把你从中得到的数学信息和数量关系罗列出来。

（2）请你用你喜欢的方法解答。

（3）列方程解答这道题。

你设谁为 x？你是怎么想的？

你想根据哪个等量关系列方程，你是怎么想的？

列方程解答：

（4）你列的方程确实成立吗？解释一下你所列的方程等号左边表示什么？右边表示什么？

图 5-25　测试题目二

(三) 测试结果分析

学生列方程解决问题的调研结果如表 5-4 所示。

表 5-4　学生列方程解决问题的调研结果

题　目	水平〇	水平一	水平二	水平三
题目一	4.8%	2.4%	78.5%	14.3%
题目二	16.7%	35.7%	42.8%	4.8%

从上面的百分比我们可以看出学生对于学过的题目一的表现水平明显高于没有学过的题目二。

但是同时也可以看出即使是学过的题目一，大多数学生的表现水平集中在水平二，能到达水平三的比例很少。而对于没有学过的题目二，学生的表现水平集中在水平一和水平二，看来虽然有些学生能列出正确的方程，但对于方程的结构模式并没有透彻理解，不能用清晰的语言进行描述。

所以在此也有个疑问：对于小学生来说，是否达到水平二（能够用不同方式表征出等量关系并根据所设的字母正确列出方程）就可以了，还是必须要让学生达到水平三（能够用语言清晰地表述方程等号的两边表达的是一回事）？学生各个水平的具体表现如下：

表现水平〇：

题目一：一人连等量关系都找不到，空着；一人用算术方法解答（图 5-26）。

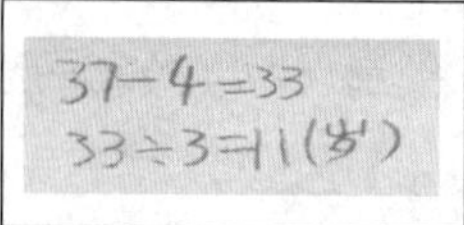

图 5-26　题目一的学生表现水平 0

题目二如图 5-27 所示。

没有用方程的意识	
不会做空着	算术方法
6 人	1 人
空着或写不会	画图 8÷2=4　3×4=12

图 5-27　题目二的学生表现水平 0

有一人是利用画图找到数量间的关系，用算术方法解答的。8÷2=4，3×4=12。对于差倍问题不能解决的 6 人，空着或写不会，根本没有意识到可以运用学过的列方程来解决问题，尝试画图或文字叙述来找等量关系，而是觉得此题目缺少条件，没法求结果，直接放弃（图 5-28 ～图 5-30）。

图 5-28 放弃题目一的解答（1）

图 5-29 放弃题目一的解答（2）

图 5-30 放弃题目一的解答（3）

表现水平一：

题目一：

只有一人列出错误的方程，x÷3−4=37，往前看发现他找的等量关系也是错误的，不能顺着题目的意思直接顺向翻译过来，头脑中还是直奔结果，丽丽妈妈的年龄 ÷3−4= 丽，算术思维仍占主导位置。

题目二如图 5-31 所示。

错误方程	不会列
5 人	10 人
$x÷3=8$ $3x=x-8$ $x÷3×2=8$ $x÷3=3+8$ $3x÷3+8=x$	白 $x÷3$ 灰 $x-7$

图 5-31　题目二的学生表现水平一

因为这道题他们不能用算术方法解答，而刚好刚学过方程，所以想到尝试用方程解决问题。但是只有不到一半的孩子能够正确列方程解答问题，看来孩子对于类似 $ax+bx=m$ 的方程还是有一定的困难的。那困难到底在哪里呢？是找不到等量关系，还是符号的表达有困难？

对于 21 位不能正确解答的同学进行进一步的分析，先回溯 21 位不能正确解答学生的寻找等量关系的结果（图 5-32）。

<table>
<tr><td colspan="3">能找对等量关系</td><td colspan="2">只找对或找到一个</td><td colspan="2">整个数量关系都不对</td></tr>
<tr><td colspan="3">4 人</td><td colspan="2">2 人</td><td colspan="2">15 人</td></tr>
<tr><td>画图对
1 人</td><td>白÷3=灰
灰+8=白
2人</td><td>黑×3=白
白−8=黑</td><td>白=灰×3</td><td>灰+8=白
灰×3−8=
白</td><td>画图错
6 人</td><td>等量关系错误
$x÷3=8$
白÷3+8=灰
$x÷3=3+8$
$3x÷3+8=x$
$3x=x-8$
灰×3−8=若干
白+灰</td><td>不会
3 人</td></tr>
</table>

图 5-32　21 位学生不能正确解答题目二

从上面可以看出不能正确解答的学生中（21 人只有 4 人是能找到等量关系）绝大多数的学生是找不到正确的等量关系，或者只找到其中的一个。也就是说对于多个等量关系学生不能逐一罗列出来，总是想像题目一那样用一个等量关系式表达出来，但是又不知道如何建立联系，于是出现了很多伪等式。所以这些学生的思维还处于算术思维和代数思维过渡期间，并没有设而不求的思想，还是想着怎么能求出结果来，但是未知数太多，就无从下手了，还有 4 人虽然能正确列出等量关系，但是也不能利用代数思维将两个等量关系建立联系，筛选确定合理的未知数，用数学符号（代数式）来表示等量关系，从而顺利列出方程。从中我们还发现一个学生的困难点，就是不能选择合理的未知数进行设项。因为原来学习类似 $ax+b=m$ 的方程时，只有一个未知数，基本上是问什么就设谁为未知数 x，而且也只能找到一个等量关系；现在有 2 个未知数了，虽然存在 2 个等量关系，但是孩子们不能将其找全。

表现水平二：

题目一如图 5-33、图 5-34 所示。

大多数学生能够运用问题的多种表征来寻找等量关系，文字、图像、符号表达都有，有顺向的也有逆向的，其中逆向的数量关系有 5 人列错了，但是其中也有 4 人写了顺向的，写对了。

顺向思维			逆向思维	
丽 ×3+4=妈	直接列方程 $3x+4=37$	画图	（37−4）÷3=丽	妈 ÷3−4=丽
19 人	13 人	8 人	1 人	5 人（其中 4 人写顺向的是对的）

图 5-33　表现水平二的学生运用问题的多种表征寻找等量关系

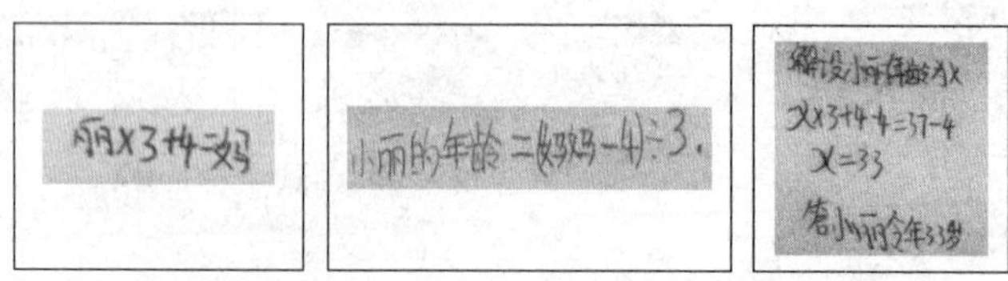

图 5-34　表现水平二的学生给出的正确答案

题目二如图 5-35 所示。

能正确列方程解答				
20 人				
$3x=x+8$	$2x=8$	$3x-8=x$	$4x=2x+8$	方程组
10 人	5 人	1 人	1 人	3 人

图 5-35 学生能正确列方程解答题目二

对于列对方程的 20 人，其中也有 3 人的设项是错误的，设的未知数和所列的方程对不上，例如设白是 x，多 x，白和灰都是 x。从中可以看出这些学生还停留在算术思维上，字符的角色只是传统的未知数，而没有去思考数量间的关系，合情地正确地进行符号间的等价转换。

其中设灰兔为 x 的有 16 人，说明为什么这么设项的原因时说灰兔是一份数、是小数的有 8 人，只有一人写如果设白是 x 的话就得除了，列方程比较麻烦。还有 9 人没有写原因。（注明：另外 1 人用的方程组）

对于列错方程或不会的 21 人，只有 4 人设灰兔为 x，7 人空着认为题有问题或不会，2 人设总数为 x，7 人设白为 x，1 人设未知数为 x。

从中可以看到由于有两个未知数，两个等量关系，停留在算术思维的学生就算将等量关系找全了，但是对于设谁为 x，将等量关系进行符号表达还是很困难的。

表现水平三：

题目一如图 5-36、图 5-37 所示。

让解释方程等号左右两边表示的含义时，我们发现虽然绝大部分学生能正确列出方程，但是对于方程的结构、建模思想、等号的等价含义理解方面有欠缺，只有 6 人能了解到方程的等号左右两边表达的是一件事，还有 14 人能知道是表示相等的关系。而其他人连方程等号的等价含义都不清晰。

题目二：

对于等号的等价含义和方程建模的结果，只有 2 人能写出左和右边表示的是一回事，左灰，右灰（应该是笔误，白写成灰了），左是灰的 2 倍，右是灰的

2 倍，其他学生不会或与第一大题的想法一样，只是把小丽和妈妈换成了白兔和灰兔。看来类似这种方程等号两边表示的是同一件事对学生来说实在是太难以理解了。

左妈，右妈	左：丽×3+4，右：妈	左：3x，右：33	左：数量关系（式子），右：结果	左：丽的 3 倍，右妈	左：丽，右：妈	左右同时 –4，左右同时 ÷3	空着
6 人	14 人	2 人	5 人	4 人	4 人	1 人	6 人

图 5-36　表现水平三的学生解答题目一的情况

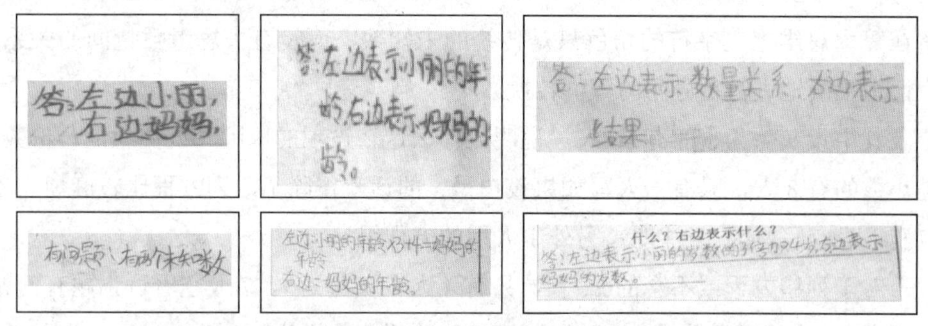

图 5-37　只有 6 人了解方程的等号左右两边表达的是一件事

（四）对列方程解决问题的教学建议

1. 读懂题意，多种方式表征出等量关系

（1）为了让学生能够跳出算术思维，避免学生一看到问题后就直接寻求结果，课堂上只出示情境图中的信息，而不出示问题，让学生用自己喜欢的方式把姐姐和弟弟说的话翻译成比较简洁的数学语言（如式子、符号或者画图）。

（2）分层次（文字的—图形的—符号的）展示学生不同的表征方式（包括正确的、错误的、顺向的、逆向的），互相交流评价合理性。

（3）将合理的等量关系整体展示，让学生感受哪个更顺，培养学生顺着题目的叙述直接翻译的意识和能力。

2. 合理地设未知数，列出恰当匹配的方程

（1）提取信息，揭示课题：弟弟和姐姐一共有 180 张邮票，姐姐的邮票张数

是弟弟的 3 倍。同学们知道了这些信息，我们可以解决什么问题了？（姐姐和弟弟各有多少张邮票？）解决问题的方法有很多，但是今天我们研究如何用方程解决这个问题。

（2）小组间讨论到底设谁为未知数，理由是什么。通过讨论发现设弟弟有 x 张邮票会比较简单。

（3）引导学生进行符号和多种表征间的等价转换，体会代数思想。

有的学生遇到困难了，一下子列不出来。没关系，别着急，你可以看看刚才你找到的数量关系，想办法用 x 表示出其他和它相关的量。（比如说，弟弟 x 张，那姐姐有多少张怎么表示呢？姐姐和弟弟一共 180 张又可以怎么表示呢？）

预设：弟弟 x 张，姐姐（$180-x$）张或姐姐 $3x$ 张。姐姐和弟弟共（$x+3x$）张。

（4）展示同学们不同形式的方程，集体交流评价：大家注意观察，看你能否读懂同学们列的这些方程，并判断一下这些方程是否真的成立。

$x+3x=180$，$x\times3=3x$，$x=3x\div3$，$180\div(3+1)=x$，$x+x\div3=180$

在读懂、评价、质疑的过程中通过对比让学生逐渐领悟到有多个未知数时要如何合理选择设谁为未知数能列出比较简单容易解的方程，体会到如果有多个等量关系式时如何利用符号表达建立联系列出匹配的方程。（①不能重复使用等量关系，不然会造成恒等式的现象。②一般也不能遗留等量关系，不然很可能写出的是伪等式。）

3. 在整个活动中渗透设而不求的思想，使学生的思维聚焦于方程的模式和关系

（五）列方程解决问题教学设计

教学设计围绕以下问题进行重点思考和设计。

（1）如何让学生从直接寻求结果的算术思维中跳出来寻找数量间的关系，促进方程的建模和结构化的思想？

为了让学生能够跳出算术思维，避免学生一看到问题后就直接寻求结果，课堂上只出示情境图中的信息，而不出示问题，利用问题的多种表征来帮助学生理解数量关系，找到等量关系，促进方程的建模和结构化的思想。

①出示情境图中的信息。

②请你想办法把姐姐和弟弟说的话翻译成比较简洁的数学语言。（如式子、符号或者画图）

③教师巡视，将学生不同的表征方式进行展示（包括正确的、错误的、顺向的、逆向的）。写完的可以小组内互相解释一下自己的想法。

④展示交流：

你能读懂这些表达方式吗？都合理吗？（展示的层次：文字的—图形的—符号的）

你喜欢哪一种，为什么？（各有优势，顺向更好找）

把数量关系都呈现出来，让学生比较哪个更顺，培养学生顺着题目的叙述直接翻译的意识和能力。

⑤给大家半分钟时间，把自己的作品进行修正。

（2）如何引导学生进行筛选，合理地设未知数，进行符号表达？

符号变换，即各种表征之间的等价转化。

①补充问题：同学们知道了这些信息，我们可以解决什么问题了？

姐姐和弟弟各有多少张邮票？解决问题的方法有很多，但是今天我们研究如何用方程解决这个问题。

②根据等量关系列方程。

大家有什么疑问吗？姐姐和弟弟都不知道，那到底设谁为x呢？你们同桌两

个人互相商量商量，到底设谁为 x，为什么？（设弟弟有 x 张邮票比较简单）

有的同学遇到困难了，一下子列不出来。没关系，别着急，你可以看看刚才你找到的数量关系，想办法用 x 表示出其他和它相关的量。

比如说，弟弟 x 张，那姐姐有多少张怎么表示呢？姐姐和弟弟一共 180 张又可以怎么表示呢？引导学生能够进行符号和多种表征间的等价转换，体会代数思想。

预设：弟弟 x 张，姐姐（180−x）张或姐姐 $3x$ 张。姐姐和弟弟共（x＋$3x$）张。

（3）在哪些方面能引导学生理解方程等号的等价含义，体会方程的含义？

①展示同学们不同形式的方程，集体交流评价：大家注意观察，看你能否读懂同学们列的这些方程，并判断一下这些方程是否真的成立。

$X+3x=180$　$x\times3=3x$，$x=3x\div3$，$180\div(3+1)=x$，$x+x\div3=180$

不能重复使用等量关系，不然会造成恒等式的现象。

一般也不能遗留等量关系，不然很可能写出的是伪等式。

②小结：所以我们列方程的时候一定先别着急画等号，一定先想想方程的左边表示什么，右边又表示什么，如果表示的同一件事或是相等关系我们才能心安理得地给它们画上等号。

第四节　结论与反思

一、研究结论

（一）构建了学生认识方程的表现性水平指标体系

1. 方程的认识表现性水平指标体系

方程认识表现性水平指标体系如表 5-5 所示。

表 5-5　方程认识表现性水平指标体系

指　标	表　现	水 平 〇	水 平 一	水 平 二	水 平 三
等号	聚焦结果或等价关系	等号只是前面一个运算的输出结果	等号可以是前面几个运算的输出结果	能够把等号看作等价关系，但还要依赖具体数值	直接关注等价关系
模式	聚焦数值或关系	直接计算	能关注等量关系，但最终还是要计算出具体结果	能算的先计算，但最终关注的是关系	直接关注关系
符号化	多元表征	自然言语直接叙述	利用文字或代表实际意义的图示表示未知量，建构等量关系	用数学语言表示未知量，建构等量关系	
	字母参与运算	字母作为未知数单独呈现在等式一边	字母参与运算的式子必须呈现在等式左边，右边只能是具体数值	字母参与运算的式子可以呈现在等式的任意一边	
	设谁为字母	在《列方程解决问题》中研究，具体见表 5-6			

2. 列方程解决问题表现性水平指标体系

学生列方程解决问题的表现性水平指标体系见表 5-6。

表 5-6　学生列方程解决问题的表现性水平指标体系

	水 平 〇	水 平 一	水 平 二	水 平 三
学生表现	没有思路或用算术方法	能够用不同方式表征出等量关系但列不出方程或列错误方程	能够用不同方式表征出等量关系并正确列出方程（即能正确用符号表达）	能够用不同方式表征出等量关系并正确列出方程，能够清晰描述等号两边所表示的是同一件事情

从表 5-6 的两个指标体系中可以看出，处在水平〇的学生基本是算术思维的代表，而处在“等号”“模式”的水平一和符号化的“水平二”及“列方程解决问题”指标的水平三的学生已明显呈现代数思维的特点。处于各维度中间水平的学生，可以说正是算术思维向代数过渡阶段的思维表现，我们更应关注，这样的

表现特点需通过课堂学习有效呈现、合理利用、促进过渡。

（二）形成了发展学生代数思维的课堂实施建议

1. 承认小学生在认识方程过程中思维上表现的层次性

小学生在认识方程的过程中，从算术思维到代数思维的飞跃过程中，存在着不同的表现水平，课堂教学时不能为了培养学生的代数思维而“急功近利”，需要承认与关注学生的思维水平，通过课堂教学的作用，促进学生思维的逐步过渡。

2. 捕捉与放大学生在学习过程中所表现出的思维差异

承认学生的思维差异，在课堂实施中就需要创设有效的问题情境，促进学生原始认知的呈现，进而捕捉学生在学习过程中的差异表现，以此为学习资源。

3. 采取研讨、质疑、分享的课堂学习方式，促进学生的思维过渡

课堂实施中可以采取生生交流的学习方式，促进学生的思维碰撞，实现思维互补，让不同表现层次的学生都能通过课堂学习发生思维上的变化。但这个层级的变化过程需要时间，绝不是一蹴而就。

二、进一步思考和研究的问题

（一）梳理整个小学阶段承载代数思维的教材内容

此研究仅是围绕“方程单元”进行了教材梳理，但在小学阶段，很多内容都能渗透或培养学生的代数思维，因此，需要全面系统地梳理教材，为提高课堂教学实效提供参照。

（二）进一步完善指标体系

受研究时间的影响，没能利用以上测试题目进行更大样本的分析，下一步可以利用以上测试题目对小学生的代数思维发展水平进行定量分析，为单元教学设计提供更加翔实的依据。

【本章小结】

《小学生代数思维的发展水平及单元教学研究》团队成员通过查阅大量文献，

进行深入的学生调研，构建了小学生代数思维发展的评价维度与表现水平指标体系，并以“方程”这一单元为例，选择《方程的认识》与《列方程解决问题》两个典型课例进行了突破性研究，形成了自己的理论基础。基于学生表现水平的调研结论为教师有针对性地设计教学活动提供了依据，使得课堂上教师能够游刃有余地捕捉和把握不同层次水平学生的表现，及时进行指导、反馈与评价。

时间关系，本研究只选择了“方程”这个单元的两节课作为实践课例，“字母表示数”及代数思维在其他年级教学内容中的渗透并没有体现，研究所构建的评价体系还可以拓展到这些内容当中，在实践中进一步丰富、完善和修订，并形成系统的评价工具。本研究也说明了 2022 年版深程标准将方程内容后移至初中学习是有道理的。

本章主要参考文献

[1] 波利亚 . 数学的发现——对解题的理解、研究和讲授 [M]. 刘景麟，等译 . 北京：科学出版社，2004.
[2] 张丹 . 如何理解和发展代数思维——读《早期代数思维的认识论、符号学及发展问题》有感（上）[J]. 小学教学（数学版），2012(11).
[3] 施银燕 . 尽早概括，适时抽象，打开儿童的代数之门——拉弗德报告中的课例给我的启示 [J]. 小学教学：数学版，2012(12).
[4] 徐文彬 . 试论算术中的代数思维：准变量表达式 [J]. 学科教育，2003(11)：5.
[5] 安吉莱瑞 . 如何培养学生的数感 [M]. 徐文彬，译 . 北京：北京师范大学出版社，2007.
[6] 徐文彬 . 如何在算术教学中也教授代数思维 [J]. 学科教育，2013(9).
[7] 曹一鸣，王竹婷 . 数学“核心思想”代数思维教学研究 [J] . 数学教育学报，2007(2).

第六章

小学生模型思想学习的单元教学研究①

【本章导读】

《课程标准（2011年版）》中“模型思想”是作为十大核心概念提出的。《课程标准（2022年版）》在小学阶段改称“模型意识”，由于本研究是在最新版课标发布前开展，本文仍使用“模型思想”一词。作为中小学课程中的模型思想应该在数学本质意义上给学生以感悟，以形成正确的数学态度。但是，当老师们对“数学模型”“模型思想”以及“如何进行小学数学的‘建模’教学”理解不清晰时，难免在教学中事与愿违、背道而驰。

《小学生模型思想学习的单元教学研究》聚焦“模型思想”这一主题，选取了小学数学中三个非常典型的教学内容“找规律”（探索规律）、“植树问题”“鸡兔同笼问题”，通过详细的教材分析厘清三个内容背后的数学本质，通过实证的学情分析，尝试归纳学生在这三个内容学习中的困难。之后围绕这些内容开展教学研究，探索“经历构建模型（规律）过程，渗透模型思想的教学策略研究”。

通过本研究，教师们也越来越深入认识到“找规律”“植树问题”“鸡兔同笼问题”教学的价值取向，不应仅仅定位于找到模型、应用模型，而应更为重视在建立模型的过程中所获得的数学思想方法、所积累的数学学习经验。

① 本研究由邓晶、王振婷、牛艳秀、李茉、牛佳、杨久红、蔡冰、孙雪梅执笔。指导教师：刘晓婷、闫云梅。使用时有改动。

第一节　绪　论

一、问题提出

《课程标准（2011年版）》在第一、第二学段中把“探索规律”“数学广角”作为独立学习内容之一，对前者的要求是“经历观察、实验、猜想、证明等数学活动过程，发展合情推理能力和初步的演绎推理能力”。而对于“数学广角”，更是承载了“渗透数学思想方法，帮助学生积累数学活动经验”的重任。然而，对于这些内容许多教师感到迷茫，在教学实践中出现了一些教学现象。

案例1：找规律就等于不同角度地看吗？

在二年级下册“找规律”教学中，教师在整个教学中一再强调了从不同角度去观察，学生也正如教师所要求的，“斜着看”“横着看”“纵着看”。整节课下来教学目标似乎达成了，但仔细回顾教学过程和教学片段，隐隐感觉到了一些缺憾……

案例2：究竟如何帮助学生建立植树模型（“鸡兔同笼问题”模型）？

教师通过研读教材、阅读资料，也大致知道“植树问题”“鸡兔同笼问题”重要的思想是“数学模型思想”，但是在教学中却很难跳出具体的数学问题，仍旧是强调类型、重视方法，学生“只见树木，不见森林”。

教材为学生学习提供的基本材料，是实现课程目标的重要资源，作为教师，我们应该正确理解“探索规律”“数学广角”的价值，依据教学内容特点、儿童认知规律，精心组织教学内容。由此，引发了思考。

（1）“探究规律”及“数学广角”内容的本质及教学价值是什么？

“找规律”的本质和价值是什么？“植树问题”的本质是什么？“鸡兔同笼问题”的本质又是什么？“找规律”和后一问题之间是否有本质联系？

（2）学生在学习这些内容时的问题和困惑有哪些？

学生在学习二年级下册“图形排列的规律”时已有的经验和可能遇到的困难有哪些？学生在解决“植树问题”的过程中可能的困难又有哪些？“鸡兔同笼问题”对于学生的困难有什么？学生对于这些内容学习的普遍困难是什么？

（3）在“探索规律”及“数学广角”教学中使用什么样的教学策略帮助学生实现深刻理解？

在深刻分析教学内容，并明晰学生困难的基础上，寻求合理的教学策略帮助学生实现深刻理解是本研究的最重要的目标。

根据以上研究问题，聚焦“经历构建模型（规律）过程，渗透模型思想”的研究主题，并以“找规律”“植树问题”“鸡兔同笼问题”为例对三个研究问题进行深入的研究。

二、研究目的

第一，通过教学内容分析，厘清“找规律”“植树问题”和“鸡兔同笼问题”的内容本质及教学价值。

第二，通过学生调研把握学生在学习“找规律”“植树问题”和“鸡兔同笼问题”时的主要问题和困惑。

第三，通过对“找规律”“植树问题”和“鸡兔同笼问题”课例研究，提高教师对于教材的分析能力、学生研究能力，提升教师的教学设计能力、教学策略的有效使用及开发能力。

第四，经历课例研究全过程，提升教师的教育教学研究水平，在整理研究成果过程中，提升教师的写作水平、反思水平。

第二节　教学内容本质及价值分析

一、“找规律”本质和价值分析：“找规律”教材分析

“探索规律”是“数与代数”领域的重要内容，对于这一部分内容系统研究的不多，研究展示课也鲜有涉及，对该内容的分析如下。

（一）“规律”的内涵

规律是事物之间的内在的必然联系，这种联系不断重复出现，在一定条件下经常起作用，并且决定着事物必然向着某种趋势发展，规律是客观的，是不以人的意志为转移的，但人们能够通过实践认识它、利用它。

对于“规律”我们的理解有两个层面：一方面，事物之间存在着联系；另一方面，这种联系是不断重复出现的，并且决定着事物必然向着某种趋势发展。

（二）“找规律”的本质

对人教版教材进行了全面的梳理，如表 6-1 所示。

表 6-1　人教版“找规律”梳理

第几册	内　容	作　用	图　片
一年级上册	10 以内加减法的整理复习	整理找式子之间关系	3. 1+1 2+1 1+2 3+1 2+2 1+3 4+1 3+2 2+3 1+4 5+1 4+2 3+3 2+4 1+5 6+1 5+2 4+3 3+4 2+5 1+6 7+1 6+2 5+3 4+4 3+5 2+6 1+7 8+1 7+2 6+3 5+4 4+5 3+6 2+7 1+8 9+1 8+2 7+3 6+4 5+5 4+6 3+7 2+8 1+9 (1) 看表里的加法式题是怎样排列的。 (2) 任意指一道式题很快说出得数。 78

续表

第几册	内　容	作　用	图　片
一年级上册	20以内加减法的整理复习	整理找式子之间关系，会横着、竖着进行观察	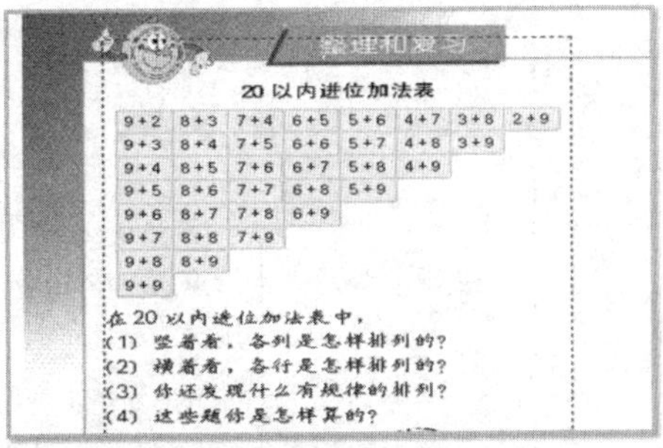 整理和复习 20以内进位加法表 9+2 8+3 7+4 6+5 5+6 4+7 3+8 2+9 9+3 8+4 7+5 6+6 5+7 4+8 3+9 9+4 8+5 7+6 6+7 5+8 4+9 9+5 8+6 7+7 6+8 5+9 9+6 8+7 7+8 6+9 9+7 8+8 7+9 9+8 8+9 9+9 在20以内进位加法表中， (1) 竖着看，各列是怎样排列的? (2) 横着看，各行是怎样排列的? (3) 你还发现什么有规律的排列? (4) 这些题你是怎样算的?
一年级上册	20以内加减法的复习练习	观察图形规律，发现数字规律	 (1) 往下应该怎样画? ○●○○●○○○● (2) 哪一行和其他三行的规律不同? 6 7 8 9 10 4 5 6 7 8 2 4 6 8 10 1 2 3 4 5 113
一年级下册	20以内退位减法的整理复习	整理找式子之间关系，会横着、竖着进行观察	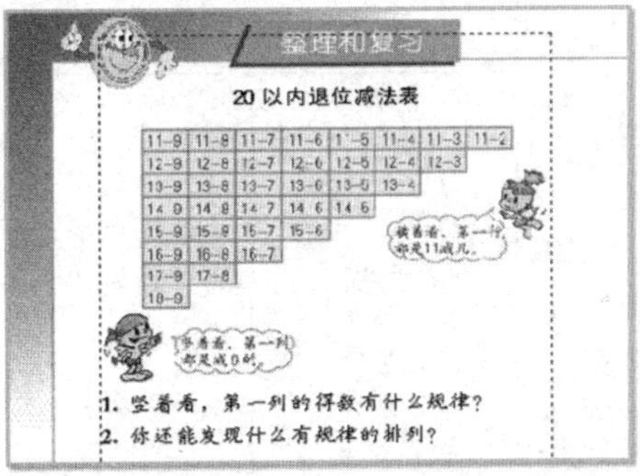 整理和复习 20以内退位减法表 11-9 11-8 11-7 11-6 11-5 11-4 11-3 11-2 12-9 12-8 12-7 12-6 12-5 12-4 12-3 13-9 13-8 13-7 13-6 13-5 13-4 14-9 14-8 14-7 14-6 14-5 15-9 15-8 15-7 15-6 16-9 16-8 16-7 17-9 17-8 18-9 横着看，第一行都是11减几。 竖着看，第一列都是减9的。 1. 竖着看，第一列的得数有什么规律? 2. 你还能发现什么有规律的排列?
一年级下册	100以内加减法的练习	通过观察，寻找数字之间的规律	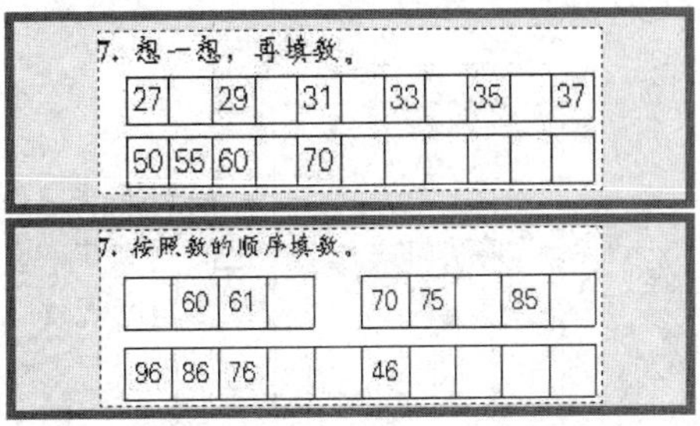 7. 想一想，再填数。 27 □ 29 □ 31 □ 33 □ 35 □ 37 50 55 60 □ 70 □ □ □ □ □ 7. 按照数的顺序填数。 □ 60 61 □　70 75 □ 85 □ 96 86 76 □ □ 46 □ □ □ □

续表

第几册	内　容	作　用	图　片
一年级下册	找规律单元	学习了数和图形的简单排列规律	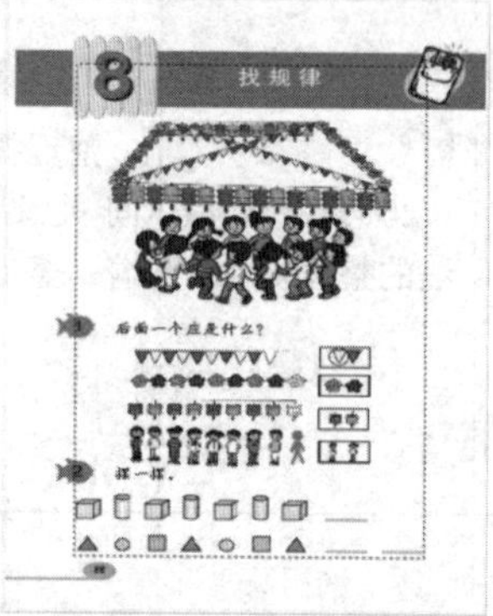
二年级上册	表内乘法（一）	寻找数字之间的排列规律。多角度观察	
二年级上册	9的乘法口诀	寻找数字之间的排列规律。多角度观察	
二年级上册	乘法口诀表	找到乘法口诀之间的规律，会从多角度观察	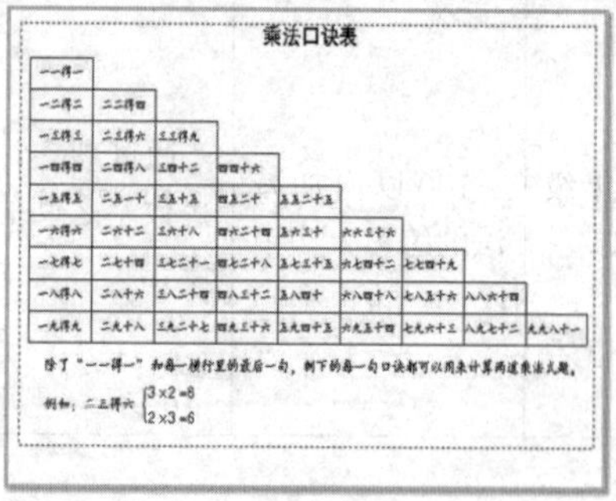

续表

第几册	内　　容	作　　用	图　　片
三年级上册	有余数除法	学习了周期现象，学生知道了几个为一个循环	4 有余数的除法
三年级上册	多位数乘一位数的练习	通过观察发现各部分之间的关系	13.找规律，用规律。 99 × 1 = 99 99 × 2 = 198 99 × 3 = 297 …… 99 × 6　　99 × 8 不计算，你能说出下面两道算式的积各是多少吗？
三年级下册	除数是一位数的除法的练习	通过观察找到数字之间的关系	找出下面每行数的排列规律，在（　）里填上合适的数。 (1) 4　8　16　32　(　) (2) 243　81　27　9　(　) (3) 2　5　11　23　47　(　) (4) 8　24　12　36　18　(　)
三年级下册	年、月、日	通过观察表发现，什么是闰年，什么是平年	观察下面的月历，你发现了什么？ *公历年份是4的倍数的一般都是闰年。但公历年份是整百数的，必须是400的倍数才是闰年。如1900年不是闰年，而2000年是闰年。

续表

第几册	内　　容	作　　用	图　　片
四年级上册	用计算器计算	通过观察找到数字之间的排列规律	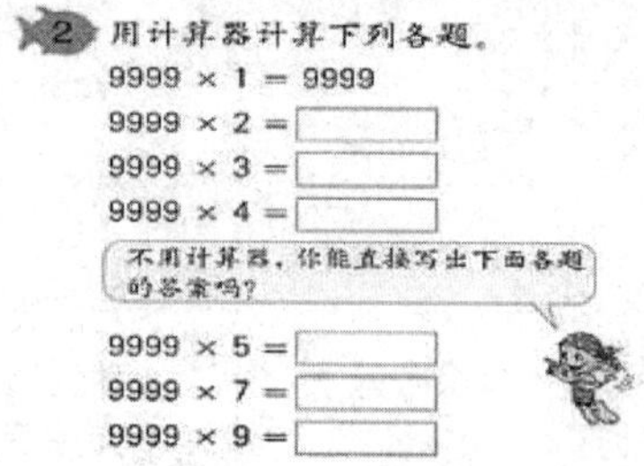 2 用计算器计算下列各题。 9999 × 1 = 9999 9999 × 2 = 9999 × 3 = 9999 × 4 = 不用计算器，你能直接写出下面各题的答案吗？ 9999 × 5 = 9999 × 7 = 9999 × 9 =
四年级上册	三位数乘两位数	发现因数、因数和积的变化规律	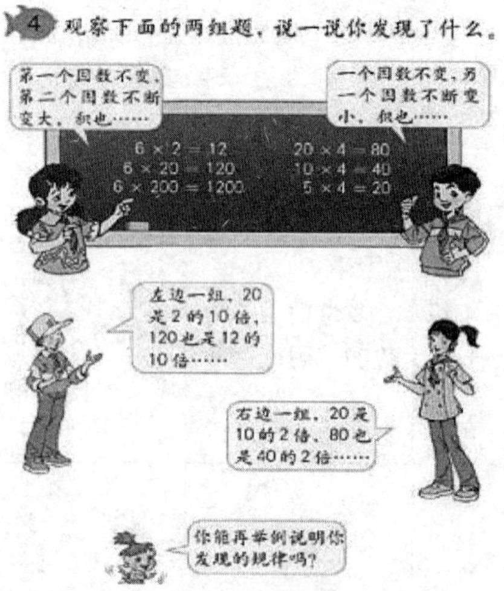 4 观察下面的两组题，说一说你发现了什么。 第一个因数不变，第二个因数不断变大，积也…… 一个因数不变，另一个因数不断变小，积也…… 6 × 2 = 12 6 × 20 = 120 6 × 200 = 1200 20 × 4 = 80 10 × 4 = 40 5 × 4 = 20 左边一组，20是2的10倍，120也是12的10倍…… 右边一组，20是10的2倍，80也是40的2倍…… 你能再举例说明你发现的规律吗？
四年级下册	四则运算的练习	学生从多角度观察，找到和是340的4个数	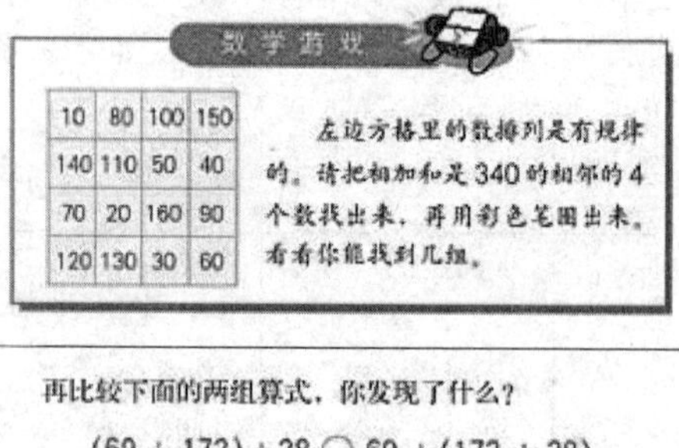 数学游戏 10　80　100　150 140　110　50　40 70　20　160　90 120　130　30　60 左边方格里的数排列是有规律的。请把相加和是340的相邻的4个数找出来，再用彩色笔圈出来。看看你能找到几组。
四年级下册	运算定律和简便计算	通过计算、观察找到算式之间的联系	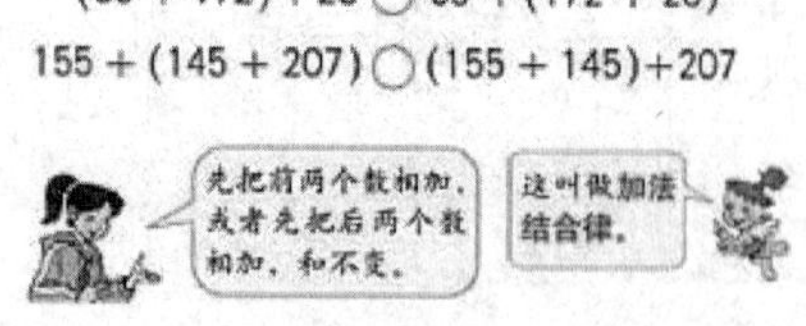 再比较下面的两组算式，你发现了什么？ (69 + 172) + 28 ○ 69 + (172 + 28) 155 + (145 + 207) ○ (155 + 145) + 207 先把前两个数相加，或者先把后两个数相加，和不变。 这叫做加法结合律。

续表

第几册	内　容	作　用	图　片
五年级上册	小数乘法简算	找规律发现：整数乘法的定律适用于小数乘法	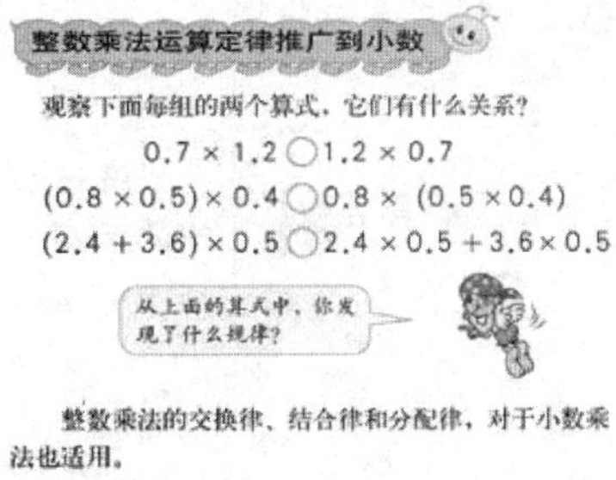 整数乘法运算定律推广到小数 观察下面每组的两个算式，它们有什么关系？ 0.7 × 1.2 〇 1.2 × 0.7 (0.8 × 0.5) × 0.4 〇 0.8 × (0.5 × 0.4) (2.4 + 3.6) × 0.5 〇 2.4 × 0.5 + 3.6 × 0.5 从上面的算式中，你发现了什么规律？ 整数乘法的交换律、结合律和分配律，对于小数乘法也适用。
五年级上册	循环小数	通过计算、观察发现商的小数部分数字重复出现的规律	 循环小数 8 哇！王鹏400米只跑了75秒！ 平均每秒跑多少米呢？ 400 ÷ 75 = ____（米） 观察这个竖式，你发现了什么？ 5.333 余数怎么总是"25"？ 继续除下去，可能永远也除不完。 商的小数部分总是重复出现"3"。
五年级上册	用字母表示数	列表发现规律，找到孩子与爸爸年龄之间的关系	 4 (1) 我比小红大30岁。 小红的年龄/岁 ｜ 爸爸的年龄/岁 1 ｜ 1 + 30 = 31 2 ｜ 2 + 30 = 32 3 ｜ 3 + 30 = 33 … ｜ … 这些式子，每个只能表示某一年爸爸的年龄。 你能用一个式子简明地表示出任何一年爸爸的年龄吗？ 小红的年龄 + 30岁 = 爸爸的年龄
五年级下册	5 的倍数特征	通过涂色，找到表格中 5 的倍数的排列规律，从而得出 5 的倍数特征	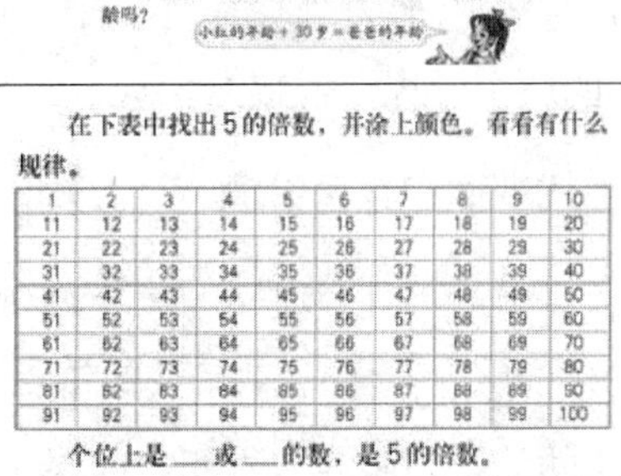 在下表中找出5的倍数，并涂上颜色。看看有什么规律。 1 2 3 4 5 6 7 8 9 10 11 12 13 14 15 16 17 18 19 20 21 22 23 24 25 26 27 28 29 30 31 32 33 34 35 36 37 38 39 40 41 42 43 44 45 46 47 48 49 50 51 52 53 54 55 56 57 58 59 60 61 62 63 64 65 66 67 68 69 70 71 72 73 74 75 76 77 78 79 80 81 82 83 84 85 86 87 88 89 90 91 92 93 94 95 96 97 98 99 100 个位上是____或____的数，是5的倍数。

续表

第几册	内　容	作　用	图　片
五年级下册	异分母分数加减法练习	观察各部分之间的关系，发现规律正确填表	10. 有趣的三角。你发现了什么？如果第一个圆里的数是$\frac{1}{8}$，结果会怎样？
六年级上册	分数乘法（简算）	通过观察，找到式子之间的关系，发现规律	5 观察每组的两个算式，看看它们有什么关系？ $\frac{1}{2}\times\frac{1}{3}$ ○ $\frac{1}{3}\times\frac{1}{2}$ $(\frac{1}{4}\times\frac{2}{3})\times\frac{3}{5}$ ○ $\frac{1}{4}\times(\frac{2}{3}\times\frac{3}{5})$ $(\frac{1}{2}+\frac{1}{3})\times\frac{1}{5}$ ○ $\frac{1}{2}\times\frac{1}{5}+\frac{1}{3}\times\frac{1}{5}$ 从上面的算式中，你发现了什么规律？ 整数乘法的交换律、结合律和分配律，对于分数乘法也适用。

从一年级教材到二年级上册可以看出，找规律主要被运用在一些整理加法表、减法表、乘法口诀表的活动中，要求学生看出表格里算式的排列规律。学生参与整理表格的活动，体会相邻算式之间的关系，利用这种关系使计算正确、迅速。学生也学会了从表的不同角度进行观察，这些学习经验的积累对于本课的学习都是很有利的。

找规律的本质是数学归纳，通过归纳建立模型。教师必须跳出“规律”研究“找规律”教学的策略，将教学要求定位于“重找会用”，教学重点落在“找”字上，而不应把“规律”本身作为教学的重点。所以，对于学生来说，体验“找”的整个过程，再逐渐抽象出“规律”来，学生经历了数学归纳的过程。

（三）找规律的教育价值

通过梳理三年级到六年级的教材可以发现，在学习一些知识的时候用到了“找规律”这个环节，主要是学生通过一些活动，发现数、式子或图像之间的一些内在联系，从而找到规律。注重了学生发现规律的过程，所以找规律为后面知识的学习，奠定了“方法”基础，学生知道怎样才能发现事物之间的联系，找到规律。总的来看，“找规律”的价值如下。

第一，探索规律是人们认识客观世界的重要手段。

第二，探索规律能够发展学生的数学思维，有利于改变传统教学“重演绎、轻归纳”的倾向。

第三，探索规律能够促进学生数学学习方式的改善。

（四）对循环排列规律的分析

1. 循环排列规律的本质

“循环”是一个周期现象或函数在重复出现之前，所经过的历程的状态或数值的全部变化范围。本节课涉及的循环排列规律是图形的循环排列，按照前面对“循环”的定义，不难看出这里的规律本质上是动态的，然而，学生在一年级找简单的排列规律时更多的是静态呈现规律的感知，复杂的、动态变化的规律不容易把握，本节课就是需要把周期出现前的历程弄明白。

2. 对教学设计的思考

“找规律”不以学生获得某些基础知识和基本技能为主要目的，而是学生通过找规律的活动，产生对规律的兴趣，初步形成探索规律的意识；结合找规律的活动发展数学思维，形成积极的情感态度与价值观。“找规律”的教学，迫切呼唤学生主体地位的回归与确立。学生不成为探索规律的主体，很难实现这个内容的教学目标。

学生在“找规律”时的主体性表现在以下几个方面：对一类现象感兴趣，有探求规律的愿望；联系已有的数学活动经验，选择并开展探索活动，收到比较明显的效果；有表达自己的发现，和同伴交流探索结果的热情；对自己的学习活动与结果感到满意。在找规律的全过程中不间断地开展数学思考，是探索规律的内在动力。

二、植树问题的本质：“植树问题”教学内容分析

（一）“植树问题”的含义及本质

“植树问题”通常是指沿着一定的路线植树，这条路线的总长度被树平均分

成若干段（间隔），由于路线的不同、植树的要求的不同，路线被分成的段数（间隔数）和植树的棵数之间的关系就不同。教材中常把它分成三种类型：两端都栽树、两端都不栽和只有一端栽树的情况。

“植树问题”对学生来说比较难，学生不能正确理解题意。例如，学生将“两端都种”和“两侧都种”混淆，学生不考虑借助画图的方法直观理解题意，而是直接列式解决，认为用总长除以间隔就是棵数……

为了厘清植树问题的本质对教材进行了纵向梳理。

植树问题不是仅仅就植树，生活中的插彩旗、装路灯、设车站等都属于植树问题的范围。植树问题本质上是“点段模型”，将“点段模型”深入学生的头脑中，是本课的关键。点与段的问题一直是学生理解的困难点，为了整体把握点段模型，我对人教版教材 1 ～ 6 册关于“点段模型”的内容进行梳理、分析，例如测量、认识钟面、平移问题等。具体分析如下。

一下《认识时间》：在钟面上数经过时间是很典型的“点段模型”，数字为“点”，每个格为“段”。

一下《20 以内退位减法》的练习中，出现了这道思考题：12 个男生作为“点”，每两个男生之间插进一个女生，女生相当于“段”。

二上《长度单位》中的认识厘米这一内容中，在测量物体的长度时，数尺子上的刻度，也是“点段模型”。刻度为“点”，每 1 厘米为“段”。

二上《9 的乘法口诀》的练习中，有一道关于植树的问题，10 棵树是“点”，间隔 3 米是“段”。

二下《图形与变换》中的在方格纸上平移图形，图形移动过程中，被观测的图形上的一个点或一条边为“点”，每移动一格的距离为“段”。

（二）作为数学模型的植树问题

数学建模思想是把现实世界中有待解决或未解决的问题，从数学的角度去发现、提出、理解，然后通过转化，归结为数学问题，再综合运用所学的数学知识与技能求得解决的一种数学思想和方法。数学建模过程：设计问题、模型假设、模型建立、模型求解、检验与评价、应用。

建立数学模型的最终目的就是“问题解决”，因此本课除了要让孩子经历数学模型建立的过程，还要经历问题解决的全过程，那就要经历问题的提出、尝试解决、寻求解决问题的策略、得出解决问题的结果、总结解决问题的规律和拓展与应用这六个层次。

植树问题的教学，教师需要明确以下几点。

（1）重在帮助学生建立模型思想，在解决问题的过程中突出化归思想，以简单的模型贯穿始终，从而帮助学生以不变应万变，学会思考并解决复杂的问题。

（2）尊重数学规律的简洁性、普适性的特征，不要以三道公式的简单记忆代替学生的数学学习，不能以解题代替学生的数学思维能力的培养，我们在教学中要真正把握住“本”，做到透析教材，“舍末求本”。

（三）基于教材分析对本课教学内容的思考

本课主要讲一条线段的植树问题，并且两端都要栽树。基于上面的教材分析，这个教学内容既需要教师的有效引领，也需要学生的自主探究。

第一，设计有效的数学活动，感受“一一对应”的数学思想。在解决问题的过程中，可以通过使用学具进行“摆一摆”“画一画”等一系列的探究、交流等学习活动，借助直观图或线段图，体验“数形结合”的数学方法，体会“一一对应”的数学思想，明确植树棵数和间隔数的关系，逐步建立起“点段数学模型”。

第二，在学习过程中，使每个学生都能经历发现并提出问题和通过自主探索、动手实践、合作交流的方式来解决问题的过程，在独立思考的基础上，结合直观图，引导学生充分进行交流，清晰地描述解决问题的方法和过程，认真倾听别人的想法，同时发展学生的迁移能力，培养合作意识和有条理地阐述自己观点的能力。

三、“鸡兔同笼问题”的本质：“鸡兔同笼问题”教学内容分析

（一）鸡兔同笼问题的本质

1.“鸡兔同笼”问题的起源及发展

1）《孙子算经》中的“鸡兔同笼”

“鸡兔同笼”问题始见于公元3—4世纪的《孙子算经》，该书作者不详。从

清代的《子部集成·科学技术·数理化学·孙子算经·孙子算经（宋刻本）·卷下》中看，“鸡兔同笼”问题的叙述为：今有雉兔同笼，上有三十五头，下有九十四足，问雉兔各几何？

2）《镜花缘》中的“灯球问题”

在清代李汝珍所著《镜花缘》的第九十三回“百花仙即景露禅机，众才女尽欢结酒令”中，也出现了与“鸡兔同笼”问题数量关系类似的问题。楼下灯有两种：一种一大球，下缀二小球；另一种一个大球，下缀四个小球。大灯球共 360 个，小灯球共 1 200 个。问两种灯各有多少？

2. 不同版本教材对“鸡兔同笼”的处理

1）人教版教材中的“鸡兔同笼问题”分析

“鸡兔同笼”编排在人教版教材第十一册《数学广角》中。教材由《孙子算经》中的“鸡兔同笼”问题引入，激发学生的解题兴趣。为了便于解决问题，从简单问题入手，学生尝试解决例 1。在分析解答部分，教材首先呈现了学生最“朴素”的想法——猜测。再出示表格帮助学生按顺序寻找答案。然后引发学生思考更具有逻辑性和一般性的解法——“假设法”和列方程的解法。人教版教材的特点是从多个角度思考运用多种方法解题，学生可以应用假设法、代数方法、列表法等来解决问题。

解决“鸡兔同笼”问题时，方法的呈现也并不是毫无顺序而是存在着层次性。方法之间存在着联系。首先，出示例题 1 后，学生最初很容易选择最“朴素”的做法——猜测列表，比如猜测有 3 只兔，5 只鸡，计算出一共有 22 只脚，而实际有 26 只脚，再根据结果调整猜测结论，将兔的只数增加，再来验证结果，依此类推直至脚的总数与题中所述吻合。这种猜测虽然也能解决问题，但是效率很低，需要花费很长时间，显然不是解决该类问题的最佳方法。因此教材展现了第二种解决方法——假设法，假设法可以看作是解决“鸡兔同笼”问题的基本方法。假设法的本质就是消元（即指如果题目涉及两个未知数，就要想办法去掉一个未知数，也就是将二元问题变成一元问题，这是数学简化思想的集中体现。）正因为两个事物能够转化成一个，所以才“全假设成鸡”或“全假设成兔”。根据学生已有的学习经验，会联想到利用方程解决问题，体会到方程解法的一般性。人教版教材体现方法的多样性，即猜测列表—假设法—方程法。学生理解方法后，通过练习帮助学生建立模型，可应用多种方法解决问题。练习中出现了“龟鹤问题”和“租船问题”。

2）北师版教材中的“鸡兔同笼问题”分析

教材中向学生提供了生动、有趣的主题图，借助我国古代趣题“鸡兔同笼”问题，使学生展开讨论。教材中呈现的解决问题的方法是三种，通过假设举例与列表的方法，寻找问题的结果。其中涉及常规的逐一举例法，还有优化的列表法，如先估计鸡与兔只数的可能范围，以减少举例的次数；以及采用取中间列举的方法，由于鸡与兔共 20 只，所以各取 10 只，接着在举例中根据实际的数据确定举例的方向，这样可以大大缩小举例的范围。

北师版教材没有呈现多种方法，只是解题过程中以列表法为主要载体，培养学生多角度、有序思考数学问题的思维方式，提高学生运用估测、尝试、调整等办法分析问题、解决问题的能力。在练习中也体现了应用列表，有序地思考问题的思维方式。

3. 整体思考

“鸡兔同笼”问题借助古代的数学名题，让学生在解决这个问题的过程中能主动尝试从数学的角度运用所学知识和方法寻找解决问题的策略，培养学生解决实际问题的实践经验和能力。更重要的目的是让学生通过接触这些重要的数学思想方法，经历猜想、实验、推理等数学探索的过程，激发学生对数学的好奇心和求知欲，增强学生学习数学的兴趣。

（二）对“鸡兔同笼”问题教学的思考

1. 准确地把握教材脉络

针对人教版教材的以上特点，在教学中应当有层次地呈现不同的解决方法，使方法之间起到承上启下的作用。首先呈现的是凑数法，无序的猜测符合学生的已有认知水平，而无序猜测的弊端指引学生思考“有序”，进而使方法延伸至列表法。此种方法不仅体现了有序，同时指引学生发现规律，通过此规律，进而渗透到假设法。从学生应用凑数法至假设法，“假设”这种基本方法始终贯穿其中。

2. 学生主动建构知识，体会模型形成过程

在以往的教学中，教师更多的是给学生方法，而学生并不理解方法背后的深层次含义。因此，教师应该在教学中引导学生主动建立知识的构架，从原有的认知水平出发，引导摒弃以除法为解题方法的固有思路，应用凑数法解决问题，并让学生自己质疑，提出更好的解决方法。让学生经历提出问题、解决问题、再提出、再解决的过程，使知识真正建构在学生的思想中，那么数学模型也就相应地建立起来。

3. 应用模型解决实际问题

让学生来感受“鸡兔同笼”问题的变式及其在生活中的广泛应用。可让学生自己独立完成相关问题。注重培养学生掌握科学的方法，来提高探究的能力，教学过程不是让学生“读”“记”知识，而是动手、动脑“做”数学。从学生熟悉的事物入手进行数学教学，让学生能够从中发现数学与生活的关系，树立数学不孤立、不神秘、学数学有用的观念，激发学数学的积极性。

4.“鸡兔同笼”问题有利于向学生渗透数学思想

1）化归思想

化归法就是在解决问题时，先不对问题采取直接的分析，而是将题中的条件或问题进行变形，使之转化，直到最终把它归成某个已经解决的问题，这正是数学家最擅长的思维方法。通过转化，我们可以将其归结为已经解决的“鸡兔同笼”问题类型，从而进一步求解，这就是“化归”。

2）建模思想

数学建模思想就是把现实世界中有待解决或未解决的问题，从数学的角度发现问题、提出问题、理解问题，通过转化过程，归结到一类已经解决或较易解决的问题中去，并综合运用所学的数学知识与技能求得解决的一种数学思想和方法。

建模思想有利于培养和发展学生整体处理和创造性处理问题的能力。其主要步骤是：构建模型；使用模型。例如，对于“鸡兔同笼”问题，通过“鸡兔”“龟鹤”“租船”“硬币”等不同变式的呈现，使学生初步感知鸡兔同笼问题只是一个“模型”，虽然问题情境在变化，但问题的本质——数量之间的关系是不变的，学生在解决这些问题的过程中逐渐形成“鸡兔同笼”问题的数学模型，学生的思维在不断的内省、自悟中得到提升，自主构建鸡兔同笼问题的模型也就水到渠成了。

如通过观察、联想、分析，得出“鸡兔同笼”问题的数量关系式是

兔数＝（实际脚数−2× 鸡兔总数）÷（4−2）

鸡数＝（4× 鸡兔总数－实际脚数）÷（4−2）

这样就建立起“鸡兔同笼”问题的数学模型，在实际应用时，我们可以针对不同问题，适当变换模型。

3）培养学生一题多解的思维习惯

“鸡兔同笼”的解法很多，但各种解法并非对每一个问题都适用。例如，金鸡独立法、安脚法和砍脚法，当问题从“鸡兔”迁移到其他实际情境（如：停车场上，有车辆 24 辆，其中汽车有 4 个轮子，摩托车有 3 个轮子，这些车共有 86 个轮子。摩托车有几辆？）中去时，所谓的“脚数”就不一定是 4 和 2 这种成倍数关系，这时就会显现出这几种方法的局限性。但是，在特定情境中，通过独特的思维方法，能够迅速地解决问题，也正是这几种方法不容忽视的优点。

四、本节小结

分析教学内容本质是开展教学的基础，通过对比不同版本教材及查阅相关资料，得出如下结论。

第一，探索规律不仅是人们认识客观世界的重要手段，也是发展学生数学思维的重要手段。“找规律”的本质是数学归纳，教学重点落在“找”字上，而不应把“规律”本身作为教学的重点。对于学生来说，体验“找”的整个过程，再逐渐抽象出“规律”来，这样学生才真正经历了数学归纳的过程，并且促进学生数学学习方式的改善。

第二，解决“植树问题”需要利用“点段关系”来沟通数量关系，植树问题的本质是“点段模型”，将“点段模型”深入学生的头脑中是本课的关键。那么，这个内容的教学就应该是帮助学生将点段图与具体问题相联系，找到“点”与“段”的一一对应关系，从而建立“植树模型”。

第三，“鸡兔同笼问题”中蕴含丰富的数学思想，如化归思想、建模思想等，鸡兔同笼问题也是多种类似问题的模型，是两个乘法模型和一个加法模型的综合

运用模型。

总的来看，“图形排列规律”需要弄清相邻两行（列）的关系，最终建立起对规律的认知。“植树问题”无论是“两边都种树”“两边都不种树”“一边种一边不种”，都体现了其本质：点段的一一对应，这是设计教学，让学生自主建立植树模型的基础。人教版教材中倾向于应用假设法来解决“鸡兔同笼”问题，假设法的本质是两个乘法模型的综合应用，而在教学中如何突破已有的模型，建构此模型，是教学的重点。

第三节　学生研究

一、学生“找规律”的困难：基于学情调研的分析

学生在一年级时已经学习了图形和数的简单排列规律，本册书学习的是图形和数列稍复杂的排列规律，呈现出形状和颜色的循环变化。学生对于图形的循环排列规律有什么样的经验？他们如何看这个规律？学生学习本内容有哪些困难？为了更清楚地了解学生学习这部分知识的难点，进行了本次学情调研。

（一）调研设计

1. 问卷设计

（1）仔细观察下图，你发现了什么规律？用你自己的话说说你发现的规律。

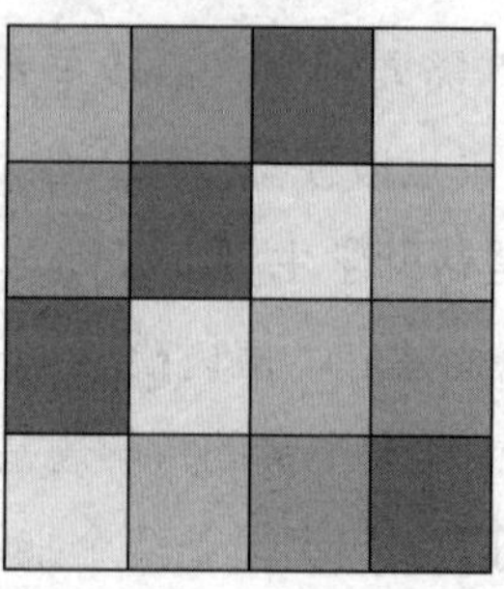

（2）用你发现的规律画出一个这样规律的图案。

【设计意图：通过全体学生的问卷调查，整体了解学生对循环变化规律的认识，为后面的个人访谈做好准备。】

2. 访谈设计

（1）给学生 5 秒观察下图，5 秒后收起图片，给出孩子第一行，让孩子继续摆出后两行。

（2）找到规律，继续画出下一组图形。

【设计意图：题目比问卷调查要稍容易些，目的是检测学生是否能看出稍容易的循环变化规律。】

（二）调研实施过程

1. 问卷调研对象、实施

1）调研对象

调查的对象是先锋小学二年级（1）班的 23 名学生。

2）调研实施

本次调研中，让学生先读题，弄清题目要求后让学生写、画。

3）调研用时：20 分钟

2. 个人访谈调研对象及实施

1）调研对象

在问卷调研的基础上，选择优秀生、中等生、学困生各 2 名进行访谈。

2）调研用时：30 分钟

（三）调研结果

1. 问卷调查

调研对象：二年级 1 班学生

调研人数：23 人

调研结果如表 6-2 所示。

表 6-2 “找规律”学生调研结果

题　　目	错误人数	错误率	典型错例
1. 仔细观察下图，你发现了什么规律？用你自己的话说说你发现的规律	23	100%	不会观察，叙述不出规律
2. 用你发现的规律自己画出一个这样规律的图案	12	52.2%	一学生斜着观察后，左斜的规律，画成右斜规律

2. 个人访谈

对优秀生、中等生、学困生各 2 名进行了访谈。

第 1 题学生观察 5 秒后，给出第一行，继续说出后两行，有 3 人对。这 3 名学生知道规律，叙述较清楚。（是如何叙述的，把详细的访谈过程写出来）

错误学生 1：斜着观察，观察到前两行梨和苹果斜着摆放，而西瓜的摆放记成了第一行第一个、第二行第三个、第三行第一个，呈现的位置像个大于号。

错误学生 2：一行一行记的，第二行记对了，最后一行记错。

错误学生 3：没有记忆方法，两行都没对。

（为什么上面的调研找规律的错误率是 100%，而访谈时学生却能找到规律呢？你怎么看这件事？第 2 题也存在这个问题，问卷不会，但访谈反而会了。）

第 2 题 4 名学生正确。

错误学生 1：单看每个图形在一组里的位置，如三角形在第一组图形中排第一个，在第二组图形中排第三个，在第三组图形中排第二个。但到第四个图形就说不出三角形排第几个了。

错误学生 2：星星排第一个，圆形第二个，三角形第三个，说不出原因。

（四）调研结论及对调研的启示

1. 调研结论

通过问卷调研第 1 题，发现有 8 名学生可以看出每种颜色都向前移了一格，但进一步描述就不会了；有 3 名学生发现可以斜着观察；大部分学生找不到观察的角度，表述不出变化规律。

问卷调研第 2 题，有 11 个学生能够仿照第 1 题画出正确的图案，近一半的学生能够仿照画出图案，说明有的学生观察到了变化的规律，只是不会描述，而有的学生只是机械地模仿出图案，并没真正找到规律。

通过调研发现：

第一，学生只靠观察图形很难发现图形的循环排列规律。

第二，学生不能从多角度观察、发现规律，也不能用语言清楚地表达排列时图形位置的变化规律。

2. 调研启示

对二年级学生而言要透彻地理解图形中的循环排列规律不是易事，因此应从学生的实际出发将教材做适当的处理。

第一，让学生在玩中观察，自主探索，初步感知循环规律的形成过程，以此来分散难点，有利于学生联系具体情境来理解复杂的循环规律。

第二，引导学生多角度地观察方阵图形，使学生了解观察的角度不同，得到的变化不同。但横着看、竖着看，都呈循环排列。

第三，通过不同角度、不同方位的观察、分析，逐步深化寻找循环排列规律的方法，发散学生思维。

二、“植树问题”的学习困难：基于学情调研的分析

植树问题的数学模型就是“点段模型”，将“点段模型”深入学生的头脑中，是本课的关键。我将学生以前接触过的“点段模型”和一道简单的“植树问题”作为学前调研题，测查孩子对这些学过的内容是否已经建立了“点段模型”，并与“植树问题”作对比，是否感受到它们之间的联系。

（一）调研设计

1. 问卷设计

（1）想一想，谁说得对？

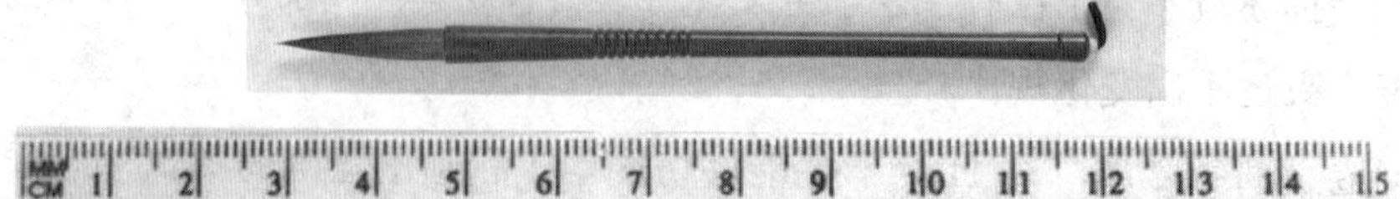

小明说："毛笔的笔尖与 1 厘米的位置对齐，笔的末尾在 11 厘米的位置，从 1 数到 11，所以这根毛笔的长度是 11 厘米。"

小红说："毛笔的笔尖与 1 厘米的位置对齐，笔的末尾在 11 厘米的位置，在 1 和 11 之间一共有 10 段 1 厘米的长度，所以这根毛笔的长度是 10 厘米。"

你认为他们谁说得对呢？为什么？

【设计意图】了解学生是否理解测量的本质是单位长度的累加。

（2）过了几小时？

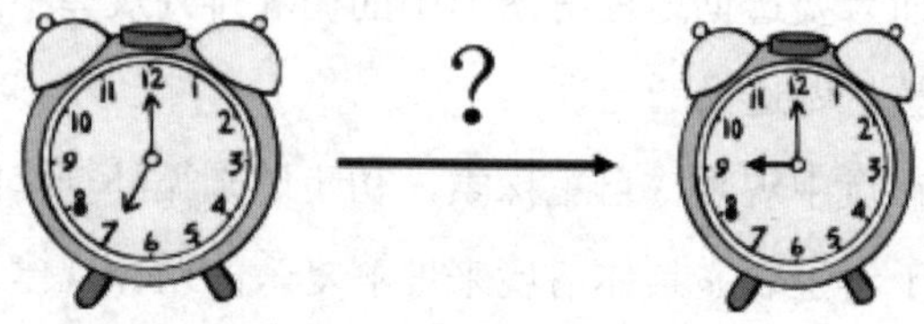

想一想，过了几个小时？你是怎样想到的？

【设计意图】了解学生求经过时间的方法是什么，是只关注了"时刻"，还是关注了"经过的时间段"。

（3）同学们在一条 30 米长的小路一边种树，每隔 5 米种一棵树（两端都要种），这条路上一共能种多少棵树？

【设计意图】了解学生是否能独立解决简单的植树问题，解决这一问题有怎样的困难。

（4）你认为这道题和前面的两道题有联系吗？如果有，有什么联系？

【设计意图】引导学生对比上面 3 道题，了解学生是否感受到这 3 道题的共性，都属于"点段模型"。

2. 访谈设计

根据前测结果，选择优秀生、中等生、学困生各 2 名进行访谈，了解学生的真实想法，从而深入了解本班学生对所学内容和将要学的植树问题的掌握程度，以及是否初步建立了“点段模型”，找到学生学习“植树问题”的难点。

（二）调研实施过程

1. 问卷调研对象、实施

1）调研对象

苹果园二小四年级 1 班 30 人。

2）调研实施

全班进行问卷调研：学生自己读题，独立完成，教师巡视。

3）调研用时：20 分钟

2. 个人访谈调研对象及实施

1）调研对象

在问卷调研的基础上，选择优秀生、中等生、学困生各 2 名进行访谈。

2）调研用时：每人访谈时间大约是 10 分钟。

（三）调研结果

1. 问卷调研

问卷调研结果如表 6-3 至表 6-6 所示。

表 6-3 “植树问题”第 1 题调研结果

小红说得对	小明说得对	他们说得都不对	未明确答案
16 人	7 人	5 人	2 人

本题的正确率是 53.33%。其中认为小红说得对的学生中大部分都认为毛笔的左端对准的是尺子上刻度 1 的位置，所以应该用右端的刻度 11 减去 1，长度是 10 厘米。还有 4 人是用数的方法，认为毛笔的长度正好是 10 段或者 10 个 1 厘米，所以是 10 厘米。

答：小红说的对，因为毛笔头对1厘米，末尾在11厘米，11-1=10

认为小明说得对的同学认为毛笔的末端对准的就是 11 厘米，所以毛笔的长度是 11 厘米。

答：小明说的对，因为笔的末尾就到11厘米

认为小红和小明说得都不对的学生认为笔尖应该对准刻度 0，所以两人说得都不对。

答：那个都不对，笔尖应该对0厘米。

表 6-4 “植树问题”第 2 题调研结果

题号	2 小时	3 小时	不知道
第 2 题	26 人	3 人	1 人

本题正确率为 86.67%。认为是 7 时到 9 时经过 2 小时的学生中，大多数是利用求经过时间的计算方法 9−7=2（时）解决的；还有 7 人认为 7 时到 9 时，时针经过了 2 格，所以经过时间是 2 时。

答：过了两个小时，因为9-7=2。 答：过了两小时，7-9有2格间距。

答：过了两个小时，我是先看7点到8点是一小时从8点到9点是1小时，加起来是两小时。

认为 7 时到 9 时之间是 3 时的学生是从 7 数到 9，有 3 个数，所以经过了 3 小时。

表 6-5 “植树问题”第 3 题调研结果

<table>
<tr><th>题　号</th><th>解答正确</th><th colspan="2">解答错误</th></tr>
<tr><td rowspan="7">第 3 题</td><td>5 人</td><td colspan="2">25 人</td></tr>
<tr><td rowspan="6">方法：
30÷5+1=7</td><td>错误 1：30÷5×2=12</td><td>10 人</td></tr>
<tr><td>错误 2：30÷5=6</td><td>1 人</td></tr>
<tr><td>错误 3：30÷5+2=8</td><td>11 人</td></tr>
<tr><td>错误 4：30÷5×2+4=16</td><td>1 人</td></tr>
<tr><td>错误 5：30÷5+4=10</td><td>1 人</td></tr>
<tr><td>错误 6：30×5×2=300</td><td>1 人</td></tr>
</table>

表 6-6 "植树问题"第 4 题调研结果

题　　号	和前两题有联系	和前两题没有联系
第 4 题	14 人	16 人
	你认为这道题和前面的两道题有联系吗? 答:有,者隄在写距离。 [illegible]/因为第二题也是数空格	
备注	认为有联系的学生中,只有 4 人说出了自己的理由,能说出都是在数"距离""空格",有 1 人认为都是在求经过的厘米或时间,第 3 题是在经过的路上种树。其他人说不出认为第 3 题和前两题有联系的理由	

2. 个人访谈

下面是针对第 3 题,对三(1)班 Z 同学的访谈。想通过让孩子自己画图的方法,了解学生对题目和解决方法的理解情况。

师:关于植树这道题你是怎样想的?

生:我用 30÷5 求出中间种的树的棵数,题目中说两端都要种,就再"+2"。

师:你能画图表示出你的想法吗?

学生尝试画图(学生画一棵树后接着画一个间隔……一共画了 8 棵树,有 7 个间隔,并标注一共是 30 米长)

师:是 30 米吗?再仔细看看,咱们一起数数。

生:5 米、10 米、15 米……30 米、35 米。(学生不好意思地笑了)算错了,应该是 30÷5+1。

师:为什么又要 +1 了?

生:没有想法。

师:你觉得种几棵就对了?

生:7 棵。

(学生自己主动改图。)

师:30÷5 求的是什么?

生：求的是30米的路上每隔5米种一棵树，可以种几棵，再加上第一棵。

师：30÷5=6中的“6”你说是6棵，那指的是哪几棵？6+1=7中的“+1”加的是哪一棵？

学生指出是从第2棵开始到最后1棵的6棵树，加的是第1棵树。

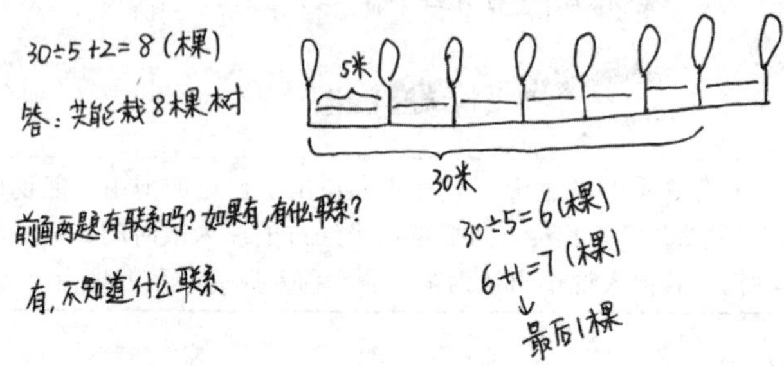

（四）调研结论及对调研的启示

1. 调研结论

通过本次调研得出以下结论。

第一，超过50%的学生对常见的、以实物形象（如铅笔和尺子、钟表等）呈现的问题情境能够理解正确，并能够结合已有解决问题的经验正确解决问题。例如在第1、2小题的测试中，学生都能通过数、直接计算的方式正确解答。但当问题情境较为陌生且以文字形式呈现时，学生理解情境就容易产生偏差。如第3题中的对“两端都要种”中“两端”就有“小路一边两端”和“一条路的两侧”两种理解，所以出现了“30÷5×2”或“30÷5×2+4”的情况。

第二，学生愿意直接列式计算求得结果。如在测量问题中，学生只是通过固化模式的方法来测量，即物体的长度 = 右端刻度 − 左端刻度；出现错误的学生是因为只关注了物体右端的刻度，还有的学生只关注物体左端是否对准了刻度0，如果没有对准刻度0，就认为测量方法不正确。通过对测查结果的分析，我们可以发现学生并没有真正理解测量的本质——单位长度的累加。钟表问题中学生也是直接用结束时刻减去开始时刻。学生在植树问题中直接计算，而不去主动借助图形来直观理解题意。如学生直接列式，但并不理解“30÷5”求的是什么，因此出现了“30÷5+2”和“30÷5”的情况。

第三，学生遇到情境陌生的问题时缺乏画图的意识，而尝试画图的学生又缺乏画图的方法。测试中只有 1 人主动利用画图的方法来解决问题，在访谈中，老师提示学生画图试一试，学生只是为了“凑数”画图，只关注画“树的棵数”，没有在图中体现出“每隔 5 米”的含义，图画不正确。在日常教学中需要有意识培养学生画图解决问题的策略，从而使学生能从图中理解题意和分析数量关系，搜寻到解决问题的突破口。

第四，只有不到 50% 的学生能够朦胧感知到三个问题之间有联系，只有个别学生能够较笼统说出几个题目都是和“距离”“空格”有关。由此，需要在日常教学中抓住教学内容的本质。例如，在教学测量时，教师要帮助学生体会测量的本质是单位长度的累加，深化对度量本质的理解。

2. 调研启示

通过这次课前的问卷调查，关于“点段模型”在学生头脑中建立的情况，思考如下。

1）抓住教学的本质，落实到平时教学中

学生在学习测量时，教师只引导学生关注了测量的方法和结果，并没有让学生体会到测量的本质是单位长度的累加，也就说明学生只关注了“点段模型”中的“点”，忽视了“段”，恰恰测量最需要关注的应该是“段”。一些固化的测量方法导致学生遇到不从 0 刻度开始测量时，就无从下手，出现了一些问题。

2）渗透画图策略，提高解决问题的能力

画图策略应该是解决问题的一种很基本也很重要的策略。它是通过各种图形帮助学生把抽象问题具体化、直观化，从而使学生能从图中理解题意和分析数量关系，搜寻到解决问题的突破口。学生在解决检测题中的植树问题时，基本没有学生能主动画图来解决问题，很大一部分学生要么懒得画要么是不会画。在访谈中让学生尝试画图来解决问题，可是学生却画的不正确，并没有依照题意去画图，只是为了凑自己的答案而画图。并没有真正利用画图的方法来解决问题。

三、“鸡兔同笼问题”的学习困难：基于学情调研的分析

“鸡兔同笼”问题的教学中，常常一节课下来会的学生仍然会，不会的学生仍然茫然，老师很不好把握。那么在这节课前，我们要思考两点：学过的孩子教什么，在一节课的内容中怎样提升？没学过的孩子对这个内容的理解困难是什么，怎样帮助他们理解？为了更好地解决这两个问题，做了如下调研。

（一）调研设计

问卷1：同学们，你们听说过鸡兔同笼问题吗？如果听说过，请你举个例子说一说。

问卷2：笼子里有若干鸡和兔，有10个头，26只脚。鸡和兔各有几只？（用能想到的方法解决）

访谈：针对问卷2的问题解决过程说说自己的想法。

（二）调研实施过程

石景山区J小五（2）班学生34人。学生独立解答，问卷1用时5分钟；问卷2用时10分钟。

（三）调研结果

1. 调研分析

在问卷1中，100%的学生听说过鸡兔同笼问题。下面把问卷1的第2小问（举例说明）进行了以下分类（表6-7）。

表6-7　问卷1第2小问调研结果

分　类	数　据	举　　例	分　　析
a. 正确，条件匹配	1人 2.9%	答：一个笼子里装有鸡和兔，一共有30个头，130只脚，鸡兔各有几只？	明确了鸡兔同笼问题的结构
c. 大概知道，不清楚结构	27人 79.4%	答：一个笼子里装有同样多的兔子和鸡，鸡和兔子的脚共有48只，问鸡和兔子各有几只？	受上学期学习方程单元时有些练习题的影响，16人举出了鸡兔只数一样的情况。还有3人给出了鸡、兔脚数求只数。其他学生只给出了鸡兔的一个条件

续表

分　类	数　据	举　　例	分　　析
d.不明白，完全不对	6 人 17.7%	答：笼子装有一些鸡和一些兔，问各有几只？	只是从鸡兔同笼字面上知道意思

问卷 2（解决鸡兔同笼问题）分析如表 6-8 所示。

正确人数：21 人　正确率：61.8%

表 6-8　问卷 2 调研结果

方　法	数　据	举　　例	分　　析
凑数	15 人 44.1%	3×4=12(只)　12+14=26(只) 7×2=14(只)　3+7=10(个) 4×3=12(只) 26-12=14(只) 14÷2=7(只)	拿到一个陌生的问题，学生最先想到是凑数的方法
列表	5 人 14.7%	鸡数　兔数　鸡脚　兔脚　脚数和 0　10　0　40　40 1　9　2　36　38 2　8　4　32　36 3　7　6　28　34 4　6　8　24　32 5　5　10　20　30 6　4　12　16　28 7　3　14　12　26✓ 8　2　16　8　24 9　1　18　4　22 10　0　20　0　20 　10 10 10 10 10 10 10 10 10 鸡　1 2 3 4 5 6 7 8 9　×2 兔　9 8 7 6 5 4 3 2 1　×4 脚数　38 36 34 32 30 28 26 24 22	14.7% 的学生能有序思考解决问题
假设法和方程	1 人 2.9%	假设全为鸡 1.10×2=20(只) 26-20=6(只) 6÷2=3(只) 10-3=7(只) 答:3只兔子,7只鸡 2x+40-4x=26 40+2x=26+4x 40-26=4x-2x 14=2x x=7 10-7=3(只) 答兔3只,鸡7只。	思维能力比较强，直接用假设法解决

2. 学生访谈

针对问卷 2 的第 1 题（解决鸡兔同笼问题）进行访谈。

访谈对象 1：全班唯一用假设法解决的学生 1。具体如下。

师：你知道这题属于什么类型题吗？

生：鸡兔同笼问题。

师：你怎么知道的？

生 1：在外面学过。

师：你是用两种方法解决的，非常好。你能重点说说第一种方法每一步是什么意思吗？

生 1：第一种方法用的是假设法。假设全是鸡，有 10×2=20 只脚，26−20=6 只，有鸡还有兔子不可能全是鸡，就少了 6 只脚。兔子比鸡多 2 只脚，6÷2=3。

师：你的意思是一只兔子比一只鸡多 2 只脚，你能再讲一讲第三步什么意思吗？

生 2：6 是兔子比鸡多的腿，如果把一只鸡换成一只兔子，那么总腿数会多 2 条，看看有几只多的这 2 条，6÷2=3 就是有 3 只多的这两条。

师：那 3 得出的是什么意思？

生：3 只应该是兔子的只数。10−3=7 就是 7 只鸡。

访谈对象 2：用“26÷（4−2）=13，13−10=3 兔，10−3=7 鸡”解决问题。教师认为可能是用“抬腿法”解题，但对学生第一步 26÷（4−2）=13，为什么不直接用 26÷2=13 产生疑惑，学生的真实想法是什么？为此，做了如下访谈。

师：每步算式什么意思？能讲讲吗？

生 2：26 只脚除以鸡和兔脚的差等于 13，13 减 10 个头等于 3，3 是兔子，10−3=7 是鸡。

师：4 减 2 是兔脚减鸡脚，也就是每只兔子比每只鸡多两只脚，怎么能用总脚数除以一个差呢？

学生困惑了许久。

师：你能解释一下吗？

生 2：当时我记得可以通过鸡和兔脚的差求出来。

师：当时你记得，你学过这样的问题吗？

生 2：印象中有，好长时间都没做这种题了。

师：你以前做过是吗？那参考书自己学的还是外面报班学的？

生 2：在外面学过。

师：你好像记得拿一个数除以它俩的差，是这样吗？但前面什么意思记不住了。

学生连忙点头同意。

师：那最后你怎么验证出是 3 只兔子 7 只鸡呀？

生：2×7=14，3×4=12，12+14=26

还有一个学生上面用凑数法，下面画了一个图。教师判断他用画图的方法解决了问题又用凑数的方法进行了验证。访谈得知，学生是用凑数的方法得到了结论，画图进行验证。此外，教师访谈了一个算式错、结果正确的学生，结果在老师的指导下用凑数的方法列出了算式。

（四）调研启示

1. 调研结论

第一，学生在看到一个问题时容易记住问题的大概情境，例如问卷 1 中学生 100% 听说过“鸡兔同笼问题”，但 97% 的学生对“鸡兔同笼”停留在鸡和兔在同一个笼子里这一层面，并不清楚问题的结构。由此，带给教学的启示是，在常规性问题解决教学中数量关系的理解、问题结构的明晰是教学的重点。例如对鸡兔同笼问题学生思维的起点是“兔有 20 只脚，兔有几只”这一除法结构。而鸡兔同笼问题是两个乘法模型和 2 个加法模型的综合应用，其结构如下。

每只鸡脚数 × 鸡的只数 = 鸡脚数

每只兔脚数 × 兔的只数 = 兔脚数

在课上建立和以往模型的区别，让学生经历复合的过程，逐步认识结构，体会由除到乘的转变。帮助学生厘清问题的结构，促进学生在后续结构相同问题解决中解题策略的正向迁移。

第二，本测试中学生能够主动选择“尝试（凑数）”（44.1%）、“列表”（14.7%）等策略解决问题。通过进一步调研了解到，本班级授课教师在日常教学中就鼓励学生用多种策略解决问题，并有意识渗透多样化的解题策略，学生积累了很好的经验，在遇到新问题时会主动调动已有的经验来解决问题。

第三，学生在用凑数法解决问题时，体现了问题解决的调节控制能力。44.1% 的学生用凑数法，14.7% 学生用列表法解决问题，在解题过程中都有“不断调整接近正确答案的过程”，学生通过 7 次的尝试，在第 7 次找到了问题的答案，学生的思考是有序的，呈现的解题过程也是清晰完美的（见学生调研结果）。

2. 教学启示

鸡兔同笼重在教给学生问题解决的策略，首先要明确问题解决的主线：知道什么；求什么；怎样解决；回顾和反思。

第一，明确结构。

学生最原始的想法，也就是思维的起点是“兔有 20 只脚，兔有几只”这一除法结构。而鸡兔问题的结构如上，在课上先要建立和以往模型的区别，让学生经历复合的过程，逐步认识结构，体会由除到乘的转变。

第二，问题解决。

通过独立思考、自主探究，学生充分体验到解题策略的多样性。在体验解决问题多样化的过程中，尊重学生的个体差异，允许不同的学生在解题方法上有不同的想法。

通过交流掌握各种方法的环节中，由学生最“朴素”的想法——猜测验证入手，符合学生的思维发展特点。在猜测、验证鸡兔只数时，经历了“无序的思考—有序的思考”这一层层递进的思考过程。通过观察、思考，从表格中发现规律，为假设法做铺垫。在列表解决问题的过程中渗透枚举思想，然后学习假设法。

第三，回顾反思。

引导学生回顾问题解决的方法，由开始的猜测验证凑数的方法到有序呈现的列表方法，利用发现的规律，可以借助动手摆或画图帮我们思考，找到更简便的方法假设法，进而沟通各种方法间的联系都用到了假设。学生感受到只要明确了结构，掌握了方法，就能解决“鸡兔同笼”这一类问题。

四、本节小结

通过对以上内容进行详细的学前调研及查阅相关资料，得出如下结论。

第一，“找规律”——动态的循环规律学生理解起来比较困难，学生习惯于看到的是事物的结果，即斜着观察。

第二，“植树问题”——学生不愿意也不会借助直观图来分析和理解点和段之间的数量关系。

第三，不少学生在调研前都对“鸡兔同笼问题”有一些了解，但是，了解的都是表面的东西，学生习惯套模式解决问题。例如，用假设法解题，但并不真正理解假设法，假设全是鸡（兔）多出或少的腿怎么办？为什么除以 2？得出来的到底是谁的只数？

总的来看，在学生调研的过程中我们发现，学生常常关注问题中的一些子信息，不能对问题进行全面整体的思考。再有，学生遇到问题习惯直接诉诸符号，缺乏用图形表征问题的意识，即使教师提醒，学生也不能正确表征。因而，如何引导学生使用直观图进行描述，帮助学生经历构建模型过程是本研究要解决的重要问题。

第四节　教学研究

一、经历“找”的过程，“规律”自然涌现：“找规律”教学研究

“找规律”是一个让学生探求事物之间的内在联系或变化趋势的过程。“找规

律”重在“找”，而不是规律的“应用”。学生通过找规律的活动，能够不断拓宽获取数学知识的渠道，感受数学思考的合理性，激发找规律的兴趣，产生对数学的好奇心和求知欲，培养观察、分析、抽象、概括能力。现结合人教版二年级下册“图形排列规律”中的规律的教学，就如何帮助学生亲历“找”的过程进行阐释。

（一）究竟谁在找规律：对“找规律”本质及学生认知的思考

在二年级下册图形的排列规律一课第一次教学设计中，设计了以下几个教学环节。

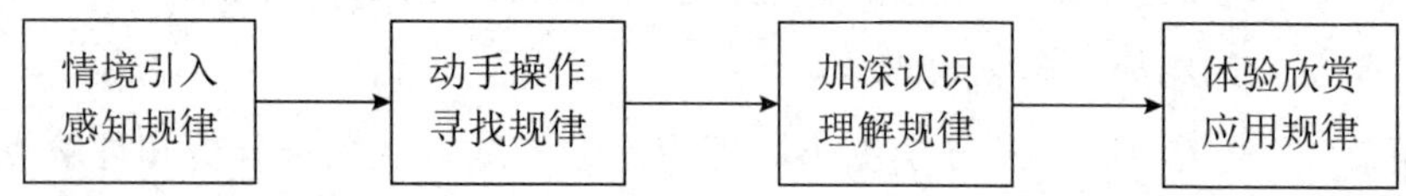

本课教学目标如下。

（1）学生通过观察、猜测、实验、推理等活动，发现图形的排列呈现形状和颜色的循环变化的规律。

（2）学生的观察、操作及归纳推理的能力逐步得到提高，学会找图形循环排列规律的方法。

（3）学生逐步形成发现和欣赏数学美的意识，以及运用所学知识去创造美的意识。

看似很不错的设计思路，但实施过程并不尽如人意，教学案例引发了我的思考。

1. 教学案例：究竟是谁在找规律

教师创设了学生喜闻乐见的熊大、熊二装修房子的情境，教学中首先让学生观察熊二家的图片，发现窗帘、小火车和地板中一组一组重复出现的规律，复习了一年级找规律的知识。接着熊大和熊二又用买来的材料设计了墙面花边的材料。出示图：

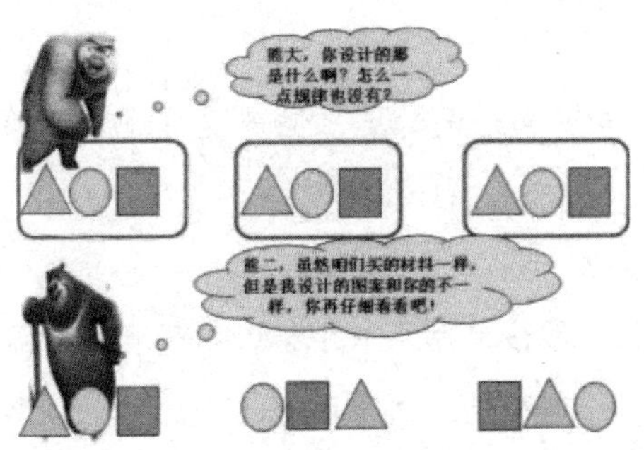

学生发现熊二摆的图案是一组一组重复出现的规律，熊大摆的图案有规律吗？学生异口同声说有规律，并且说出了自己的想法。

生1：第一个是三角形、圆形、正方形。第二个是用圆开头，是圆形、正方形、三角形。第三个是用正方形开头，是正方形、三角形、圆形。

师：我听出来了，每次第一个图片不一样。是吗？

生2：三角形、圆形、正方形每个都当过头，每个都当过中间和最后。

师：那也就是说每个图形的位置发生了变化。（在听完两个学生发言后，教师发现学生在观察图形后发现了位置的变化，但是叙述得不够准确，于是把“位置”这个词给总结出来了。）

生3：圆形是第二个，结果它又往前了一步。正方形也往前了一步。三角形走到了最后一个了。

到底是不是这样呢？学生拿出学具来摆一摆。摆出第一组图案，教师在黑板摆出△○□。

师：怎样把第一组图形变化成第二组图形呢？

学生动手摆。

师：为了让大家都能看清楚，我现在找一个同学到黑板来摆一摆。

学生拿起了三角形，把圆形移到了第一个，把正方形移到了第二个，再把三角形放到了最后。

师：谁看明白了？

生：他把最后一个正方形放到了中间，三角形放到了最后，圆形往前了一步。

（学生说了两次，虽然意思说对了，但是说得还是不够准确。这时我有些着急了。）

师：谁能说得再准确一些？

生：他把圆形和正方形往前挪了一个格，把三角形放到了最后。

师：圆形和正方形往前移是怎么移呀？（教师边做手势边说，我希望孩子能说得再准确一些，说出“平移”这个词。）

学生异口同声：“往前平移。”

师：谁能再说一遍，用到平移这个词？（我又让学生完整地说了一遍，这次说得符合我的心意了。）

生：把三角形平移到了最后一个，圆形和正方形往前平移一个格。

（学生基本会说了，把第二组图形拍成了照片，贴在了黑板上。）

师：你能把第二组图转化成第三组图形吗？

学生动手摆。

上来一个学生在黑板演示，学生拿起了圆形，把正方形移到了第一个，把三角形移到了第二个，把圆形放到了最后。

生：把正方形和三角形向前平移一个格，把圆形放到了最后。

如果再接着往下摆你会吗？老师又提出了这样的问题。学生这次没有动手摆，猜一猜下面的图形是怎样摆的，并且说明了理由。学生还是按照刚才那样，把第一个移到了最后一个，其他图形向前平移一个格。说完之后，教师又用手势把刚才摆的过程比画了一次，后来又看了 PPT 整个演示过程。接下来，让学生寻找四个一组图形的“循环排列规律”，孩子在找的过程中，教师有计划地进行引导……

2. 提出问题

在以往的教学中，大部分老师是按照课本给的两幅图引入，这种以整体入手观察发现规律的方式在实际教学中存在较大的难度，有些学生一时无从下手。为了让学生对循环排列有一个清晰的认识，采用化整为零、循序渐进的方式：先从单列的一组图形中明确循环排列的方式方法，再进行合并形成四个图形的图组，引导学生从多个角度观察强化循环排列的特点。

整个教学过程，仿佛有一只隐形的手在“操控”着学生的思维，教师不敢放开让学生自主思考、主动探究，而是一步一步带领着学生去摆、去思考。摆和思考的过程不是学生提出的，而是老师带领的，学生没有主动探究的愿望，没有去寻找规律的需求。教师为什么没有完全放开呢？主要是考虑二年级的学生太小了，完全放开怕学生探究不出来，或者说得不到位。

这些引起了教师的思考：究竟“谁”在找规律？

3. 我的思考

针对上述所提问题，在参阅相关文献的基础上，做如下分析。

学生是探索规律的主体。“找规律”不以学生获得某些基础知识和基本技能为主要目的，而是学生通过找规律的活动，产生对规律的兴趣，初步形成探索规律的意识；结合找规律的活动发展数学思维，形成积极的情感态度与价值观。因为其中的操作、实验都要与数学思考有机融合，情感、态度与探索行为相互作用，对探索规律的价值体验、经验积累，无法由其他人替代。“找规律”的教学，迫切呼唤学生主体地位的回归与确立。学生不成为探索规律的主体，很难实现这个内容的教学目标。

第一，学生是探究规律的主体。在设计课时，应该有学生探究的部分。

第二，在规律教学中，应该让学生经历发现问题—提出问题—分析问题—解决问题的过程。

第三，找规律教学教师要放手。

基于以上分析，对教学设计进行了修改。

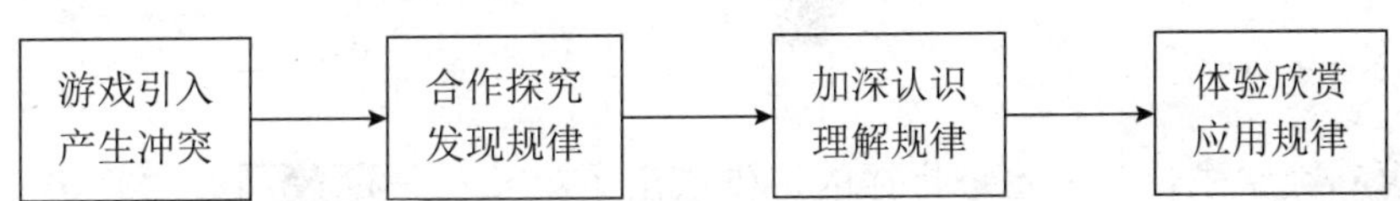

这次设计的教学流程跟上次相比，第一个环节和第二个环节发生了变化。这次第一个环节是由游戏引入，学生比较喜欢做游戏，在上课一开始就吸引了学生

的注意力。在游戏过程中，学生提出了问题，第二个图形太不好记了，没有规律。这样比赛不公平。这样就引出了问题："到底第二个图形有没有规律？"这就需要学生去探究了。在提出问题的基础上，第二个环节是以学生为主，通过合作探究，发现规律。学生经历了"找"的过程。

（二）什么是"找规律"：对"找规律"本质及学生认知的思考

1. 教学安排：放手后为什么感觉乱了

第一环节：记忆游戏。（分两个大组分别记忆这两幅图，哪组记忆对的人数多哪组获胜，引发学生认知冲突，大部分学生认为第二个图太难记了。）学生在游戏的过程中，自己发现了问题。

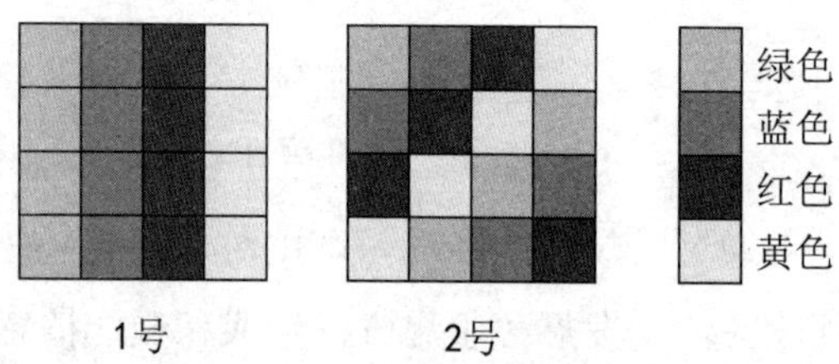

第二环节：小组合作，探究规律。教师让学生两人一小组进行合作：一个人摆，一个人用彩笔涂色，记录每次移动后的结果，以此找出第二个图案中图形的排列规律。

在学生摆的过程中，我一直在学生的座位之间巡视。看看学生到底是怎样摆出第二个图形的。在我观察的过程中，全班的学生分为三类。

第一类，就是最多的学生看一看 PPT 上的图形，摆一个，再看看，再摆一个，而且是斜着一个一个摆的。

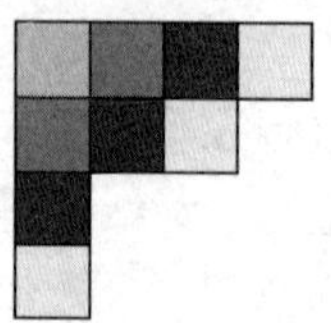

第二类学生，是横着进行摆的，先摆出了第一行，再把第一个绿色移到最后，其他图形向前移动一个格。但是这样摆的学生很少，只有班中学习不错的几名学生。

第三类学生，就是不知道怎么摆，他们一直在摆弄着手中的学具，不知道该如何下手。

面对着这样的情况，我没有直接面对学生出现的问题，而是按照自己的思路，在学生汇报的时候，挑了第二类学生的代表进行了汇报。

学生汇报情况如下：

第一小组：学生在黑板上摆出了第一行的图形 。

生：把绿色先拿到一边，其他颜色往前移一个格，再把绿色移到最后一个格，这就变成了第二行；把蓝色移到一边，其他颜色往前移一个格，再把蓝色移到最后一个格，就变成了第三行……

师：谁看出他们小组刚才是怎么移动的？

生 1：他们是把第一行的第一个移到一边，再把其他的往前移一个格，最后把第一个放到最后一个格。

师：每一次都是这样进行移动的对吗？

生：对。

师：谁来说说你看到的？

生 2：黄色在第一行的第四个，在第二行的第三个，在第三行的第二个，在第四行的第一个。

师：你是斜着看的对吧。

生 2：红色在第一行的……

师：那绿色呢？

生 2：绿色在第一行的……

师：刚才的小组是横着发现的规律，哪个小组再说说你们是怎么摆的？

小组 2：我们是竖着摆的……

师：谁来说说竖着摆也发现了什么规律？

生：……

教师总结：刚才我们观察这个图形时，横着发现了规律，竖着也发现了规律，在数学中我们把这样的规律叫循环排列规律，刚才有的同学还斜着看发现了规律。这时又有一个学生提到左斜看和右斜看。

师：这种横着看和竖着看，你们都明白了吗？

在整个汇报的过程中，我多么希望第二类的学生能把其他想法的学生讲明白，但是不是这样的，学生始终都有斜着看的。我想我设计的课还是出了问题，为什么这次放手让学生探究了，上课的效果反而还不如第一节课呢？

2. 提出问题

第一，“找规律”的本质到底是什么？

从上面的片段中可以看出，虽然老师放手让学生去探究了，但是找规律的本质是什么？是否真的经历了找规律的过程？

第二，学生对于规律的认知特征是什么？

本节课虽然放手了，但是显然教师总在纠正“要横着看，竖着看”。学生对于规律的认识特征到底是什么？哪些经验有利于本课的学习？哪些不利于本课学习？也许教师没有真正了解，不清楚学生的思维路径，所以还是没有真正放手。

3. 我的思考

1）把握规律的本质，体现核心思想

找规律的本质就是数学归纳。对于教师必须跳出“规律”研究“找规律”教学的策略，将教学要求定位于“重找会用”，教学重点落在“找”字上，而不应把“规律”本身作为教学的重点。所以，对于学生来说，体验“找”的整个过程，再逐渐抽象出“规律”来。学生经历了数学归纳的过程。

2）尊重学生已有认知，把握学生思维命脉

从一年级教材到二年级上册可以看出，找规律主要被运用在一些整理加法表、减法表、乘法口诀表的活动中，要求学生看出表格里算式的排列规律。学生参与整理表格的活动，体会相邻算式之间的关系，利用这种关系使计算正确、迅速。学生也学会了从表的不同角度进行观察，这些学习经验的积累对于本课的学习都是很有利的。

对于本课的学习也有一些不利的因素，学生年龄很小，往往在观察事物时只关注到一些事物的表面现象。如本课中，学生总喜欢斜着去看，其实他们关注的只是一个静态的结果。那么，如何让学生的思考更加深入呢？如何让学生从静态的结果过渡到动态的过程呢？我想如果这些问题解决了，才能呈现出既“放手”

又“不乱”的课堂。

（三）怎样找规律：对设计有层次教学活动的思考

基于以上的思考，对教学设计又进行了调整。

本课设计应该突出“找”字，让学生在“找”中积累一定的数学经验和方法，把教学重心定位在行与行或者列于列之间的内在关系上。让只能意会的“无形”规律变为可听、可说、可看的“有形”规律。基于这样的认识，我们做了如下的思考和实践。

1. 创设情境——激发“找”的兴趣

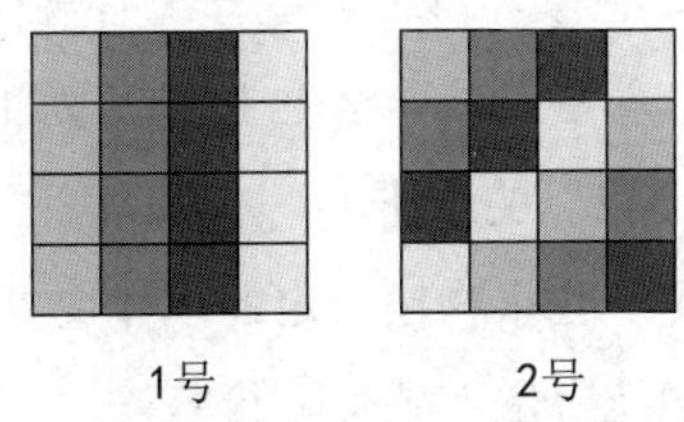

1号 2号

记忆游戏。（分两个大组分别记忆这两幅图，哪组记忆对的人数多哪组获胜，引发学生认知冲突，大部分学生认为第二个图太难记了。）学生在游戏的过程中，自己发现了问题。

2. 辨别假设——明确“找”的方向

第二次教学设计中出现的问题还在于教学活动的层次不够强，教师放手了，但由于对如何放手、怎么放手，放手后如何收思考得不够，再加上对学生的困难和问题把握不足，导致教学有些“乱”。因而，在本次设计中，重点对找找 2 号图形的规律进行了细致的思考。

本部分需要把形成“静态”规律的“动态”过程展示出来，这样有利于学生经历过程，整体上感知规律、理解规律。所以，给学生提供了操作学生，并通过有层次的问题，引导学生发现行与行之间的联系，即怎么由前一行变过来的。例如：

首先沟通第一行和第二行之间的关系，给出第一行图案，让学生动手操作摆出第二行，摆完后仔细观察两行之间的关系，学生会发现从第一行到第二行同种颜色图片的位置发生了变化。

接着沟通第二行和第三行之间的关系，还是让学生摆后观察，学生会发现这次位置变化和上次位置变化一样。

然后沟通第三行和第四行之间的关系，如果接着往下铺，你能铺出第四行吗？这次不说了，让学生用手比画摆的顺序，用幻灯打出第四行。再次让学生观察第三行和第四行存在的关系。学生经过前面行与行之间的反复对比，就会轻而易举地找到规律了。

最后引导学生观察整个图形，如果竖着看，你又有什么发现？

3. 验证假设——学会“找”的方法

借助学具，让学生发挥想象，自行创造一组有规律的图案，深化知识理解，是学生学习知识后的运用，着意于培养学生主动获取知识及动手操作能力。

4. 归纳总结——提升“找”的水平

这节课我们一起研究了一些事物按一定的规律反复出现的现象，其实在生活中还有许多这样的现象，如换座位、尾号限行等。

总之，在“找规律”的教学中，教师要帮助学生找到探索规律的内在需要，找到探索规律的方法，找到探索规律过程中的深度体验，从而使学生学会探索规律的方法，积累数学活动经验，感悟数学思想方法，充分彰显找规律的教育价值。

二、将点段模型“植”入人心——“植树问题”教学研究

“植树模型”是一种典型的数学模型，借助点段关系来进行问题的解决。因此，感受点段“一一对应”的关系是建立“植树模型”的前提，那么，设计怎样的教学活动可以有效地帮助学生体会这一关系？又如何利用这一关系建立植树模型呢？教学“植树问题”一课时的情境引起了我们的思考。

（一）第一次追问：什么是“植树问题”？“植树问题”的本质是什么？

“植树问题”是人教版四年级下册第八单元的内容，植树问题通常是指沿着一定的路线植树，这条路线的总长度被树平均分成若干段（间隔），由于路线不同、植树的要求不同，路线被分成的段数（间隔数）和植树的棵数之间的关系就不同。原始的教学设计主要有三个环节。

环节一：创设情境，发现问题。出示例题“同学们在全长 100 米的小路一边种树，每隔 5 米种一棵（两端都要栽），一共需要多少棵树苗？”引发学生的思考，鼓励学生尝试列式解决。

环节二：探究新知，建立模型。从学生的答案中提取出“100÷5”，追问所求的是什么，学生有的说是树的棵数，也有的说是间隔数，还有的没有想法。此时，提出简化数据，运用画图的方法，借助直观的点段图理解在两端都种树时，树的棵数＝间隔数＋ 1。

环节三：应用模型，巩固提高。结合刚才找出的棵数和间隔数的关系，自主探究两端不种树和只有一端种树的情况。

课堂上，学生原本很积极，可是随着活动的进行，参与度越来越低，尤其是从画图开始，有些学生不知道怎样下笔，即使有的学生画出了点段图，却画得不正确，如图 6-1 所示。

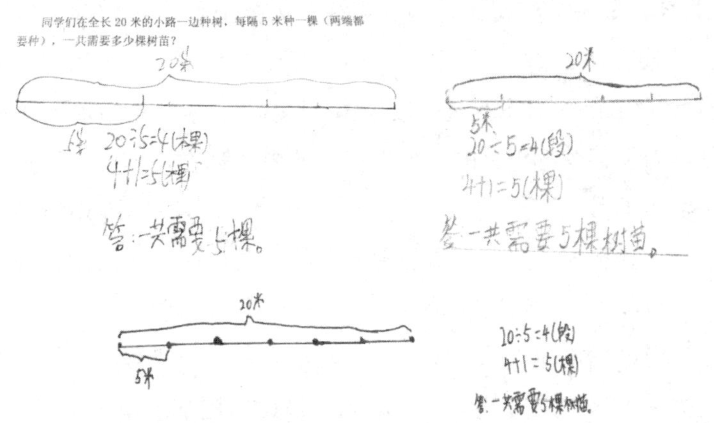

图 6-1　学生解决植树问题所画图示

这些图不能与题目中的信息联系起来，得到“棵数＝间隔数＋ 1”的结论也只是通过自己的列式知道的，此时的点段图不仅没有达到建模的效果，还完全成为学生的负担，导致后面的学习就难上加难了。

本来设计好的化归的思想变成了教师为学生提供的“简便方法”，本来预设的“数形结合”的方法却变成了学生学习的绊脚石，写在黑板上的“棵数＝间隔数＋ 1”完全成了写公式、走套路，原本认为很清晰的设计思路，为什么教起来却障碍重重？

1. 研读教材：把握“植树问题”的本质

“植树问题”通常是指沿着一定的路线植树，这条路线的总长度被树平均分成若干段（间隔），由于路线的不同、植树的要求的不同，路线被分成的段数（间隔数）和植树的棵数之间的关系就不同。除了植树，还有设路灯、设车站、爬楼、敲钟等问题，其背后的结构是一致的，这个相似的结构可以归结为同一个数学模式，就是“点与段之间的对应关系”。对比了人教版和苏教版的教材后发现，两版教材关于“植树问题”这一内容的切入点和侧重点是不同的，人教版更注重问题解决的体验，注重化归思想的渗透，可以说是在问题的解决过程中建模，而苏教版注重规律的探索，符号思想的形成，可以视为在找规律过程中建模。虽然学习路径不同，但对于“植树问题”这一类问题来说，其核心的目的是一样的，那就是建模。

“树、路灯、车站、楼层、钟的响声等”可抽象看成“点”，“各种（树、路灯、车站、楼层、两次敲钟）间隔”可抽象看成“段”，因此，所有问题都是“点与段的对应”，相同结构就是点段模型。“数学模型”是指对于现实世界的某一特定对象，为了某个特定目的，根据特有的内在规律，做出一些必要的简化和假设，运用适当的数学工具得到一个数学结构。由此，点段模型就是把“植树”这件事，根据“树”与“间隔”所呈现出来的内在规律，在简化后得到的一个抽象结构——点与段的一一对应关系。

无论是采用“找规律”的方式，还是直接进入“问题解决”的过程，都是在利用“点段关系”来沟通数量关系，因此，植树问题的本质是“点段模型”，将“点段模型”深入学生的头脑中，是本课的关键。那么，这个内容的教学就应该是帮助学生将点段图与具体问题相联系，找到“点”与“段”的一一对应关系，从而建立“植树模型”。

2. 第一次修改：创设情境，感受“段”的含义

基于以上思考，对设计中的环节进行了如下修改。

环节一：出示例题“四（1）班要在长 1 米的‘学习园地’进行书法作品展览，规定每张作品的宽度是 10 厘米，一共需要多少个图钉？”来引导学生思考，从而发现图钉的个数和作品的张数是有关系的。

环节二：探究图钉的个数和作品的张数的关系。在这一环节设计了“画一画、摆一摆”的活动，学生可以将准备好的纸片和贴纸当作作品和图钉，也可以用自己的方式画一画，利用动手实践发现点段“一一对应”的关系。

环节三：应用模型进行联系，回归到植树问题，明晰三种不同植树方案的模型和解决这类问题的方法。

这样的改变将植树问题中的“间隔”变成了可以感知的书法作品，学生对“段”的含义有了重新的思考，尤其是在操作活动中理解点与段的“一一对应”关系，这样能帮助学生有意识地探究并发现点段模型。

（二）第二次追问：学生建立“植树模型”的真正困难是什么？设计怎样的教学活动来突破教学难点？

教学设计修改后进行了第二次试讲，整体感觉已经有学生可以初步建立起“点段模型”，但是还有一部分学生不明白，特别是不能借助点段图来理解数量关系。在我们看来这么好的方法，为什么学生却不认可呢？显然，学生没有完全理解点段模型，他们的真正困难到底在哪里呢？带着这样的问题，我重新翻看了学前调研的结果。

1. 重读学生：寻找建立模型的真困难

参加前测总人数：29 人。

植树问题前测调研结果如表 6-9 所示。

表 6-9　植树问题前测调研结果统计

题　　目	正确人数	正确率	典型答案	错误人数	错误率	典型错例
（1）认真观察，这根毛笔的长度是多少？ 你认为这根毛笔的长度是 10 厘米还是 11 厘米？为什么？	26	89.66%	（1）应对准 0 刻度线；（2）前面有一格，应该向前移动一格，所以要把这一格减去	3	10.34%	11 厘米

续表

题　目	正确人数	正确率	典型答案	错误人数	错误率	典型错例
（2）过了几小时？7∶00—9∶00	28	96.55%	（1）9−7=2；（2）一共有两段	1	3.45%	看错表：7∶00—11∶45
（3）同学们在一条30米长的小路一边种树，每隔5米种一棵树（两端都要种），这条路上一共能种多少棵树？	7	24.14%	30÷5＋1	22	75.86%	（1）30÷5×2（2）30÷5＋2
你认为这道题和前面的两道题有联系吗？如果有，有什么联系？	8	27.59%	有联系，但说不清楚	21	72.41%	没有联系

前两题是已经学过的内容，学生基本能够正确完成，但是从典型答案来看，用数线段个数这个方法的学生很少，当然也有大家都喜欢把问题简单化这一因素，但是从第（3）题的情况来看，大部分学生仍停留在字面上的理解，特别是当看到“两端”的时候，有的直接当作道路“两侧”来理解，更多的学生虽然知道是小路的一边，但是看到“两端”就直接认为是“＋2”了。

在访谈的过程中，也大多都是通过教师引导，才有学生能利用画图表示出来，但是图也不一定正确，尤其是在分析“30÷5”表示的是什么的时候，在没有引导的情况下，学生都是在指图中的“点”，由此看来，学生对段的感触并不深，在这点上的确需要加强体验。

如果给出点段图，学生是能够理解的，但是对于模型的建立，效果却没有那么的理想，经过反复思考我发现，为学生提供的“摆一摆”的活动不容易帮助学生脱离实际情境而建立抽象的点段模型，这样就不利于应用这种普遍存在的数学模型来解决问题。

2. 第二次修改：设计活动，感受“一一对应”的思想

环节一：创设情境，激活已有经验，凸显“段”意义。估一估，能摆多少张书法作品？

出示“同学们要在长60厘米的‘学习园地’进行书法作品展览，规定每张作品的宽度是10厘米。一行可以展示多少张作品？”来引导学生思考“60÷10”求的是什么？

环节二：探究新知，建立点段关系。出示“同学们要在长60厘米的‘学习园地’进行书法作品展览，规定每张作品的宽度是10厘米。在作品的两个上角按图钉，一共需要多少个图钉？”来发现图钉的个数和作品的张数是有关系的。继而利用课件将实物图抽象为点段图，提出问题“点和线段的数量有关系吗？”思考：少画一些或者继续画下去还有这样的关系吗？

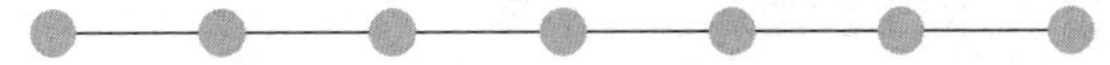

此时继续沿用了活动的方式，但是改为自己画出这样的图，数一数所画的点和线段的数量，找一找它们的数量关系。这样一来，通过大量的数据来提出“点的数量比线段数量多1”的结论，进一步追问：为什么会有这样的关系呢？在这里增加了一个活动，是由学生在黑板上用给出的点和线段摆一摆，学生摆的过程都是先摆一个点再摆一条线段、摆一个点再摆一条线段、摆一个点再摆一条线段……最后再摆上一个点。这个活动更加直观地帮助学生感受了点段“一一对应”的关系。

为了将模型与问题进行沟通，在这一环节又增加了“同学们在全长20米的小路一边种树，每隔5米种一棵（两端都要种），一共需要多少棵树苗？”来进行联系，此时，学生已经可以在教师的引导下画出正确的点段图来解决问题了。

环节三：应用模型，巩固提高。这次的设计去掉了“两端不种”和“只有一端种”的情况，只结合刚刚学过的“两端都种”的情况进行了变式练习。其实，学生真正的困难是建立“一一对应”的点段模型，并不是三种不同的种树方案，所以这里进行了删减。

（三）第三次追问：学生如何“画”出了点段模型？点段模型怎样“植”入人心？

这节课中学生感受到了“段”的意义，在活动中建立了点段模型，并能应用模型解决问题。本以为这节课就此算是比较完美了，但是听课的老师给了我又一次启发。老师们说：“很多学生在画点段图的时候就是一个点一条段、一个点一条段、一个点一条段……最后再添上一个点这样画的。”这不就是这节课要建立的点段模型吗？

回顾课堂中的情境，在学生自主画点段图的时候我是认真观察了的，有的学生是先用尺子画了一条比较长的线段，再每隔 1 厘米画上一个点，的确也有学生是一个点一条段画的，那不就是学生在黑板上摆的过程吗？仔细琢磨一下，即使是先画出一条长线段，也是每有一段 1 厘米画出一个点，其实这些方法的本质都是相同的。难道这节课一直被视为重点的点段模型就这样被学生画出来了？由此在建构植树模型时，有如下步骤。

（1）整体理解题意，“在一条多长的小路一边植树”“每隔多少米植一棵”，“植树要求是什么（如‘两端都要植’究竟是什么意思）？”“问题：‘一共要种多少棵树’是指哪一共要种多少棵？”

（2）把现实世界中的“树”和“间隔”抽象看成“点”和“段”。

（3）通过画图的方式建构点段关系。以 20 米小路，每隔 5 米种一棵树（两端都要种）为例，一般有如下几种典型方式。

①点段点段一一对应，画个点画个段，再重复下去，直至达到要求的长，如图 6-2 所示。

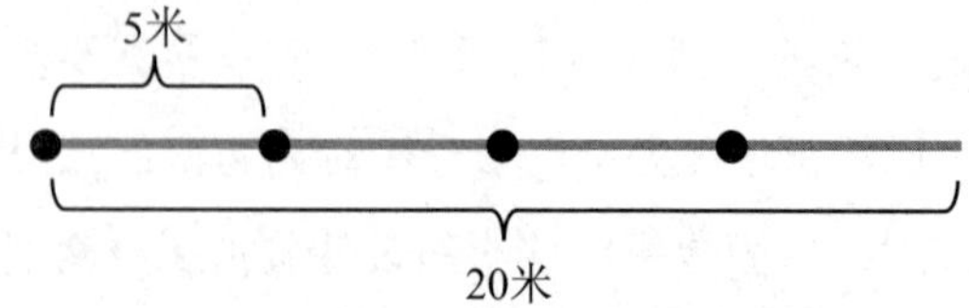

图 6-2　画图建构点段关系的典型方式 1

②段点段点一一对应，画个段画个点，再重复下去，直至达到要求的长度，如图 6-3 所示。

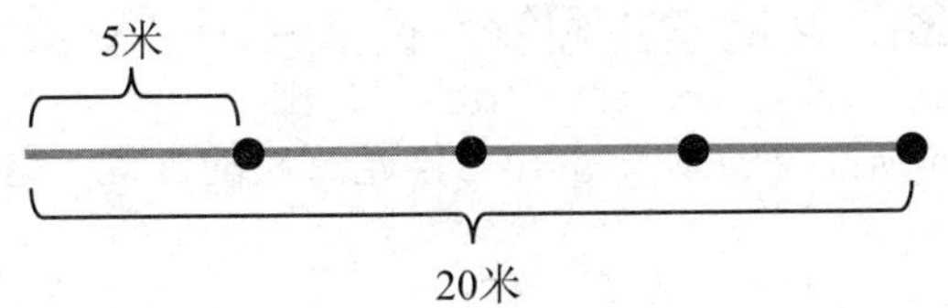

图 6-3　画图建构点段关系的典型方式 2

综上，无论何种方式，都能看出点和段的对应关系，最后还需要加上一个点。

（4）应用点段关系解决问题：先依据除法的意义，求出间距：20÷5=4（段），此时的“4”表示 4 个段；4 个段对应 4 个点，最后还多 1 个点：4+1=5（棵），最后一个加法算式中的 4 的含义已经转化为 4 棵树的含义了，中间经历了一系列的转化，在抽象的算法中是没有呈现的，这正是孩子理解起来困难的原因。

（5）运用模型解决其他问题，感悟模型思想。

当我们用数学方法解决实际问题时，首先要对问题的实际背景进行深入的了解，摸清该问题的内在规律，并用数字、图表、公式、符号等表示出来。数学建模活动的核心是应用数学知识为解决实际问题提供具体方法，而当已有多种方法时，则须找到“最优”的方法。

教学中的每个环节并不是脱节的，不是必须先要知道点和段有关系，才能再去找有什么关系，也不是只有知道了有什么关系才能探究为什么有这样的关系，也许，学生的思想就隐藏在活动中，此时不用，更待何时啊！再一次授课时，我在这一环节增加了汇报画法的机会，其实并不占用太长的时间，三言两语就可以描述清楚，也不需要教师多加赘述，紧接着再进行摆一摆的活动，学生一次又一次地体会着点与线段的“一一对应”，一遍又一遍地在脑海中建立着点段模型。其实，有的时候，学生的资源真的比我们想象中要丰富得多，也更有价值。

在“植树问题”的教学中，从学习过程中出现的问题入手，对学习内容的本质和学生的真困难进行了思考，教学设计经过了多次修改，教学过程也经过了多次调整，在不断改进的过程中，我看到了学生的变化，从“段”意义的强调到“一一对应”思想的渗透，真正将点段模型“植”入了学生的心里。深入浅出的数学思想，逐渐清晰的数学模型，引领着学生在问题解决的道路上迈上了新的台阶。

三、通过数学活动，帮助学生理解假设法——“鸡兔同笼”教学研究

如何在“鸡兔同笼”一课让学生经历问题解决的过程，这一课的教学案例引发了我们的思考。

（一）案例回放

案例 1：“当时我记得可以通过鸡和兔脚的差求出来”

“鸡兔同笼”教学前，教师对个别学生进行学前调研，笼子里有若干鸡和兔。有 10 个头，26 只脚。鸡和兔各有几只？（用能想到的方法解决）考查学生能否借助已有的知识基础，自己解决问题，了解学生解决问题的思考过程。

有一个学生的想法如下：

26÷(4-2)=13(只)
13-10=3(只)兔子
10-3=7(只)鸡

乍一看我以为是“抬腿法”，后来仔细看了第一步 26÷（4−2）=13，为什么不直接用 26÷2=13 呢？学生的真实想法是什么？为此，做了学生访谈。

师：每步算式什么意思？能讲讲吗？

生：26 只脚除以鸡和兔脚的差等于 13，13 减 10 个头等于 3，3 是兔子，10−3=7 是鸡。

师：4 减 2 是兔脚减鸡脚，也就是每只兔子比每只鸡多两只脚，怎么能用总脚数除以一个差呢？

学生困惑了许久。

师：你能解释一下吗？

生：当时我记得可以通过鸡和兔脚的差求出来。

师：当时你记得，你学过这样的问题吗？

生：印象中有，好长时间都没做这种题了。

师：你以前做过是吗？那参考书自己学的还是外面报班学的？

生：在外面学过。

师：你好像记得拿一个数除以它俩的差，是这样吗？但前面什么意思记不住了。

学生连忙点头同意。

案例 2：学生为什么“忍不住想看一看”

课堂教学中，学生先用能想到的方法解决问题，然后交流凑数法、列表法、假设法。教师设计了动手摆的环节，借助操作理解假设法。

师：想想刚才发现的规律，怎样更快地找到答案呢。动手摆一摆，把你是怎样摆的用算式记录下来。

在老师巡视时，发现有的学生攥着小棍无从下手，有的学生忍不住看看其他学生的摆法，还有的学生仍然用凑数的方法，摆摆几只兔子几只鸡试一试。我心里真的很着急，好不容易看到一个学生有点“眉目”了，忙问他的想法。然后让他上前写算式，边摆边解释。

师：听明白了吗？谁能再借助图说说每步算式什么意思？

又叫了一名学生解释。

师：第三步什么意思？为什么 10÷2 直接是 5 只兔子？

师边做动作边提问题：想想刚才拿了一捆，怎么办的？

生：先放 8 只鸡，每只鸡 2 只脚，然后在 2 只脚的基础上加两根小棍，一共加了 5 组，所以 10÷2=5。

……

然而，到了练习环节，学生在按照假设法写出前两步后，又不知如何继续写了，忍不住看看黑板的例子。

我们可以看到，学生理解假设法很不容易。很多学生在外面学过鸡兔同笼的内容，但对于“为什么要假设”“假设的价值何在，意义何在”，学生并不清楚，后面的练习也只是“依葫芦画瓢”，一旦碰到全新的问题时，便会束手无策。

（二）提出问题

课前的学生访谈及课上的学生表现引起了我的思考。

第一，假设法为什么比较难理解？

第二，假设法和鸡兔同笼问题的其他解法之间的关系是什么？假设法的价值是什么？

第三，如何设计教学活动帮助学生理解假设法？

（三）分析

针对上述所提问题，在参阅相关文献的基础上，做如下分析。

1. 假设法与学生的已有学习经验差距较大

学生最原始的想法，也就是思维的起点是“兔有 20 只脚，兔有几只”由总数求份数这一除法结构。而鸡兔问题的结构如下：

每份数 1× 份数 1= 总数 1

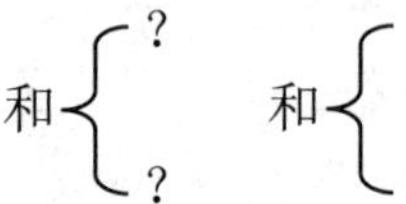

每份数 2× 份数 2= 总数 2

由此我们可以看出鸡兔同笼问题复杂在它是两个乘法模型的综合应用。

在解决“鸡兔同笼，8 个头，26 条腿，鸡和兔各几只？”的问题中，假设法步骤如下：第一步假设所有的动物都是鸡（或兔），得出假设情况下的总腿数。假设全是鸡 2×8=16，共有 16 条腿。第二步与实际的腿数相比较，或多或少。26−16=10，实际的腿数比假设的多 10 条。第三步分析多或少的原因，根据一只鸡和一只兔互换产生的单一量差，求出原来的兔或鸡。多 10 条是少算的兔子的腿数，一只兔比一只鸡多 2 条腿，就有 10÷2=5，5 代表 5 只兔。学生便有疑问：“明明全假设成鸡，计算鸡的腿数时，为什么出现了兔？”这个过程过于抽象，需要思维的跳跃性，对学生而言也是难点之一。

由此可见，假设法是对题目中的已知条件或问题做出某种假定，然后按照题目中的已知条件进行推算，根据数量出现的矛盾，加以适当调整。这种“通常法”尽管道理明晰、思路无误，但学生在假设和矫正的过程中容易产生思维混乱，从而影响对此解答的正确理解。假设法需要学生打破常规，跳出原有的问题情境，逐步认识结构，感受由除到乘的变化，构建一种新的更简洁的解题思路。

2. 从假设法和其他解法之间的联系看假设法的价值

对“鸡兔同笼”问题的解决策略，可以有两大类：一是算术方法。其包括：尝试、调整；穷举、列表；假设、推理。“尝试、调整”和“穷举、列表”这两种方法，都是数学中的通法，从认知上看，也是学生容易掌握的方法。“假设、推理”方法，有助于培养学生的逻辑思维能力。二是代数方法。列方程则是一种代数解法，这种方法更具有一般性，数量关系明确，便于学生理解。画图是对列举的结果的形象呈现和为假设提供的直观支撑，假设是对前面诸法的有效提升，代数是假设的联想产物。因此，我们应该注意这些方法之间的相互联系与沟通。

多种数学思想方法同时作用于鸡兔同笼问题时，它们之间必然存在相互关联之处。教师在使用列表法画图法讲解时，绝对不能丢掉的词就是“假设”或“如果”。这说明表格和示意图是用来体现假设思路的形式，假设则是解题思路的实质。显然，不能只注重对形式的认同而忽略对实质的深层挖掘和理解。教师用列表法先假设 8 个头全是兔，发现总腿数比实际多，逐步减少兔的只数，增加鸡的只数，直到假设全部是鸡为止，分别求出相应的总腿数，找到满足已知条件的答案。可见，在这里列表法是以假设法为前提的。在鸡、兔只数逐渐增加与减少的分析过程中，可以培养学生有序思考的能力，这种有序推理为学生从具体形象思维到抽象逻辑思维打下一定基础。同时，列表法也体现了从未知到已知的过程，即通过假设，把未知（鸡兔只数）当作已知，推理总腿数直至符合题意（共 26 条腿），再确定未知（对应的鸡兔只数），得到正确答案。这种算术法借助假设增加辅助信息，逆向解决了问题。画图法也是在假设的基础上进行的，与列表法相似。列表法与画图法虽然形式不同，但本质都是假设法，这与学生直接用凑数的方法，假设 5 只兔 3 只鸡没有本质差别。解答时运用假设增加辅助信息，实质是通过把未知当作已知推理符合题意的数量关系再求得未知的过程，是从未知到已知的过程。

“鸡兔同笼”模型的本质是两个乘法模型的综合应用，假设法所提倡的是用乘法解决问题，在解决问题时运用“假设、推理”的方法，有助于培养学生的逻辑思维能力。

3. 从具体数学活动到数学思维，帮助学生深刻理解假设法

1）借助列表这个思维载体，沟通列表与假设法之间的联系

教学中要从学生原有的认知出发，让学生自主选择方法，分析每种方法的特点，在原有基础上进行发展。猜想是一种直觉性的比较高级的思维方式，对于探索性和发现性学习来说，猜想是一种重要的思维方法。由学生最“朴素”的想

法——猜测验证入手，符合学生的思维发展特点。在猜测、验证鸡兔只数时，经历了“无序的思考—有序的思考”这一层层递进的思考过程，提升学生的思维含量，想到应用列表法可以将过程呈现得更加有序简捷，并易于发现规律，为假设法做铺垫。

2）应用直观图，在操作中帮助学生深刻理解假设法

假设法作为理解的难点，可以通过动手操作摆一摆，用算式记录摆的过程，在操作中帮助学生深刻理解假设法。学生自主探究、合作交流后，展示自己的摆法。假设全是鸡，有 16 条腿，少算 10 条腿，是少算兔子的腿。而突出问题：10÷2=5 得到 5 只兔，要让学生具体呈现这个操作过程，剩下 10 条腿，把鸡变成兔，每只鸡添 2 条腿。这时借助摆出的这个直观图，说说算式的含义。学生在叙述过程的同时，说清自己的理解，慢慢体会其中的含义。从而让学生有一个从直观到抽象的思维过程，深刻理解了假设法。

以上设计，在直观操作活动中，通过数形结合而建立思维的表象，再进一步抽象，这样有助于学生真正理解假设法，既注重学生沟通假设法与画图、列表之间的联系，又形成了有序的、严密的思考问题的意识，发展了学生的思维。

在学生想到假设法时，头脑中到底留下什么？即使以后忘掉了这些程序化的列式计算（前测中有的学生提到好像记得拿一个数除以鸡脚与兔脚的差），但深刻留在头脑中的却是这些操作：10 根小棍是如何添的？通过具体的数学活动帮助学生理解假设法，完成由表象转化为特征的内化过程。

第五节　研究结论及进一步思考

一、研究结论

在本研究过程中，三节课的教学内容不同，但都聚焦“模型思想”，在设计和实施教学过程中，我们也似乎找寻到了一条相同的路径，如图 6-4 所示。

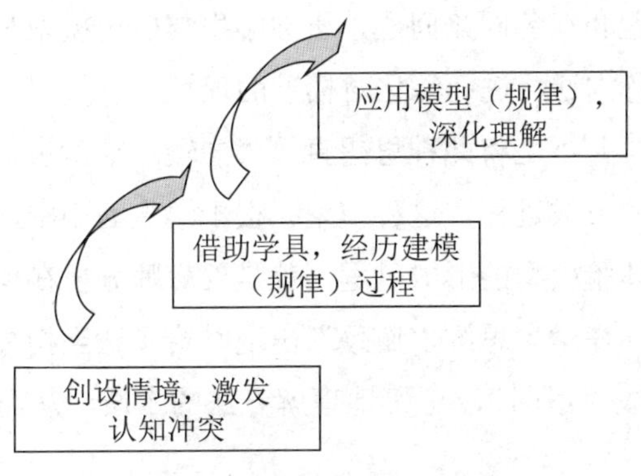

图 6-4　三节课的相同路径

（一）创设情境，激发学生的认知冲突，突破原有模型

例如，“鸡兔同笼”上课伊始，教师先出示笼子里只有鸡（兔）的问题，再出示笼子里既有鸡又有兔的问题，引发学生的认知冲突，让学生体会模型的结构，认识到已有的除法模型不适合解决此问题，为假设法做铺垫。

（二）借助直观学具，经历模型（规律）建构过程

例如，假设法用于解决“鸡兔同笼”问题，受到模型“总价＝单价 × 数量”的影响，在求解“数量”时，学生习惯用除法去解决，而假设法所提倡的是用乘法解决问题，因为此种模型的本质是将两个乘法模型综合应用，这无形中增加了理解的难度，应用此模型的难度就不言而喻了。因此在教学中，不仅要让学生体验模型的形成过程，与此同时，还要突破学生已有的模型。在教学中，我们首先出示只有鸡的脚数或只有兔的脚数的题目，让学生求解鸡或兔的只数，学生习惯应用除法来解决此题，之后出示鸡兔同笼，已知脚的只数，求鸡和兔的只数，在学生自己解题中，摸索不同的方法，体验到除法的局限性，因而放弃除法，选择乘法模型。在之后的教学中，从学生的元认知出发，由凑数法、列表法引入假设法，在理解假设法的过程中，应用画一画、摆一摆、算一算的方法，让学生体验假设法的形成过程，突破难点，理解假设法的本质。

（三）应用模型（规律），深化对模型（规律）的理解

例如，“鸡兔同笼”教学中，当学生通过探究建立起模型后，让学生尝试解

决生活中的植树问题和鸡兔同笼问题，引导学生与植树模型和鸡兔同笼模型中的点和段、鸡和兔进行沟通，进而深化对模型的理解。

形成模型思想，并不是将此种思想直接“灌输”给学生，而是让学生建构知识结构，体会模型的形成过程，这种模型扎根于学生的心中，学生才能够灵活地应用模型，而如何体验模型的形成过程，就是要教师分析在模型形成过程中学生会出现的理解障碍，在学生思维“瓶颈”出现时给予适当指导，使知识的形成过程在学生的心中形成“烙印”，更好地理解方法的本质，从而为灵活地应用打下坚实的基础。

二、进一步思考

第一，数学学习活动是数学化学习的活动过程。数学化的过程是从具体问题中发现数学内容或数学现象，通过学生的实践或思考，抽象概括出数学结论或数学方法的过程。不论是“找规律”，还是“植树问题”“鸡兔同笼问题”都重在引导学生经历建构模型（规律）的过程。

第二，“找规律”“植树问题”“鸡兔同笼问题”教学的价值取向，不应仅仅定位于找到模型、应用模型，而应更为重视在建立模型的过程中所获得的数学思想方法、所积累的数学学习经验。

基于建模思想的“找规律”“植树问题”“鸡兔同笼问题”教学，应根植于生活中的实际问题，通过简化抽象形成数学问题，引导学生通过数学化的观察找到事物之间的稳定的关系结构，在解释验证后加以拓展应用。寻找模型（规律）的过程，是建立模型的过程；确认模型（规律）的过程，是理解模型的过程；应用模型（规律）的过程，就是模型（规律）深化理解和拓展应用。在此过程中，学生不仅获得了关于数学模型本身的认知，同时也体验了建立模型的过程与方法，形成了数学的独特的思维方式。

【本章小结】

《小学生模型思想学习的单元教学研究》严格遵循课例研究的步骤，从选定主题，精选典型课例，再到围绕课例进行踏实的教材分析、学情调研、教学设计、试讲、研讨与修订，最后再反思，每一步研究都非常扎实。

参加该研究的教师有的是研究生毕业，刚工作两年的入职初期的教师，有的是已有十年教龄的发展中期的教师。经过完整的研究过程，每个人都有收获。有教师发自肺腑地谈道："……从事教师工作以来我对数学的教学都是含含糊糊，不知从何下手，虽然经历过研究生教育，但是专业跨度太大，以前的知识毫无用武之地，在培训之前我心情沮丧、悲观，甚至觉得自己在这个职业上不会有发展。但现在的我却是信心满满……虽然培训结束了，但我对教学的研究才刚刚开始，研究的过程让我体会到了久违的研究的痛苦，但这痛苦让我感到快乐，因为我在进步！……"老师们的感言也恰恰反映了"教学研究"对教师职业生命的意义与价值。

本章主要参考文献

[1] 朱学尧，郑从英．立足思维的发展，着眼细节的处理——"找规律"教学新视角 [J]. 小学教学，2012(9).
[2] 徐顺湘．"找规律"教学要在"找"字上下功夫 [J]. 江苏教育研究，2009(12).
[3] 义务教育课标编写组．义务教育数学课程标准（2011）[M]．北京：北京师范大学出版社，2012.
[4] 王薏．在《植树问题》中渗透数学建模思想 [J]. 中小学数学（小学版），2008(9).
[5] 刘玲．植树问题教什么——基于苏教版与人教版同一内容的比较 [J]. 思想数学沙龙，2012（8下）：31-33.
[6] 林苹．"鸡兔同笼"问题解题集锦及评析 [J]. 中小学数学（小学版），2010(6).
[7] 刘玉文，余以恒．学生头脑中的已知与未知 [J] 课程与教育改革，2012(2).
[8] 郑毓信．问题解决与数学教育 [M]．南京：江苏教育出版社，1994.
[9] 赵平定．浅谈培养学生运用画图方法解决数学问题 [J]．学术研究，2012(1).
[10] 储冬生．数学建模：是一种方法，更是一种意识 [J]. 江苏教育，2011(3).
[11] 许卫兵．感受"模型"的力量 [J]. 小学教学（数学版），2009(6).
[12] 姜家凤．激趣・猜想・验证・沟通・建模——"鸡兔同笼"教学实践与反思 [J]. 云南教育・小学教师，2009(11).

后 记

走进主题单元课例研究，感受神奇魅力

彼得·圣吉认为，学习型组织是某一组织或某一群体的主体成员在共同目标指引下注重学习、传播、创新知识的组织，是具备高度凝聚力、旺盛生命力的组织，这个组织充分发挥每个员工的创造能力，努力形成一种弥漫于群体与组织中的学习气氛，凭借学习，个性价值得到实现，组织绩效得到大幅度提高。十几年前我们就开始带着老师们开展课例研究，随着研究主题的不断扩展、研究问题的不断深入，我们逐渐从对一节课的研究转向主题单元教学研究，包括自然教学单元、某一数学概念的单元、某一数学关键能力的单元、学生思维的单元等，对这些问题的研究都依托“课例”的方式进行，在不断追问中寻找“真问题”，寻求专业的自我成长。在这一过程中，提升了研究团队的组织学习力和自发展力，形成了“学习型组织”的良好氛围。

一些老师在此之前并没有完整地经历过“单元课例研究”的历程，在研究中，老师们发现阅读文献虽然辛苦却收获颇丰，寻找“真问题”虽然烧脑却让自己学会了如何做研究，老师们在架构起整个单元教学的思考中找到了研究的乐趣。叶澜教授指出，只有那些善于施行“自我更新”取向专业发展、具有较强自我专业发展意识的教师才会较多地关注自己的专业发展。相信所有的团队成员都能够在专业发展的道路上不懈地努力！

本书得以出版，首先要感谢北京教育学院为我们搭建培训、学习与交流的平台，还要感谢初等教育学院院长刘加霞教授对我们的支持和鼓励，她在研究的方向和路径上对我们进行引领，并亲自担任一些研究团队的指导教师。感谢初等教

育学院闫洁副院长多次与出版社沟通各项出版事宜，也感谢全体参与研究，默默支持我们的同事与同行们，更要感谢与我们一起并肩研究的各位一线教师朋友以及为我们提供实践基地的项目校和可爱的孩子们！

我们的研究也许还不成熟，我们的思考也一直在继续，但我们相信，越研究越思考越通透，为了孩子们的成长与发展，一切付出与努力都是值得的。

刘琳娜